高等学校图书情报与档案管理系列教材

科技档案管理学

主　编　锅艳玲

副主编　李　颖

科学出版社

北　京

内 容 简 介

　　科技档案管理的综合性、实践性较强，广泛活跃在各组织、各行业的科学技术活动之中。本书构建包括科技档案管理学的基本概念、科技活动、科技文件流转与科技档案管理、科技档案工作及科技档案事业等在内的科技档案管理知识体系，该体系主要有两个特点：一是融科技文件和科技档案管理于一体，以便将其置于一个连续的、完整的生命体中探究科学的管理体系；二是将科技文件、科技档案的管理与科技活动流程融为一体，在科技活动这一背景中探究科技文件、科技档案赋能科技活动的最优方案。

　　本书可作为高等学校档案学、信息资源管理等专业本科生或研究生的教材，也可为科技档案、企业档案、知识管理、企业管理等相关领域的从业人员提供一定的指导和参考。

图书在版编目(CIP)数据

科技档案管理学 / 锅艳玲主编. —北京：科学出版社，2023.3
高等学校图书情报与档案管理系列教材
ISBN 978-7-03-071708-5

Ⅰ.①科… Ⅱ.①锅… Ⅲ.①技术档案－档案管理－高等学校－教材 Ⅳ.①G275.3

中国版本图书馆 CIP 数据核字（2022）第 034203 号

责任编辑：方小丽 / 责任校对：王晓茜
责任印制：张 伟 / 封面设计：蓝正设计

科学出版社 出版
北京东黄城根北街 16 号
邮政编码：100717
http://www.sciencep.com
北京九州迅驰传媒文化有限公司印刷
科学出版社发行 各地新华书店经销

*

2023 年 3 月第 一 版 开本：787×1092 1/16
2025 年 2 月第三次印刷 印张：15 3/4
字数：373 000

定价：58.00 元
（如有印装质量问题，我社负责调换）

前　言

　　党的二十大报告指出："我们要坚持教育优先发展、科技自立自强、人才引领驱动，加快建设教育强国、科技强国、人才强国，坚持为党育人、为国育才，全面提高人才自主培养质量，着力造就拔尖创新人才，聚天下英才而用之。"教材是教学内容的主要载体，是教学的重要依据、培养人才的重要保障。在优秀教材的编写道路上，我们一直在努力。

　　进入 21 世纪以来，以云计算、大数据、物联网、人工智能、移动互联网为代表的科学技术在各领域广泛应用，人类社会在科技领域取得一次又一次的飞跃。科技档案是科技活动的记录和见证，是国家重要的知识资产和战略资源，是国家科技实力和国民经济持续发展的保障。目前，科技档案管理广泛活跃在各类型企业、事业单位和组织之中，培养高素质、复合型、应用型的科技档案管理人才自然也就成为档案学人才培养的重要组成部分。

　　20 世纪 50 年代以来，随着国民经济各领域的快速发展以及国家档案事业的日渐成熟，国家规模的科技档案事业也逐渐完善。一方面，科技档案产生于科技活动，贡献于科技活动，科技档案的价值也主要体现为对科技活动的智力支持。众所周知，科技活动的开展与时代背景、国际形势和社会需求等多方面紧密相关，科技档案管理应响应科技活动的这种活跃性和动态性，需要对其知识体系和架构进行不断优化，以融入进而支持科技活动。另一方面，新文科建设为科技档案管理学教学改革提供了新契机。2019 年 5 月，教育部等相关部门正式启动"六卓越一拔尖"计划 2.0，全面推进新工科、新文科、新医科、新农科建设，该计划是打造高等教育"质量中国"的重要战略。科技档案管理学以科技档案和科技档案工作为研究对象，这也就决定了其研究内容既具有自然科学的成分，又具有社会科学的成分，具有较强的综合性、交叉性。科技档案管理学也应抓住新文科建设这一契机，顺应新一轮科技革命和产业变革的要求，在课程建设理念、课程目标、内容体系等方面进行全面调整，以响应新时代对高质量科技档案管理人才的迫切需求。本书正是基于以上两个方面思考并结合多年科技档案管理学的教学实践编写的。

　　本书共十六章，主要包括科技档案管理学的基本概念和基础理论、科技活动流程、科技文件流转与科技档案管理、科技档案工作及科技档案事业等各个方面。形成了结构完整、逻辑严密的知识体系，本书在编写过程中运用了大量丰富案例以增强可读性，每章起始处有内容概要和思维导图，结束处有课后思考题，以便读者系统认识、整体把握、深入理解。

本书由锅艳玲负责编写，由李颖负责统稿和修订。

在档案学的建设与发展过程中，前辈对科技档案管理学的探索也从未止步，发表、出版了大量的科研成果和教材，探索出科学、实用的理论体系与方法，包括王传宇、沈永年主编，中国人民大学出版社 1995 年出版的《科技档案管理学》；高鹏云主编，中国人民大学出版社 1998 年出版的《科技文件学》；王传宇、张斌主编，中国人民大学出版社 2009 年出版的《科技档案管理学》；吴建华主编，南京大学出版社 2002 年出版的《科技档案管理学》；华林主编，中国社会科学出版社 2015 年出版的《科技档案管理学》等。这些研究成果包含了前辈多年科研和教学实践的真知灼见，体现出成熟、完善的知识体系，推动着我国科技档案事业的不断发展。本书沿用了其中成熟的理论体系和方法，在此对各位前辈表示诚挚的感谢。本书编写过程中参考、借鉴了大量学界的研究成果，并已在书中一一标明，但可能仍有疏漏之处，在此对未列入参考文献的作者表示深深的歉意。

由于编者学识及经验有限，书中难免存在疏漏与不足之处，恳请各位读者批评、指正。

编　者

2023 年 12 月

目 录

第一章

绪　　论

本章内容概要：介绍科技活动、科技文件、科技信息等与科技档案相关的名词术语；阐明科技档案管理学的研究对象和研究内容，并对其发展历程进行详细梳理；探讨科技档案管理学的研究方法。

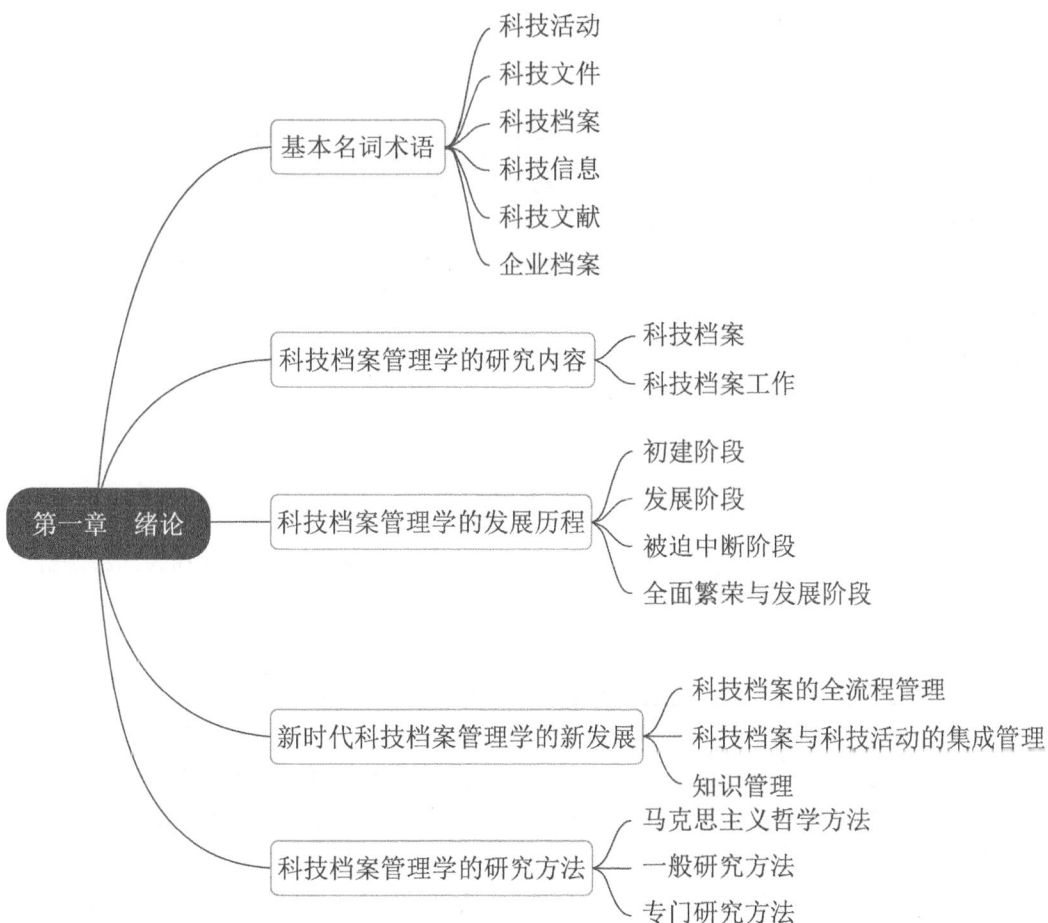

```
                                            ┌─ 科技活动
                                            ├─ 科技文件
                         ┌─ 基本名词术语 ────┼─ 科技档案
                         │                  ├─ 科技信息
                         │                  ├─ 科技文献
                         │                  └─ 企业档案
                         │
                         │                              ┌─ 科技档案
                         ├─ 科技档案管理学的研究内容 ────┤
                         │                              └─ 科技档案工作
                         │
                         │                              ┌─ 初建阶段
    第一章　绪论 ─────────┤                              ├─ 发展阶段
                         ├─ 科技档案管理学的发展历程 ────┤
                         │                              ├─ 被迫中断阶段
                         │                              └─ 全面繁荣与发展阶段
                         │
                         │                                  ┌─ 科技档案的全流程管理
                         ├─ 新时代科技档案管理学的新发展 ───┼─ 科技档案与科技活动的集成管理
                         │                                  └─ 知识管理
                         │                              ┌─ 马克思主义哲学方法
                         └─ 科技档案管理学的研究方法 ────┼─ 一般研究方法
                                                        └─ 专门研究方法
```

21 世纪以来，以云计算、大数据、物联网、人工智能、移动互联网为代表的科学技术在各领域广泛应用，促使人类社会在各个领域取得了一次又一次的飞跃。科技档案是科技活动的记录和见证，是国家重要的知识资产和战略资源，是科技领域再攀高峰的基石，也是国家科技实力和国民经济持续发展的保障。科技档案管理学以科技档案和科技档案工作为主要研究对象，以科技档案的科学保管和有效利用为主要内容，目标在于对科技活动提供智力支持，在培养与提高档案学人才专业素养、助力人类科技事业进步中起着至关重要的作用。

■ 第一节　基本名词术语

（一）科技活动

科技活动是指在人类社会实践活动中，一切与科技知识的产生、发展、传播和应用相关的有组织、系统性的活动。科技活动外延广泛，包括自然科学研究，水文、气象、天文、地震以及一切自然现象观测，建筑施工，产品设计、生产、制造，农业生产等活动。简而言之，凡是人类认识世界、改造世界的一切活动均属于科技活动。

（二）科技文件

科技文件是文件的子概念，学界对文件的理解有两种不同的观点：一种为广义的文件观，即与文件生命周期理论、文件连续体理论中的"文件"一致，覆盖到所有现行文件、半现行文件和非现行文件；另一种为狭义的文件观，即以归档为依据，履行归档手续之前为文件，归档之后为档案，文件与档案代表的是同一事物所处的不同阶段。本书采用狭义的文件观，认为科技文件是在科技生产活动中直接形成的、处于使用和运行过程中的信息记录。科技文件是科技档案的前身，科技档案是科技文件运动到特定阶段的结果。

（三）科技档案

科技档案是科技档案管理学的核心概念，经济和科技的发展是科技档案产生的社会条件，自 20 世纪 50 年代我国大规模的经济建设活动开展，人们也就开始了对科技档案这一概念内涵和外延的不断探索，并且随着科技活动的不断扩展以及人们对科技档案这一事物认识的不断深入，科技档案的概念逐渐形成并不断发展演化。

1953 年，我国开始了第一个五年计划，在大规模的经济建设中，大量的科技活动在工矿企业、科研院所、生产设计单位中进行，进而形成了大量的技术文件，这些文件在科技活动中的作用初步彰显，1956 年党中央提出"向科学进军"的口号，并提出科技档案资料是向科学进军、发展科学技术的必要条件。但此时人们对科技档案还处于感性认识阶段，多用"科技档案资料"这一名词，尚未认识到科技档案与科技资料的根本不同，因此在实践中也并没有将科技档案、科技资料有效区别开，这也影响了对科技资料和科技档案的科学管理与有效利用，因此该阶段普遍称为"技术资料"阶段。

1959年，技术档案工作大连现场会议（简称"大连会议"）召开，该会议首次明确提出科技档案这一概念，并在其讨论通过的《技术档案室工作暂行通则》中明确指出科技档案的定义，即凡是记述和反映本单位的基本建设、生产技术和自然科学研究等活动的，具有保存价值，并且按照一定的归档制度作为真实的历史记录集中保存起来的技术文件材料（包括图纸、照片、报表、文字材料等）都是技术档案（或称为科学技术档案）。这是我国第一次正式提出的科技档案定义，该定义紧紧抓住了科技档案的本质属性——原始记录性，具有一定的科学性，同时囿于当时的实践和认知，该定义的科学性与不足并存。第一，强调对本单位基本建设、生产技术和自然科学研究等活动的记述与反映，是为了明确区分科技资料和科技档案，在当时来看是合理的、必要的，但随着实践活动的扩展，"本单位"这一限定的不合理之处逐渐暴露出来，如目前普遍设置的科技专业档案馆，其馆藏来自专业系统各个进馆单位，而非本科技专业档案馆形成。再如，一些多个单位合作完成的科技活动，强调本单位形成可能会将形成于同一活动的科技档案人为地分开，不利于保持档案之间的有机联系和档案的完整性。第二，明确了科技档案的产生领域，即基本建设、生产技术和自然科学研究等活动，从来源、内容均能反映出科技档案与政务档案及其他种类档案的不同。第三，提出对科技档案价值特征的认知，即应具有"保存价值"，这一认知推动人们对科技档案的认识从感性逐渐走向理性。另外，强调科技档案是真实的历史记录，即强调科技档案的原始记录性，能够真实记述并反映科技生产活动的真实状况，凸显科技档案在科技活动中的唯一性和不可替代性，进一步揭示了科技档案与科技资料、科技文献等相关事物的区别。第四，强调科技档案是按照归档制度集中保存起来的科技文件材料，在归档过程中科技文件材料经过了进一步的整理、鉴定，因而科技档案具有一定的系统性、完整性。第五，将技术文件材料视为科技档案的属概念，虽然技术文件材料一词在人们生产活动中常用，但该词的内涵和外延一直未明确，并不是一个规范的名词术语，用技术文件材料做属概念存在着一定的不足之处。

1980年，全国科学技术档案工作会议召开，在讨论并通过的《科学技术档案工作条例》中指出，科学技术档案是指在自然科学研究、生产技术、基本建设等活动中形成的应当归档保存的图纸、图表、文字材料、计算材料、照片、影片、录像、录音带等科技文件材料。相较于《技术档案室工作暂行通则》中的概念，本概念有很大的不同。首先，本概念中科技档案的范畴突破了"本单位"，更有利于国家档案事业的形成和发展。其次，结合科技档案价值特征分析，指出科技档案是"应当归档保存"的，该表达可做两种解读：第一种是应当归档保存并且已经按照归档制度保存起来的，这一表达方法与《技术档案室工作暂行通则》中提出的"按照一定的归档制度集中保存起来"相一致；第二种是应当归档保存但尚未归档保存，也就是可能被业务人员或其他主体分散保管，在传统纸质时代，未履行归档手续且未保存在档案部门，更倾向称为"科技文件"，而非"科技档案"，因此"应当归档保存"这一表述方法存在歧义。但是在当今的数字时代，大部分科技文件也将以数字形态保存，"应当归档保存"这一表达方法为实施前端控制，确保电子档案的真实、完整、可信提供了依据（当然在本概念提出时数字形态的科技文件并不多见）。再次，本概念对科技档案的载体形态和表现形式进行了一一列举，反映出随着科学技术手段的升级，科技档案的载体形态和表现形式更加多元，但如此列举使概念表达比较冗长。最后，该定义以科技文件材料为属概念，事实上与技术文件材料类似，科技文件材料本身并非专业的名词术语，因此用来做科技档案的属概念也存在不妥之处。

1989 年，王传宇、沈永年主编的《科技档案管理学》将科技档案定义为保存备查的直接记述和反映科技、生产活动的科技文件材料。这个定义相较于之前的两个定义，首先，表述更加简洁，用"科技、生产活动"概括各行业领域的科技活动，没有对科技档案的表现形式和载体形态进行列举，更加具有可扩展性。其次，"保存备查"从价值层面揭示科技档案是作为凭证、参考而保存下来的。最后，将科技文件材料视为科技档案的属概念，这一点与《科学技术档案工作条例》保持一致，在此不再赘述。

1998 年，《科技档案管理学》（修订本）对科技档案的定义进行了调整，为"保存备查的直接记述和反映科技、生产活动的科技文件"，该定义最重要的变化是将科技文件视作科技档案的属概念。而学界对文件的理解有两种不同观点：一种为广义的"文件观"，另一种为狭义的"文件观"。将科技文件作为科技档案的属概念显然采用的广义的"文件观"，即"大文件观"，科技档案是处于半现行期、非现行期的科技文件。

2009 年，《科技档案管理学》（第三版）对科技档案的定义再一次进行了调整，表达为："科技档案是组织机构或个人在科技、生产活动中直接形成的、保存备查的信息记录。"该定义是在科技活动不断丰富和科技档案工作实践不断发展的基础上，在对科技档案本质和规律有了更加深入认知的基础上提出的。该定义主要从以下几个要素对科技档案进行界定：其一，科技档案形成的主体为组织机构和个人，泛指参与科技活动的一切企事业单位和个人，为科技档案管理体制以及全程、全员管理等理念奠定基础。其二，明确科技档案的形成领域为科技、生产活动，包括科学研究、水文观测、气象、地质勘探、工程设计、产品研发、农业生产等活动，可以说，一切认识世界、改造世界的活动均是科技档案的形成领域。形成领域的专业性决定了科技档案的内容主要记载和反映自然界各种物质的现象与运动规律、记载和反映人们认识、改造世界的各种活动，与政务档案、会计档案、艺术档案等有着很大的不同。其三，该定义明确科技档案的原始记录性，即在科技、生产活动中直接形成的，指出科技档案是人们在认识世界、改造世界的活动中形成的原始记录，是科技、生产活动的第一手资料，与收集而来或事后编写的科技资料有着根本的不同。其四，明确科技档案是因具有"备查"的价值而被保存下来，"备查"从发挥作用的角度与科技文件区别开，因此在数量、形式、管理方式等方面均有所不同，"保存"意味着科技档案与其形成主体的分离，经过初步整理而被集中保存到档案部门中。其五，将信息记录作为科技档案的属概念，这一点与广泛应用的国际标准以及 2020 年修订的《中华人民共和国档案法》中将档案界定为历史记录保持一致。

科技文件与科技档案都是科技活动的记录，有必要对二者的联系与区别加以明确。从联系来看，二者生成领域一致，因而内容均具有较强的专业技术性，都是对科技生产活动的直接记述和反映，都是不可多得的一手记录。另外，二者的表现形式和载体形式相同，都是通过文字、图样、表格、照片、录音、录像等多种手段来表达和记录科技思想的，形成于同一科技活动的科技文件具有密切的有机联系，在管理中应将生成于同一科技活动的科技文件视为有机整体不可分割，这一点与科技档案的管理要求也是一致的。从区别来看，二者在运动状态、覆盖范围、数量和价值形态上不同。从运动状态上看，科技文件是处于使用和运行过程中的状态，处于生成、运转、办理阶段，即现行阶段，而科技档案是办理完毕、归档保存的，处于半现行和非现行阶段。从覆盖范围上看，科技文件是在科技生产活动中形成的所有信息记录，而其中有保存价值的科技文件才会转化为科技档案。从数量上来看，科技文件要远远大于科技档案，科技文件中有保存备查价值的那一部分才会转化为科技档案。从价值形态上看，科技文件的价值主要表现在对形成该科技文件的科技活动的记录、指导方面，即具有第一价值，而科技档案的价值表现在借鉴、参考、凭证方面，因此既具有第一价值，也具有第二价值。

（四）科技信息

信息社会，"信息"一词普遍应用，从本体的角度来看，信息是指事物存在方式和运动状态的表现形式，其中进入人类认识范畴和管理范畴的社会信息是指为了特定的目的产生、传递、交流并应用于人类社会实践活动的信息，包括一切由人类创造的语言、符号和其他物质载体表达与记录的数据、消息、经验、知识。而科技信息是描述、记录或反映科技生产现象、活动或成果的消息、情报、数据、知识以及信号的统称，科技档案是记录和反映科技、生产活动的原始记录，二者描述的对象和记述内容相同，但科技档案与科技信息为属种关系，科技档案是科技信息中最真实、最可靠、最具有权威性和凭证性的原始信息，因此科技档案具有可存储性、可共享性、可转换性、可再生性等科技信息的一般属性，同时科技档案还具有本源性、回溯性等特性，其中本源性是指因科技档案是对科技生产活动的真实记录和反映，是最原始的信息，所以具有其他科技信息所不具备的原始凭证作用；回溯性是指因科技档案是一种历史记录，是对已经进行和发生的科技生产活动过程与结果的反映，所以可对科技活动历史过程进行回溯。

（五）科技文献

文献是记录有知识的一切载体，科技文献就是记录有科学技术内容或知识的一种载体，从出版发行的角度看，包括科技文件、科技档案、科技图书、科技期刊、专利文献、科技报告、学位论文、会议文献、政府出版物、标准文献等。科技档案与科技文献都是对科技生产活动的记述和反映，二者形成领域相同。

从属种关系的角度看，科技文献的外延较广泛，科技档案、科技文件、科技图书等都属于科技文献。

按文献加工的程度来看，科技文献可分为一次文献、二次文献、三次文献，其中一次文献是指形成者直接产生的文献，即原始文献或第一手资料，科技档案即一次科技文献。科技档案是科技生产活动的原始记录，其原生性与权威性决定了与其他种类的科技文献的本质不同。二次文献是一次文献加工之后形成的，往往表现为目录、简介、摘要等形式，主要为查找一次文献提供线索。三次文献是在一次文献、二次文献的基础上，经过分析、综合形成的，通常表现为综述、述评等。

（六）企业档案

企业档案这一概念首次提出于 1987 年，国家档案局、国家经委、国家计委联合发布的《国营企业档案管理暂行规定》指出：企业档案是企业在各项活动中形成的全部档案的总和。其构成以科技档案为主体，包括计划统计、经营销售、物资供应、财务管理、劳动工资、教育卫生和党、政、工、团工作等方面档案。这一概念适应当时企业发展的实际，确立了科技档案的主体地位。自 1995 年全国首次企业档案工作会议之后，企业档案这一概念日益引起重视。2009 年，国家档案局发布的《企业档案工作规范》指出，企业档案是企业在研发、生产、经营和管理活动中形成的有保存价值的各种形式的文件。在企业产品生产、科学研究、项目建设、设备管理等活动中形成的档案即企业的科学技术档案，除了科技档案，企业档案还包括行政管理类档案、会计档案、人事档案、合同档案、客户资信档案、信用档案等。可见企业档案与科技档案界定的角度不同，企业档案是根据形成主体来确定的，这一概念具有一定的社会属性，企业档案中不仅包括项目建设类、设备仪器类、科学研究类等大量科技档案，还包括党群工作类、行政管理类、会计、人事等其他类型档案。科技档案是根据档案形成领域和内容确定的，除企业外，任何从事科技生产活动的组织机构和个人都会生成科技档案，因此不具有主体性。科技档案和企业档案在外延上存在一定的交叉。

■ 第二节　科技档案管理学的研究内容

科技档案管理学是研究科技档案和科技档案工作的产生、发展规律及其组织管理原则与方法的学科。其研究对象为科技档案和科技档案工作。

（一）科技档案

科技档案是科技档案工作的对象，对科技档案的全面认识是科技档案管理学重要的研究内容。

关于科技档案，首先，要研究其形成过程和规律。与行政管理档案、会计档案、人事档案等档案类型不同，科技生产活动是科技档案的来源，科技档案是伴随科技生产活动的开展而生成、积累起来的，科技生产活动的过程及规律直接决定了科技档案的形成过程及规律。同时科技活动具有很强的专业技术性，不同专业之间的科技活动程序也有很大差别，各专业领域科技档案的形成过程和规律也就不同。因此，科技档案管理学需要研究不同专业领域科技档案的形成过程及规律，将科技档案及其管理置于科技活动这一背景之下，有利于制定更加合适的管理制度（如收集流程、分类方案、组织方法、保管期限表等），实现科技档案的科学管理。

其次，要研究科技档案的定义及演变过程。客观事物的本质属性是固有的、确定的，但是人们对客观事物属性的认识存在一个渐进的发展过程。研究不同阶段科技档案的定义及其演变过程，有利于厘清科技档案这一事物的本质，识别其价值、功能和作用，把握科技档案与其他相关事物之间的区别和联系。

最后，要研究科技档案种类构成及特点。科技生产活动的多领域决定了科技档案的多样性。科技活动具有较强的专业性和多样性，不同领域生成的科技档案具有较强的专业性，如基本建设档案、水文观测档案、产品研发档案因生成于不同领域，其内容、形式、特征、作用规律各不相同。科技生产活动还具有较强的阶段性，即便是形成于同一科技活动的科技档案，所处阶段不同，档案的内容、形式、价值、利用需求也会不同，研究科技档案的种类构成及特点是设计与之相适应的管理方式和方法的基础。

（二）科技档案工作

科技档案工作是以完整保存和科学管理科技档案，积极开发科技档案资源，充分发挥科技档案作用为目的的诸项管理活动的总称，对科技档案工作性质、原则、规律的研究为科技档案工作的顺利开展提供理论指导。

科技档案工作包括微观的科技档案业务管理和宏观的科技档案事业管理两个方面。其中科技档案业务管理是以科技档案为直接管理对象，从微观上开展的科技档案工作，是国家科技档案事业的基础，包括科技档案建设、科技档案实体管理、科技档案资源开发利用等。宏观层面的科技档案事业是指通过制定科技档案工作的方针、政策，协调科技档案工作中的各种因素和关系，从总体上优化科技档案工作，促进国家规模科技档案事业的健康持续发展。

第三节 科技档案管理学的发展历程

科技档案管理学是在党、国家和社会各界的推动下，随着国家经济建设及科技发展而产生并不断发展完善起来的，其发展历程可划分为以下四个阶段。

（一）初建阶段

科技档案管理学初建于 20 世纪 50 年代中期。1953 年，我国开始了发展国民经济和社会发展的第一个五年计划，大规模的社会主义经济建设活动轰轰烈烈地开展起来，因而在工矿企业、设计单位、科研部门以及各专业主管机关形成了大量的设计图纸和各种类型的技术文件，其数量之大、内容之新、价值之重要都是前所未有的，为了妥善地保管和有效地利用这些科技文件，必须研究它们的特点和形成规律，为建立健全科技档案工作提供理论指导，科技档案管理学应运而生。由此可见，经济建设和科技发展是科技档案管理学产生的实践基础。

（二）发展阶段

1956 年，党中央发出"向科学进军"的号召，并指出科技档案资料是向科学进军、发展科学技术的必要条件，进一步推动了科技档案管理学的发展。但由于实践和认知上的局限性，此时的科技档案尚未与科技资料及相关事物明确区分，科技档案管理重在微观层面对实体档案的管理。该阶段中国人民大学历史档案系筹备开设了"科技档案管理学"课程，并于 1958 年开始正式培养科技档案专门人才，中国人民大学历史档案系技术档案管理学教研室集体编写了我国第一部系统的科技档案管理学教材《技术档案管理学》（中国人民大学出版社 1962 年出版），科技档案管理学初具雏形。

（三）被迫中断阶段

"文化大革命"期间，科技档案管理学的建设与发展被迫停滞。

（四）全面繁荣与发展阶段

党的十一届三中全会以后，国家经济体制改革和现代化建设全面发展，各领域的科技活动也出现了新的局面，科技档案管理学进入了全面繁荣与发展阶段。首先，研究体系的完善和科技活动的发展变化，不仅从微观层面上对科技档案管理业务活动进行了全面研究，也从宏观层面对科技档案管理进行了充分研究，包括对国家科技档案工作、科技档案事业管理体制、国家科技档案事业建设与发展等。其次，理论与实践紧密结合。科技档案管理学的研究内容随实践的发展不断完善，一方面，在信息论、系统论、控制论、协同论等理论的指导下，科技档案管理学研究更加重视全面性和应用性，强化理论研究对实践的指导意义；另一方面，科技档案管理研究视角更为开放，更为与时俱进，既关注云计算、大数据、物联网、人工智能、移动互联网等新技术在科技活动实践中的应用以及对科技档案管理实践带来的新机遇和新挑战，又关注现代企业制度建设中出现的新问题、新矛盾，从而不断丰富与提升科技档案管理学研究。

■ 第四节　新时代科技档案管理学的新发展

21 世纪以来，我国经济建设和科技发展全面推进，科技档案管理学也迎来全新的发展。主要体现在以下方面。

一是科技档案的全流程管理。科技档案产生于科技活动之中，由科技文件转化而来，尤其是电子科技档案大量产生，科技档案的完整性、准确性、系统性、真实性、可用性从根本上来说不仅取决于归档后档案部门所采用的管理手段与技术方法，更取决于归档前在其各个流转阶段相关主体的理念、所采用的管理手段及方法，甚至涉及在其产生之前业务系统的开发以及元数据方案、分类方案的设计。为保证科技档案的质量，需要将科技档案管理的视角前移，以防止出现一些不可补救的问题。因此，科技档案管理应实行全流程管理，即将科技文件形成阶段、档案室保存阶段、档案馆保存阶段视为严密的整体，着眼于科技档案的完整保存和有效利用，研究哪些主体、在什么时间、以什么方式开展哪些活动。

二是科技档案与科技活动的集成管理。由于科技档案具有极强的现实效用，科技档案不仅是科技活动的伴生物，从根本上来说，科技档案的生成与利用本身就是科技活动的重要组成部分，科技档案的管理与科技活动的管理是需要互相融合的。例如，《重大建设项目档案验收办法》规定，项目档案验收是项目竣工验收的重要组成部分。未经档案验收或档案验收不合格的项目，不得进行或通过项目的竣工验收，并对项目档案验收的组织、申请、要求进行了明确规定。又如，国防科工委和国家档案局颁布的《国防科技工业固定资产投资项目档案验收办法》将档案验收列入项目最终总体验收前的五个专项验收之一（档案验收、消防验收、劳动安全验收、职业卫生验收、环境保护验收）（徐拥军和张斌，2016）。科技档案与科技活动的集成管理，需要落实"全员档案"这一理念，即所有参与科技活动的工作人员（包括领导者、业务人员、档案工作人员）都会对科技档案的质量产生直接或间接的影响，有关科技文件的生成、流转、管理等属于其职责范围，是其分内之事，并通过科学的制度建设来保证各个主体承担其职责，如在我国科技档案实践中建立的"三纳入"制度，即将档案工作纳入立档单位领导的工作议事日程，纳入规章制度及工作流程，纳入有关人员的经济责任制或岗位责任制。

三是知识管理。科技档案是科技人员智慧的结晶，不仅直观地反映科技活动的结果，更再现了科技活动的过程，是组织集体智慧和创新能力的集中体现。如果将产品、建筑等有形的科技活动成果视为"硬件"，科技档案即可视为以"软件"形式存在的科技成果。科技档案管理不仅关注科技档案对于本项科技活动的现实效用，也应长期挖掘科技档案蕴含的潜在知识和广泛作用，档案工作者不断从档案保管者向知识管理者、知识服务者、决策支持者转变，将知识管理视为科技档案管理学重要的研究内容。档案"后保管模式"也指出，随着档案文件的形态及文件数量的变化，档案管理不仅要关注档案本身，还需要关注档案的形成目的、形成过程、处理程序、职能范围等有机联系，从中挖掘知识，提供知识服务，实现档案的价值。在我国，一些组织机构成立如知识管理部、知识管理中心等形式的知识管理机构，主要任务就包括对科技档案在内的显性知识和隐性知识进行统一管理、挖掘和利用。

第五节 科技档案管理学的研究方法

研究方法由研究对象决定，系统、有效的研究方法体系是一门学科独立、成熟的重要标志，多年来，科技档案管理学也形成了相对动态且完整的研究方法体系。主要分成以下三个层次。

一是马克思主义哲学方法。马克思主义哲学是一切科学研究的指导思想，自然也是科技档案管理研究的指导思想，为一般研究方法和专门研究方法的不断完善起到指导作用。主要表现在：以辩证唯物主义的观点认识科技档案，科技档案是客观存在的，其产生和流转应该符合客观规律，是不以人的意志为转移的。科技档案的价值是普遍存在的，价值发挥也存在一定的内部规律性，社会活动主体需发挥主观能动性认识科技档案的客观属性及相关规律，采取科学有效措施，以发挥科技档案在社会发展中的作用。坚持普遍联系的原则，一切事物都不是孤立存在的，世界是一个普遍联系着的有机整体，科技档案管理中必然涉及诸多相互影响、相互制约和相互作用的要素，如科技档案与科技活动、科技文件与科技档案、科技档案的宏观管理与微观管理、科技档案工作人员与业务人员等，采用普遍联系的观点研究科技档案管理，即要认识、分析科技档案管理中各要素之间的有机关联，探索科技档案管理的规律和有效方法。用发展的观点看待科技档案管理，事物的发展具有普遍性和客观性，科技档案管理需要随着经济社会的发展而不断发展，社会实践的新发展也会为科技档案管理带来新的问题，如科技活动流程的不断优化会使得传统的档案管理流程与之不相适宜，新技术、新理念的加持为优化科技档案管理带来新的机遇，如云计算、大数据、物联网、人工智能、移动互联网等技术的广泛应用为科技档案管理提供了创新的机遇，包括自动分类、自动著录、智能鉴定等。因此不能一成不变地看待科技档案管理的理念、方法和技术，要密切关注科技活动的新发展、新问题和新需求，积极合理地纳入新理念和新技术，推动科技档案管理的可持续发展。科学的价值观作为科技档案管理研究的指引，马克思在《1844 年经济学哲学手稿》中，第一次明确提出了人类劳动两个尺度的思想，并认为价值是以主体尺度为尺度的主客体关系，主体尺度是价值的根源，同时客体尺度对价值的实现起着制约作用，两个尺度是统一于人以及人的主体性活动的，科技档案管理既要从客体尺度研究科技档案价值的客观性及普遍性，又要从主体尺度研究科技档案价值的相对性，从而以不同视角研究科技档案的价值形态及价值表现。

二是一般研究方法。一般研究方法是在马克思主义哲学研究方法的指导下，在多个学科领域都可用的研究方法，主要包括比较法、社会调查法、归纳演绎法、定性研究与定量研究相结合的方法、实验法等。其中，比较法是将相关事物进行横向和纵向的比较，以对研究对象有更加深入的把握，科技档案管理涉及事物错综复杂，通过将科技资料与科技档案、科技档案与科技文件、科技档案与企业档案、综合档案馆和专业档案馆、科技活动与行政管理活动等相关概念或事物进行比较，有利于厘清科技档案本质及规律，支持科学的科技档案管理。社会调查法是对有关社会现象进行周密的、系统的了解，并通过对调查资料的分析、综合、比较、归纳，发现问题，探索有关规律的研究方法，通过实地调查和访谈等社会调查的方式，可以对科技档案产生、运转、价值表现、提供利用效果、管理的科学性及有效性等问题展开调查，是提升科技档案管理和研究水平的重要支撑。定性研究也称质性研究，是社会科学领域的一种基本研究方法，在于通过发掘问题、分析现象，探索事物的内在规定性，科技档案管理以科技档案和科技档案工作为对象，目的在于充分发挥科技档案的价值，对科技档案进行有效的管理和科学的利用，具有一定的社会科学的性质，需要进行一定的定性研究。定量研究是确定事物某方面量的规定性的重要方法，通过对研究对象的特征按某种标准作量的比较来测定对象特征数值，或求出某些因素间的量的变化规律。科技档案产生于科技活动，所记载和反映的内容决定了需要对其量的属性进行研究以得到更为准确的认识，如科技档案馆藏建设情况、科技档案利用服务情况、科技档案经济效益和社会效益等。定性研究和定量研究的着眼点、依据、学科基础等方面不同，在实际研究中，需要定性研究与定量研究相结合，定量研究须以定性研究确定的规律、方向和性质为基础，而定性研究又须借助定量研究提高准确性。实验法通过有目的地控制一定的条件或创设一定的条件来研究某种现象，并对该种现象进行观察、记录和分析，以发现或验证科学结论，科技档案产生于各个行业领域，管理的原则、技术方法以及流程是否有效，可通过局部实验来进行验证，如在科技档案保护过程中通过大量实验探索不同载体档案所需要的保管条件，以寻求对科技档案的科学保护。

三是专门研究方法。专门研究方法是在科技档案管理学内部生长起来或移植于其他学科被用来研究科技档案管理中问题的专有方法，包括科技档案鉴定法、科技档案分类法、科技档案主题法等。其中，科技档案鉴定法将科技档案置于产生背景和利用需求，是根据一定的原则和方法，客观、全面地认知科技档案价值，判定科技档案的价值因素，通过定性研究与定量研究相结合的方法判定其价值，并按照专门流程进行相应处理的方法。分类法是使资源序化的主要方法。科技档案分类法是综合分析科技档案的内容和特点，将一定范围内的科技档案划分成不同的类别层次，使整个库藏形成一个具有一定从属关系和平行关系的等级系统。科学分类是科技档案有效管理的重要手段，也为科技档案资源的开发、利用奠定基础。主题法也是一种信息资源序化的方法。科技档案主题法是指直接以表达档案主题内容的语词作检索标识、以字顺（语词）为主要检索途径，并通过参照系统等方法揭示词间关系的标引和检索信息资源的方法。科技档案主题法是以主题的角度对档案信息进行序化的基础，也为从档案内容角度对档案进行深度加工、挖掘和利用提供保障。

课后思考题

1. 简述科技文件与科技档案的联系与区别。
2. 科技档案管理学的研究对象和研究内容是什么？
3. 简述科技档案管理学的发展历程。
4. 如何理解新时代科技档案管理学的新发展？
5. 说明科技档案管理学的研究方法。

第二章

科技活动与科技文件的生成

本章内容概要：以基本建设和新产品开发为例详细介绍了科技活动及在科技活动中科技文件产生、流转的情况，完整认识科技文件自产生至归档保存或销毁的整个过程，为探究有效的科技文件管理措施和方法奠定基础。

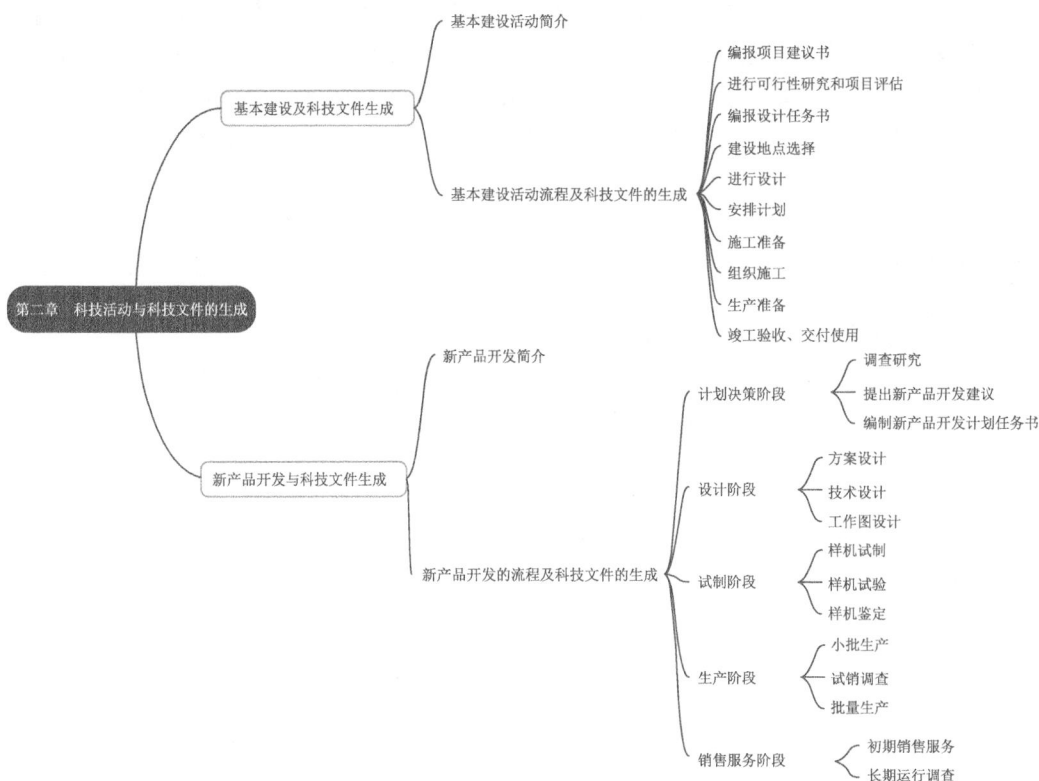

	基本建设及科技文件生成	基本建设活动简介	
		基本建设活动流程及科技文件的生成	编报项目建议书
			进行可行性研究和项目评估
			编报设计任务书
			建设地点选择
			进行设计
第二章 科技活动与科技文件的生成			安排计划
			施工准备
			组织施工
			生产准备
			竣工验收、交付使用
	新产品开发与科技文件生成	新产品开发简介	
		新产品开发的流程及科技文件的生成	计划决策阶段：调查研究／提出新产品开发建议／编制新产品开发计划任务书
			设计阶段：方案设计／技术设计／工作图设计
			试制阶段：样机试制／样机试验／样机鉴定
			生产阶段：小批生产／试销调查／批量生产
			销售服务阶段：初期销售服务／长期运行调查

　　人类认识世界、改造世界的一切活动都是科技文件、科技档案产生的源头。我国科技实力的不断增强是各领域科技活动大力推进的结果。需要说明的是科技活动所涉及的

行业领域非常多，如工业生产领域、农业生产领域、基本建设领域、科学研究领域、气象领域、水文领域、地质观测领域、环境保护领域等。不同行业领域科技活动的内容和规律不同，即使在同一行业领域，不同组织或在不同技术条件下具体运作方式也会有所不同，但科技活动大多具有周期性、阶段性和规律性等特点，同一领域科技活动的主要流程基本一致。本章仅以基本建设和新产品开发为例介绍科技活动及科技文件的生成与流转。

第一节　基本建设及科技文件生成

一、基本建设活动简介

基本建设是指国民经济各部门新建、扩建、改建、恢复工程和设备等的购置安装活动以及与之连带的工作。基本建设是一种综合性的、对固定资产投入的经济活动，是对固定资产（相对于流动资产而言，包括生产性固定资产和非生产性固定资产）的建筑、添置和安装的生产活动。基本建设活动是由一个一个的项目组成的，即基本建设项目。基本建设项目是编制和执行基本建设计划的基层单位，是指按照一个总体设计进行施工，经济上实行统一核算，并且有独立的组织形式的基本建设单位。基本建设项目可由一个或几个单项工程组成，单项工程是指具有独立设计文件、可独立组织施工，建成后能够独立发挥生产能力或工程效益的工程，如办公楼、图书馆等。

基本建设活动内容广泛，可从不同角度进行认识。按照基本建设项目的性质，可分为新建项目、扩建项目、改建项目、恢复项目和迁建项目。①新建项目是指为了增加新的生产能力或增加新的效益，从无到有建设而成的项目。有的建设项目虽然不是零起点，但原有基础小，经扩大建设规模后，新增加的固定资产价值是原有固定资产价值的三倍以上，按规定也作为新建项目。②扩建项目是为扩大原有产品的生产能力或效益，或增加新产品的生产能力而增建分厂、教学用房、门诊部、办公楼等。③改建项目是为了提高生产效率，改进产品质量，或者为了改变产品方向而将现有的设施和工艺流程进行技术改造或更新的项目，有的企业为了平衡生产能力或为了发挥原有生产能力，而增建、扩建不直接增加本企业主要产品生产能力的附属车间、辅助车间或非生产车间，也属于改建项目。④恢复项目一般是企事业单位由于遭受灾害、战争破坏等毁坏严重而需进行重建的项目，这些项目无论是按原有规模恢复还是在恢复的同时进行扩建的，都属于恢复项目。⑤迁建项目是指现有企业事业单位由于改变生产布局、环境保护、安全生产以及其他特殊需要而搬迁到另外的地方进行建设的项目。

按基本建设项目的用途，可分为生产性建设和非生产性建设。①生产性建设是指用于物质生产或直接为物质生产服务的建设，主要包括工业建设、农田水利建设、交通建设、邮电建设、地质资源勘探建设等。②非生产性建设是指用于人民物质文化生活及社会福利需要的建设，如住宅建设、文教卫生建设、公用生活服务事业的建设等。

基本建设活动是国民经济的重要组成部分，与其他领域科技活动相较而言，具有以下特点。

首先，基本建设活动是一种高度社会化的活动。基本建设涉及的内外部关系较为复杂，一方面涉及国家计划、财政、环保等多个国民经济相关部门，另一方面也涉及建设单位、施工单位、勘察设计单位、物资供应单位等内部关系，必须协调好各方面的关系，取得各方面的配合和协作，做到综合平衡。

其次，从基本建设成果来看，具有整体性、固定性、单件性、独特性和多样性的特点。基本建设成果具有整体性，因为这个成果是建设单位、勘察设计单位、施工单位、建设安装单位和其他单位共同劳动的成果，是由大量建筑材料、构配件加工装配组合而成的一个不可分割的综合体，是按照一个总体设计建造出来的工程配套、项目衔接的固定资产。基本建设项目的固定性主要源于其与土地的不可分割性，土地是基本建设的依托，每一个建设项目一经建成就不再移动，基本建设与土地的不可分割性决定了基本建设项目的固定性。每一个基建项目都有特定的用途，建造在固定的地点，受到周围各种条件的制约和各种关系的影响，因此每个建设项目几乎都是独一无二的，具有明显的独特性。从建设过程来看，基建项目都是一个一个单独建设的，这也是单件性、独特性的表现形式。基建项目的单件性、独特性，决定了基建项目的多样性，几乎每一个基本建设产品都有独特形式和结构，需要一套单独的设计图样，在建设时需要根据不同的设计，采用不同的施工方法和施工组织，即使是复用设计图样，由于地形、地质、水文、气候等自然条件以及交通运输、水电、材料供应等条件的不同，在建造时往往也需要对设计图样以及施工方法和施工组织等做适当的改变，很少全部按照同一模式进行完全重复性的建设。

最后，从基本建设项目的建设过程来看，基本建设项目规模和耗资巨大，生产过程具有周期性和不可间断性。受建设用途影响，基本建设成果形体庞大，需要较长的建设周期，如一座抽水蓄能电站从筹建到竣工至少需要 10 年。基本建设项目往往需要经过建设项目确定、投资、选址、勘察设计、征地拆迁、购置设备材料、组织施工、安装设备等直至验收竣工投产或投入使用的一个不可分割、完整的过程，需要按照严格的生产顺序进行，如基础施工、结构施工、装修施工等各个阶段，并且整个建设过程是不可间断的。

二、基本建设活动流程及科技文件的生成

基本建设活动流程是从建设项目提出到建成验收、交付使用所必经的整个过程，包括编报项目建议书、进行可行性研究和项目评估，编报设计任务书，建设地点选择，进行设计，安排计划，施工准备、组织施工，生产准备，竣工验收、交付使用等。各项工作必须按先后次序进行，基本建设活动流程是人们在认识客观规律的基础上制定出来的，是建设项目科学决策和顺利进行的重要保证，也是基本建设活动必须履行的法律程序。

一是编报项目建议书。项目建议书（又称项目立项申请书或立项申请报告）由项目筹建单位或项目法人根据国民经济的发展、国家和地方中长期规划、产业政策、生产力布局、国内外市场、所在地的内外部条件等因素，就某一具体新建、扩建项目提出的项目建议文件，并对拟建项目提出框架性的总体设想。项目建议书要从宏观上论述项目设立的必要性和可能性，把项目投资的设想变为概略的投资建议。项目建议书包括：①建

设项目提出的必要性和依据；②建设规模和建设地点的初步设想；③资源条件、建设条件、协作关系和设备技术引进的国别、厂商分析；④项目进度安排；⑤经济效益和社会效益的初步估算；⑥环境影响的初步评价等。根据国家有关部门的规定，所有新建、改建、扩建项目，均应向有关部门提出项目建议书，经批准后才可进行下一步工作。

二是进行可行性研究和项目评估。可行性研究是对拟建项目的一些主要问题进行调查研究和技术经济论证等，其成果主要是可行性研究报告，作为决策机构判断拟建项目是否可行的依据，可行性研究一般由建设单位委托勘察设计单位进行。由于各行业技术特点不同，可行性研究的内容和侧重点不尽相同，以工业建设项目为例，其可行性研究报告主要包括：①建设项目总论；②市场需求和拟建规模；③建设项目规划方案；④项目实施进度建议；⑤投资估算及资金筹措；⑥资源、原材料、燃料及公用设施情况；⑦环境保护、三废治理和回收的初步方案等；⑧建设项目的风险分析及风险防控；⑨建设项目可行性研究结论与建议等。其他行业的建设项目可参照上述内容做适当的调整或简化。为避免投资决策的失误，确保投资决策的科学性，可行性研究报告应按国家规定履行审批程序。

三是编报设计任务书。建设项目的可行性研究报告批准后，就可以据此编制设计任务书，设计任务书是确定建设规模、建设依据、建设布局和建设进度等根本问题的重要文件，经批准的设计任务书是设计单位着手设计的依据。设计任务书可以委托工程咨询单位编制，也可以由建设项目的主管部门组织设计部门和有关单位编制。设计任务书的主要内容包括：建设规模、建设依据、主要协作配合条件、建设地点和占地面积、抗震和防空要求、建设进度和投资估算、要求达到的经济效益和技术水平等。设计任务书需履行国家规定手续，经批准后可开展下一步工作。

四是建设地点选择。选择建设地点是根据可行性研究报告中关于选择建设地点的不同方案进一步落实原材料、燃料、工程地质、水文地质、交通、电力、水源、水质等建设条件，提出选点报告。选点工作按建设项目隶属关系由主管部门组织勘察设计单位、所在地有关部门共同进行。选点报告也需按照规定履行相关手续后才可进入下一阶段。

五是进行设计。设计文件是安排建设项目和组织施工的主要依据。设计工作是在设计任务书和选点报告批准后，由建设单位通过招投标或直接委托设计单位在设计任务书的基础上进行的。一个建设项目如果有两个以上设计单位，应指定或委托一个单位全面负责，组织全部设计工作的协调和汇总。一般大中型项目的设计工作包括初步设计和施工图设计两个阶段。重大项目、技术复杂或专业有特殊要求的项目，可分为三个阶段，即初步设计、技术设计和施工图设计。各类建设项目的初步设计内容不尽相同，以工业建设项目为例，主要包括设计的依据和指导思想、建设规模、产品方案、原材料、燃料和动力的需用量与来源、工艺流程、主要建筑物、构筑物、公用辅助设施和生活区的建设、占地面积和土地使用情况、总体布局、外部协作配合条件、综合利用、环境保护和抗震措施、生产组织、建设进度和期限、总概算等。初步设计的深度按照有关规定执行，并能满足土地征用、主要设备和材料订货、控制投资、施工图设计、施工组织设计的编制、施工准备和生产准备等要求。

技术设计是为了进一步确定初步设计中所采用的工艺流程和建筑结构上的主要技

术问题、校正设备选择、建设规模及一些技术经济指标而对技术复杂或有特殊要求的建设项目所增加的一个设计阶段。技术设计应根据批准的初步设计文件编制，其内容视工程特点而定，其深度应能满足确定设计中重大技术问题、有关科学试验和设备等方面的要求。

施工图设计是在初步设计或技术设计的基础上将设计进一步具体化、明确化的过程，主要是为满足建筑安装、工程施工的需要，把工程和设备各构成部分的尺寸、布局和主要施工方法，以图样及文字的形式加以确定的设计文件，包括总平面图，建筑物（或构筑物）的结构，水、暖、电气等专业图样和说明，公用设施、工艺设计和设备安装详图，施工图设计概（预）算等。施工图设计需由设计单位审定、签发，是建筑工程招标、投标、签订承包合同、组织施工、竣工验收和工程结算的依据。

六是安排计划。拟建项目在初步设计经过批准和综合平衡后，列入年度建设计划。列入年度计划是获得拨款和进行建设准备工作的主要依据。

七是施工准备。为保证工程施工的顺利进行，在开工之前，应切实做好征地、拆迁、组织设备材料的申请订货、准备好必要的施工图、组织好图样会审和技术交底、进行施工招标、选择施工单位、签订施工合同、施工单位编制施工组织设计、临时设施的建设等工作。

八是组织施工。所有建设项目在具有开工条件以后才能开工。基本建设主管部门应根据批准的年度计划，在投资、工程内容、施工图样、设备材料、施工力量全部落实后开始组织施工。施工单位的确定可以采用招标的方式，也可以采用由国家指定或建设单位直接委托的方式。但不论采用何种方式，施工单位的选定必须符合国家规定的资格等级要求，由建设单位和施工单位签订工程承包合同，明确双方的权利和义务，施工单位在施工准备就绪后提出开工申请报告，经有关部门批准后即可开工。开工前要认真做好施工图会审工作，明确质量要求，编制施工图预算和施工组织设计。施工要严格按照设计图样和国家颁布的施工验收规范进行，如有变动应取得设计单位的同意。要坚持合理的施工顺序，对于地下工程和其他隐蔽工程，特别是基础和结构的关键部位，一定要经过验收合格，并做好原始记录后才能进行下一道工序的施工，施工过程中要严格按照设计要求和施工验收规范进行工程质量验收，确保工程质量。

九是生产准备。生产性建设项目在投产前，建设单位应适时组织专门力量，有计划、有步骤地做好生产准备工作。如落实生产所需的原材料、燃料、水、电、气等的来源和其他协作配合条件，组织生产所需要的工具、器具、备件等的购置或制造。生产准备是保证基本建设与生产之间相互衔接的一项重要工作。

十是竣工验收、交付使用。凡列入固定资产投资计划的建设项目或单项工程，按照上级批准的设计文件所规定的内容或施工图纸的要求，全部建成，具备投产和使用条件，不论新建、改建、扩建和迁建项目，都要及时进行组织验收，编制竣工验收报告和竣工决算，并办理固定资产交付使用的手续。竣工验收的依据是经过审批机关批准的设计任务书、初步设计、技术设计、施工图及说明、设备技术说明书、施工过程中的设计更改通知单、全套竣工图、现行施工技术验收规范以及有关主管部门审批、修改、调整的意见等。

竞工验收主要分为单项工程验收和全部工程验收。单项工程验收，是指一个总体建设项目中一个单项工程按设计要求建设完成，能满足生产条件或具备使用条件，即可由建设单位在正式验收前组织自检和初检，并组织设计和施工单位整理有关施工技术文件和编制竣工图以及有关竣工验收文件，报请上级主管部门及各专业主管部门进行验收。全部工程验收，是整个建设项目已按设计要求全部建设完成，应按规定进行全部验收。验收准备工作以建设单位为主，组织设计、施工、使用等单位进行初检，向主管部门提交竣工验收报告。在组织竣工验收时，建设单位要汇报工程建设、生产准备、投资使用情况、投资效益、概算、预算、决算分析等方面的工作。

竣工图编制是项目竣工验收阶段的重要工作内容，按照《建设项目档案管理规范》（DA/T 28—2018）的规定，竣工图一般由施工单位负责编制，按施工图施工没有变更的，由竣工图编制单位在施工图上逐张加盖并签署竣工图章；凡一般性图纸变更且能在原施工图上修改补充的，可直接在原图上修改，并加盖竣工图章；但有下列情形之一的，应重新绘制竣工图，包括设计结构形式、工艺、平面布置、项目等的重大改变，图面变更面积超过20%，或合同约定对所有变更均需重绘或变更面积超过合同约定比例。

由以上分析可以看出，基本建设的流程包括从提出项目建议到建成验收、交付使用的完整过程。基本建设活动取得了两种形式的成果，其一为建设完成的实物对象（可称为"硬件"），如公路、桥梁，其二为建设过程中形成的科技文件（可称为"软件"），包括项目建议书，可行性研究报告，任务书，设计基础文件，设计文件，项目管理文件，施工文件，监理文件，工艺设备文件，生产技术准备、试生产文件，竣工验收文件等。两种形式的成果是在基本建设活动中，按照科技活动的客观规律自然形成的。其中科技文件的生成与流转不但是"硬件"的伴生物，而且是基本建设活动自身的组成部分，不仅是基本建设活动科学决策和顺利进行的保障，也是基本建设活动的法定内容。

第二节　新产品开发与科技文件生成

一、新产品开发简介

对新产品的界定，可从企业、市场和技术三个角度进行，本书主要从技术角度考虑，既包括采用新的技术原理、设计构思而研制、生产的全新产品，也包括应用新技术原理、新设计构思，在结构、材质、工艺等一个或多个方面与原有产品相比有重大改进、产品性能显著提高或使用功能得以扩大的改进型产品。因此新产品并非仅指从未在市场上出现过的产品，也包括为满足社会不断增长的新需求，通过采用新技术原理、新构思、新设计、新材料，有新的结构和功能、有经济效益的产品。新产品得以进入市场，意味着得到社会的承认，在满足消费者的物质、文化生活需要的同时，也给企业带来经济效益，是一种兼顾消费者、企业、社会三方利益，并得到三方认同的产品。

相较于老产品，新产品往往具有以下特点。

第一，新产品具有新的原理、新的结构，或者改进了原有产品的结构，采用了不同于原来产品的原理，或者在设计中具有新的构思。一般来说，新产品在结构、性能、技术特征等某一方面或几个方面比老产品有显著的提高和改进。

第二，新产品往往采用新的材料，一般来说，新的材料在性能或者经济方面优于原有产品，这就使得新产品性能可以超过原有产品或者价格低于原有产品。

第三，新产品具有新的性能特点，这是由于新产品采用了新的原理、新的设计，或者采用了新的技术、新的工艺、新的设备来进行生产，使得新产品具有性能方面的先进性。

第四，新产品具有新的用途或者市场需要，具有实用性，满足用户的某种需要，更容易得到推广和应用。

按照新产品的技术、性能特点，新产品可分为创新型新产品、模仿型新产品、改进型新产品、系列型新产品等。其中，①创新型新产品是指采用了新的原理、技术、形式、结构、材料而研制成功的新产品，在技术上有所突破，有所创新，创新型新产品可以是企业独立研发的结果，可以是引进专利，也可以是对国内科研部门研制成功的最新科研成果进行技术转让试制成功的成果。创新型新产品是一种全新产品，在技术、经济、用途方面具有新的特点，能开创全新的市场。②模仿型新产品是模仿国外或国内已研制生产出来的新产品，成为本企业的新产品。模仿型新产品在试制、生产过程中，可以按照市场需要，根据本企业生产特长对产品进行改造。③改进型新产品是老产品的发展，是在原有产品的基础上进行改进，使产品在性能、结构上具有新的特点、产品用途有所扩大，以满足用户的某种需要，或者是采用了新的工艺、新的设备进行生产，使产品的生产成本大幅度下降，以降低价格，扩大了产品销路。④系列型新产品是指在原有基型产品大类中开发出新的品种、规格等，从而与原有产品形成系列，扩大产品的目标市场，如系列手机、计算机等。

二、新产品开发的流程及科技文件的生成

新产品开发是一项极其复杂的工作，包括从提出任务、调查研究、确定任务、一系列研制、试验、设计试制、投产，一直到投入市场的全部过程。由于行业、产品生产技术、开发方式等方面的不同，新产品开发的流程与具体内容会有所不同。本书以工业企业新产品开发为例，介绍包括研制、试验、设计、制造、检验、安装、使用在内的完整过程，工业企业新产品开发一般经过以下五个阶段。

（一）计划决策阶段

工业企业开发新产品，涉及投资、人员组织、资源利用、产品发展方向等一系列问题。正确的决策既能促进企业的发展，又能满足社会的需要，计划决策对新产品的研制与发展起着决定性作用。

在研制与发展新产品的过程中，凡是国家计划规定的任务，特别是重大的新产品研究应由国家决策。研制单位需根据计划总体要求，了解产品的使用环节、条件及工艺情况，在充分进行技术经济分析的基础上，对新产品的选型和发展方式等提出建议，报请

国家审批。凡是国家纳入计划的或者规定产品方向的，不能随意改变。工业企业也可以在国家统筹规划指导下，根据市场需要或用户需求自行确定和发展新产品，在计划决策阶段，企业应全面分析国家、社会的需要，企业本身的条件以及客观的竞争状况来决定是否应该开发以及开发什么样的新产品。此阶段主要完成以下三个任务。

1. 调查研究

调查研究的主要内容包括确定任务来源、情报收集及新产品预测三个方面。

新产品开发的任务来源主要有四个：国家计划或上级下达的任务；专业会议安排；用户直接要求订货；根据科技情报提出的新产品开发或老产品改进建议。

情报收集是与新产品开发相关的各种情报的收集和调查研究，情报收集是制订新产品开发计划的前提和重要依据，主要包括技术情报（包括设计文件、专利调查、生产情报、科技论文、开发研究管理、技术活动信息、技术转让服务、有关技术会议等）；市场情报（包括产品销售服务情报、市场文化情报、产品竞争情报、消费购买情报等）；行业情报（包括本行业的现状与动向、新产品与新产品系列的发展趋势、企业的协作与协调情况、行业中各企业间的生产和销售情况等）；企业情报（包括同行的发展动向、与本企业发展新产品有关的情报等）。

新产品预测主要包括需求预测、技术预测和生命周期预测，其中需求预测是对市场需求的动向、需求量和竞争产品的情况进行分析，审查销售规划和利润规划。技术预测是估计新产品的技术水平和它在未来阶段的变化转移情况（包括对新产品原理及其应用方面的预测、对产品的新结构在设计和生产方面的预测），以及当新产品开发完成时，在技术上的领先水平。生命周期预测是预测新产品研制成功后从投产到停产的周期。产品的生命周期一般可分为导入期、成长期、成熟期和衰退期。在导入期，由于刚投产并刚开始进入市场，生产成本高，企业的收益甚微甚至可能出现亏损；在成长期，新产品开始大量进入市场，销售额上升，生产成本逐渐下降，企业的收益开始增加；在成熟期，新产品产量最大，成本最低，销售达到顶峰，企业获利最多；在衰退期，新产品趋于陈旧，技术性能老化，销售额与订货量逐渐下降，面临着被淘汰的状态。产品的生命周期已成为经济部门和企业调节生产任务的重要依据，必须进行充分估计和及时分析。为了生存与竞争，企业应根据产品生命周期，制定、实施企业新产品开发战略部署，生产第一代，试制第二代，研制第三代，构思第四代，即"四世同堂"。

调查研究中形成的文件主要包括远景规划、中期规划、近期规划、上级下达文件、用户委托合同、专业会议文件、收集的技术情报、技术资料、情报调研材料、各种专题情报、各种预测报告、调查研究综合分析报告等。

2. 提出新产品开发建议

在充分调查研究与综合分析的基础上，需提出新产品开发建议书。新产品开发建议书内容主要包括：开发新产品的目的、用途；产品外型与结构的基本构思；产品开发的主要特点（采用的新技术、新材料或新工艺）；国内外同类产品的比较；产品的主要性能与水平；产品的标准化程度；技术经济分析；市场销售分析评价；必要的投资概算；环境保护方案设想；能源供应与原材料解决途径；本企业产品开发条件；存在的问题与解决办法；可行性分析；新产品发展方式（如自行研制、合作生产、引进技术等）。经过调查研究及综合分析，若决定终止开发该新产品，也要有科学依据并编制终止开发产品报告。终止开发产品报告的内容主要包括：市场需求量不稳定、科学研究未过关、产品可靠性差、能源耗费大、产品竞争能力差、影响环境保护与生态平衡等。

在提出新产品开发建议中形成的文件主要有：新产品开发建议书或终止产品开发报告、可行性分析材料、技术经济分析材料、产品方案评选与最佳方案的推荐材料、新产品开发建议书的上报审批文件等。

3. 编制新产品开发计划任务书

新产品开发计划任务书是在经过审查同意的新产品开发建议书的基础上编制的，是对新产品开发建议的确认，是对新产品开发计划任务的下达。新产品开发计划任务书的主要内容包括：开发该新产品的目的、用途、使用范围；产品外型与基本结构；产品主要特征；产品主要性能；产品主要技术规格；产品主要参数；国内外同类产品的评选；产品标准化的贯彻与实施；技术经济指标；产品的可靠性、安全性、环境适应性；经费预算；预期的经济效果；要解决的技术关键问题；环境保护措施；决定的开发方式；上级对开发该产品的技术与经济指标规定等。

编制新产品开发计划任务书时产生的主要文件包括：新产品开发的决策方案；新产品开发计划任务书；新产品开发计划任务书的附件材料；新产品开发计划任务书的有关协调文件；技术任务书；技术委托书；技术协议书；上报审批文件等。

（二）设计阶段

设计是新产品开发中的重要环节，是一项技术基础工作。它的任务是从技术上、经济上将社会需要及用户要求，通过设计人员的技术思想和构思，从设想变成现实。这是实现社会对产品特定功能需要的创造性劳动，需要以正确的决策为前提，以科学研究为依据，以试验研制为基础，通过设计—试制—试验—设计—试制……的反复验证过程，直至达到预期目的。设计是否正确、完善，将直接决定产品的质量、成本、研制周期、经济效益和销售服务，一般要经过方案设计、技术设计和工作图设计三个阶段。

1. 方案设计

方案设计也称方案论证，主要是新产品正确选型，确定产品的最优方案，确定产品的基本结构，是指导产品设计的基础。方案设计的内容及其深入程度视产品的复杂情况而定，对于传统产品，凡用户已有明确规定其基本参数和结构或结构比较简单的，可不必进行方案设计。

方案设计的具体内容包括：确定产品外型及内部结构的最佳方案；总体方案设计；产品结构布局设计；外观造型设计；绘制产品简略总图及其结构草图；产品参数及技术

性能指标计算；产品结构试验研究与产品系统模拟试验研究；提出对产品关键技术的解决方案；技术经济的综合分析与初步评价等。

方案设计时产生的文件主要包括：最佳方案；方案筛选材料；总图；各种方案设计；方案论证材料；方案设计形成的原始材料；计算材料；技术经济分析与评价材料；专项试验研究报告；方案设计总体材料；方案审查与批准材料等。

2. 技术设计

技术设计主要是确定与解决产品的主要结构与具体参数问题，解决产品结构的合理性和产品的工艺性与经济性。技术设计的具体内容包括：编制产品技术图样目录与产品设计文件完整性配套目录；编制产品总图与总装配图；编制基本部件的结构图、传动系统图、电气系统图、液压系统图等；对关键零部件的结构进行计算；确定产品外型设计与产品整个结构外型尺寸；确定产品零部件的几何形状与基本尺寸；产品性能、特性的设计与计算；解决产品的工艺要求；产品的包装设计与运输设计；进行详细的技术经济分析；编制产品部件、附件、通用件、标准件、外购件、外协件明细表；进行一系列的试验研究（如主要零部件结构试验，关键零件的新材料、新工艺试验，产品及零部件的功能试验，操作试验，环境适应性试验，可靠性试验，寿命试验，振动及噪声试验）。

技术设计时产生的文件主要包括：产品设计文件目录；产品明细表；技术设计中积累和形成的材料；技术设计总结材料；产品总装配图；计算材料与数据处理材料；部件结构图与各种系统图；关键零部件图；产品的包装、运输、储藏设计文件；技术说明书、设计计算手册；产品标准；试验研究大纲；技术经济分析报告；各种专项试验研究报告；各种分析与结论材料。

3. 工作图设计

工作图设计即详细设计，是根据技术设计编制全套工作图和有关制度以及所需使用的全部技术文件，为产品制造、装配和使用提供确切的依据，是技术设计进一步具体化的成果。工作图设计的具体内容包括：设计和绘制产品专用的全部零件工作图，详细注明尺寸、公差配合、材料及技术条件；设计与绘制产品部件装配图；编写产品零件、通用件、标准件、外购件、外协件、原材料的综合明细表；编写产品使用维护说明书、产品证明书、产品标准化审查报告；编制配套目录；标准的贯彻与设计文件的标准化审查；设计文件的工艺方面的要求与协调；设计文件的审校与签字，保证设计文件质量；设计文件的外协配套与会审工作。

工作图设计时产生的文件主要包括：为产品专门设计的全部零件工作图；产品部件装配图、安装图、包装图；技术条件、使用维护说明书、产品证明书、产品标准、标准化审查报告等全部技术文件材料；各类综合明细表、各类配套目录；工作图设计中形成、积累的不同版本的图纸、计算材料与数据处理材料；工作图设计总结材料与设计阶段工作组总结报告；设计工作管理文件；设计文件会审、会签纪要与有关协调文件；设计文件历次更改、补充的记录原件与审批文件；上级对设计文件的审批与下达的有关文件；设计文件与外协有关的文件。

（三）试制阶段

这个阶段的主要任务是样机的试制与鉴定。在设计阶段，设计人员已经设计出新产品试制生产所需的全部科技文件，这些科技文件是设计人员科技思想的结晶，但必须通过实践来实现。通过试制一方面验证根据设计文件能否将实际产品做出来，能否达到设计的要求，另一方面验证设计文件是否正确，能否达到预期的质量和经济效果。试制出来的样机主要用于考验产品结构、性能及主要工艺，验证与修正设计文件，经过多次验证，使产品设计基本定型。为了达到样机试制的目的和要求，必要时样机试制可不限于一台，也不限于一次，这要根据产品对象的用途、性能、结构、特点以及要求而定，此阶段包括三个主要任务。

1. 样机试制

根据设计文件、工艺文件和工艺装备，由企业的试制部门专门负责试制生产。生产的样机主要用来考验产品的结构、性能及主要工艺是否达到设计要求，设计文件是否正确，以便肯定或进一步调整产品的设计。

样机试制必须严格按设计文件和工艺要求进行，应组织专门的样机试制小组解决试制时的疑难问题，并及时对设计文件以及工艺、制造装配质量问题做好记录。样机试制中所采用的重要外构件、特殊材料或某些重要零件的材料代用，必须经过检查或试验，认为合格了方能使用。试制、装配完成后，试制小组应写出试制情况总结报告，主要内容是设计文件质量以及工艺、工装质量情况；零部件加工及装配质量情况；材料代用情况；试制费用和实际总成本；存在的问题以及解决的办法。

样机试制中产生的文件主要包括：样机试制计划；样机试制工艺流程；试制工艺文件和工艺装备文件；样机试制运行记录；样机试制过程纪要；设计文件的补充、更改材料；设计文件更改记录；样机试制总结报告等。

2. 样机试验

样机试制完成后，要进行样机试验，主要验证样机的性能、质量是否达到设计文件的要求。样机试验之前要编制试验计划、试验方案。试验计划的内容主要包括：各项试验项目的要求、试验方法、所需测试仪器和设备、试验地点和条件、试验日程、试验小组成员等。

样机试验内容因产品用途、性能、结构、要求的不同而各有侧重：产品规格及技术性能参数规定；外观检查；空机运转及操作试验；安全性、可靠性试验；噪声检查；精度检查；负荷试验；效率试验；刚性试验；抗振性试验；升温及热变形试验；寿命试验；附件试验；总重量测定等。样机试验完成后要进行全面总结，形成样机试验报告。

样机试验时产生的主要文件包括：样机试验计划、样机试验方案、样机试验所需仪器与设备清单、样机试验分项目记录、样机试验中形成的各种原始数据与原始材料、样机试验分项小结、样机试验总结报告等。

3. 样机鉴定

新产品经过样机试制、试验以后，必须进行鉴定。样机鉴定主要是对新产品在技术上、经济上作出全面评价，以确定是否可以转入生产阶段。样机鉴定的内容和方法根据新产品的性质、用途、技术特点而定。鉴定以前，产品设计部门要制定试验鉴定大纲，工艺部门要制定试验规程，并会同有关部门准备好所需工具、仪器设备、材料等。

样机鉴定一般可由企业和用户组织鉴定委员会进行鉴定，主要是对产品设计文件和试制、试验总结报告进行审查，并按照鉴定大纲对样机进行检查，检查产品是否符合已批准的科技文件和各种技术标准的规定；检查工艺文件、工艺装备是否先进、合理；检查零、部件的质量和样机的质量；对样机进行技术经济分析，作出评价与结论，提出改进意见。鉴定工作要从严从难，反复验证，详细记录，最后要编写出试制鉴定书，为小批量试制或正式生产提供可靠的依据。

样机鉴定的主要内容包括：新产品是否符合已批准的新产品开发计划任务书的规定；是否符合国家技术政策、国家标准或其他技术要求；设计文件是否正确、齐全，技术经济指标是否先进，结构工艺性是否良好；主要工艺方法能否保证设计要求；主要工艺装备能否保证产品的质量。

专用产品可采取用户验收的方法进行鉴定，国家计划、上级下达任务的新产品或者上级指定要鉴定的产品，由上级专业领导机关组织鉴定委员会进行鉴定。主要审查样机鉴定验收书、样机鉴定法定性文件以及产品合格证、使用说明书、样机照片等，并对新产品的设计文件和试制、试验及生产考验等各个阶段的总结报告进行全面审查，必要时按鉴定大纲对样机进行检查和试验，做出评价和结论。

对于某些重要产品，根据国家规定，还要进行样机的生产考验，即使用考验。样机生产考验的目的主要是对样机进行全面的使用性验证，考验其功能和各项质量指标满足使用要求的程度。特别是对批量生产的系列产品，重大、关键的新产品和重大通用性强的产品，在样机试验和企业鉴定合格后，都必须经过一定时间的生产考验，才能申报上级鉴定。经过一定范围和一定时间的"使用考验"，以广泛听取用户意见，进一步发现缺陷，进行改进，得出更为全面的定型结论。

生产考验完毕后需由生产考验小组写出样机生产考验总结报告，生产考验总结报告的内容主要包括：安装调试情况；加工工件生产情况；零件误差分布情况及质量稳定性；生产效率；操作的方便性，各部件的运动灵活性和安全可靠性；零部件的精度保持性和磨损情况；产品设计文件修改、补充建议。

样机鉴定通过后，凡专用产品或为用户开发的新产品，由本企业与用户联合组成的鉴定委员会颁发产品合格证，凡上级组成的鉴定委员会鉴定的产品，颁发产品证明书。没有通过鉴定的产品只发产品通知书，说明本产品存在的主要缺陷及问题，提出改进意见，并规定下一次鉴定期限。

样机鉴定通过以后，该产品即实现了"设计定型"。应将设计文件统一进行整理，收集、整理历次修改通知单与补充文件，并对已有的设计文件进行审核、补充、更正并配套，使之达到完整、准确、系统、统一，在正式文件上逐份标上"设计定型"字样，作为法规性文件进行管理。

样机鉴定中产生的文件主要包括：鉴定委员会名单；鉴定委员会历次会议记录与会议纪要；试验鉴定大纲；试验规程；样机鉴定验收书；产品合格证或产品证明书；样机生产考验记录；样机生产考验用户评定与意见；样机生产考验总结报告；"设计定型"后的成套设计文件；历次设计文件更改通知单与补充文件；研究成果总结报告；"设计定型"工作报告；样机鉴定总结报告；样机鉴定上级审批文件等。

（四）生产阶段

生产阶段包括小批生产、试销调查、批量生产三个主要任务。

1. 小批生产

小批生产也称批量试制或小批量试制。凡需成批生产或者大批生产的新产品，一般都应经过样机试制和小批生产两个阶段才能转入正式生产。小批生产是在样机试制和样机鉴定的基础上，根据批量生产的要求，编制全部工艺文件，设计制造全部工艺装备，试制出一小批产品，其目的是考验工艺规程和工艺装备，并对设计文件进行工艺性审查，验证在正常生产条件下，能否达到产品质量的稳定性和良好的经济效益。在此基础上，对设计文件进行进一步调整与修改，为批量生产创造条件。

在单件小批量生产的企业中，试制也就是生产。凡是单件、小批生产、引进技术或在中小企业中，样机试制和小批生产可以合并在一起进行。

企业应组织小批生产试制小组，由设计、工艺、生产、销售部门组成，以工艺、生产部门为主。在小批生产过程中，对设计文件、工艺规程和工艺装备的验证情况，零、部件质量情况，工时消耗与材料消耗等作出详细记录，试制小组及时处理和掌握生产中的问题。

小批生产中产生的文件主要包括：小批生产计划；小批生产准备作业计划；编制工艺文件计划；设计与制造工艺装备计划与审批文件；小批生产产品销售计划；全部工艺文件；全部工艺装备文件；更改与补充的设计文件及设计更改通知单；工艺文件更改单；小批生产鉴定书及鉴定材料；小批生产总结报告。

2. 试销调查

产品最终是为市场和用户提供的，小批生产以后要进行试销，以决定产品是否进行正式生产。为了做好新产品试销工作，应编制新产品样本与宣传介绍材料，并通过广告、电视、展览、订销会等形式向用户推销与介绍新产品。要做好市场用户试销调查，了解用户对新产品的需求情况，写出调查报告，根据调查报告决定是否转入正式投产。经过小批生产和试销，新产品研发即告完成，也就是新产品已定型，新产品开发工作到此告一段落，此时要写出新产品研制完成报告。新产品研制完成报告的内容主要包括：是否达到规定质量标准，质量达到何种等级水平；外观设计和外观制造质量如何；各项技术性能和经济指标是否达到预期目标；设计文件质量、工艺、工装的质量情况以及总体评价；出现过哪些重大问题及解决情况；用户对新产品有何意见和要求；市场需求量、销售时间、销售途径及服务网点的计划；是否可投入正式成批生产等。

试销调查时产生的文件主要包括：产品样本与产品宣传推销材料；产品广告样品与合同；订货会议记录与订货合同；试销调查报告；成果鉴定书；新产品研制完成报告；市场与用户信息反馈材料。

3. 批量生产

新产品研制部门要做好新产品试销和销售服务工作的全面总结与调整，到此新产品已经"生产定型"，要为大批量正式投入生产做好一切技术准备和物资准备工作，如出口产品要编制有关出口用的技术文件；改扩建厂房，增添有关仪器设备；调整工艺路线和生产作业线；编制成批生产的成套工艺；落实订货合同并下达生产计划；落实外协件、外购件的配套单位；全面整顿各业务技术部门的设计文件、工艺文件、工艺装备文件，并逐份标记"生产定型"字样，作为新产品生产管理使用的法规文件。

新产品批量生产时产生的文件主要包括：经过整顿"生产定型"的设计文件、工艺文件、工艺装备文件；生产计划、生产作业计划；用户订货合同；生产技术准备与生产物资准备计划；外协件与外购件的协议或合同；设计文件与工艺文件的补充更改文件和更改通知单；为出口产品编制的有关科技文件；市场、用户信息反馈材料；与新产品质量有关的质量科技文件；各业务技术部门与生产部门在生产中产生的有关科技文件等。

（五）销售服务阶段

销售服务水平是用户判断产品质量的一个准则，也是产品竞争力的重要组成部分。销售服务主要包括初期销售服务和长期运行调查两个任务。

1. 初期销售服务

初期销售服务主要包括：为用户提供咨询，回答用户提出的各项技术问题，向用户介绍产品性能、结构、特点与使用维修等注意事项；现场服务，企业派技术人员到现场安装、调试设备，排除故障，培训设备操作与维修工人，进行设备运行后的检查、维修等；提供零件、备件；为用户修理设备；为用户培训人员；为用户提供产品样本和使用维护说明书等。

通过充分收集用户反映和现场调查的结果以及产品的实际效果，要写出初期流动商品调查报告，其内容主要包括：该产品的潜在缺点（原设计、制造未考虑到或未发现的问题）；用户的使用评价；暴露出的缺点（如故障位置、使用时间、原因、改进方法、改进结果）；运行故障部位及维修时间。

初期销售服务时产生的文件主要包括：销售服务计划；市场、用户反馈意见；用户反馈信息的整理分析材料；被采纳的用户意见与落实措施；销售服务工作总结；销售服务网点；初期流动商品调查报告等。

2. 长期运行调查

为不断提高产品质量，改进销售服务工作，要定期和不定期地收集用户反馈信息，进行市场调查，每到一定阶段就要对产品的质量和销售服务工作进行全面总结，尤其是在产品订货量逐年减少，销售额逐渐下降，产品处于衰退期时，应根据产品本身存在的缺陷与不足编写产品改进与更新建议书，为下一代新产品开发提供重要依据。

长期运行调查中产生的文件主要包括：市场、用户的往来函件；设备运行记录卡；单台设备使用统计与调查；产品发挥的经济效益和社会效益调查；产品改进与更新建议书；产品质量技术攻关会议纪要；收集的技术资料等。

由以上新产品开发流程以及每一环节产生的科技文件可以看出，新产品开发的流程包括计划决策、设计、试制、生产、销售服务等环节在内的完整过程。与基本建设活动相似，新产品开发活动也会取得硬件（新产品）和软件（新产品开发中形成的全套科技文件）两种形式的成果。一方面，科技文件是科技活动进行过程及结果的完整记录和真实反映，为日后新产品开发提供依据、参考和经验，另一方面，有些科技文件的生成本身就是新产品开发的重要环节，是新产品开发活动得以顺利进行的前提。

课后思考题

1. 基本建设活动中科技文件是如何形成的？
2. 基本建设活动形成的科技文件具有什么特点？
3. 新产品开发过程中生成的科技文件有什么特点？
4. 简述科技活动与科技文件形成之间的关系。

第三章

科技文件的流转及管理

本章内容概要：主要介绍科技文件的流转及管理过程，阐述科技文件形成与流转的各个环节，探讨科技文件的积累、编号、分类、立卷等工作，分析科技文件归档的含义及归档制度的具体内容，总结科技文件管理的质量目标及其保障条件。

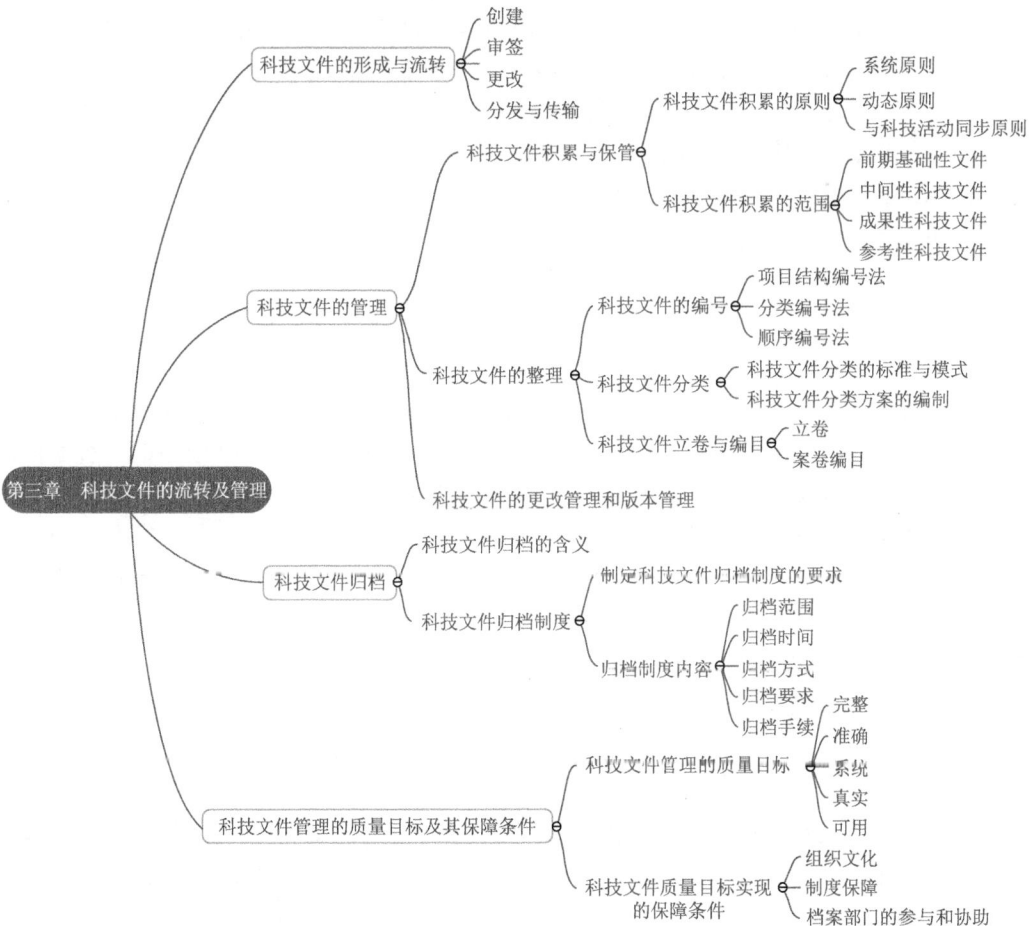

科技文件是在科技和生产活动中直接形成的，处于使用和运行过程中的信息记录，科技文件是科技档案的前身，科技文件的客观记录性、专业性、多样性、成套性等特点会被科技档案"继承"，科技文件的质量与管理水平在很大程度上决定了科技档案的质量和管理水平。了解科技文件的流转过程及管理是实现科技文件档案化、科技档案全生命周期管理的必然要求。

第一节　科技文件的形成与流转

科技文件的形成与流转是指科技文件从生成到归档经历的所有过程，包括创建、审签、更改、分发与传输。当然，并不是所有科技文件都必须经历上述所有过程。

一、创建

创建是所有科技文件都要经历的活动，也就是科技生产人员根据科技生产活动的需要，借助一定工具生成科技文件的过程。在一项科技生产活动的各个阶段，都可能创建生成新的科技文件，甚至是某些科技活动（或某些环节）中最主要的工作内容。例如，在新产品开发活动中，计划决策阶段可能要创建各种预测报告、用户委托合同、调查研究综合分析报告、新产品开发建议书、新产品开发的决策方案、新产品开发计划任务书等。而在设计阶段，则需要创建各种方案设计、产品总装配图、部件结构图和各种系统图、装配图、安装图、包装图等。在试制阶段，需要创建样机试制计划、样机试制运行记录、样机试验计划、样机试验方案、样机鉴定验收书、产品合格证或产品证明书等。

二、审签

科技文件审签是在科技文件正式生效之前，根据各级各类科技人员的职责范围，按照固定的程序，以审阅或签字的形式，保证科技活动质量和科技文件效力的一种手段。按照规定履行科技文件审签手续是科技文件具备法规性文件的重要条件。因此，审签要严格按照各个专业的制度和规定，按照各个职能机构职责权限履行，是贯彻全面质量管理的一个重要内容。不同行业的科技活动、同一活动中的不同科技文件审签程序都会有所不同。如基本建设活动中的施工说明书由设计或编制人拟定后，逐次经过审核，设计部门负责人、总设计师的审签方可生效。

三、更改

科技文件更改是根据一定的原则，按照一定的制度要求和程序，用特定的方式和恰当的方法修正、补充科技文件的有关内容，使之更加符合客观实际需要。虽然不是所有的科技文件都需要经过更改这一环节，但为保证科技活动顺利进行，为保证科技文件内容的先进性和准确性，科技文件更改是科技活动中比较常见的现象，如新产品设计研制过程以及基本建设工程的规划、设计、施工中科技文件的更改比较普遍。

一般而言，科技文件更改往往是基于以下几种情况：一是原科技文件中存在错误，如设计错误、计算错误，需要对科技文件进行更改，属于勘误补正性更改。二是在科技文件使用过程中，实际情况需要或现场条件发生了变化，如生产或施工用原材料品种、规格发生变化，需要针对这种变化对科技文件进行更改，属于适应性更改。三是为采用新的科研成果，如新技术、新工艺、新材料，贯彻新标准或采纳合理化建议，需要对科技文件进行更改，属于改进性更改。四是根据客户需求或管理需要进行的需求性更改。

科技文件的更改特指科技文件经审签之后的更改，这种更改直接关系到科技活动中科技文件的真实、可信，因此要坚持符实、完善、一致、清晰的原则。更改中特别要注意几个问题：第一，科技文件更改必须保持科技项目的先进性，也就是说，无论是产品设计文件还是工程设计文件的更改，都不得降低原设计的质量，不能因为科技文件的更改而影响科技项目的水平。第二，科技文件更改必须保证科技文件内容的准确性，科技文件更改要随着设计改进、工艺改进、采用新材料、采用新标准、采用合理化建议等变化而不断地进行，使得科技文件准确无误地反映客观实际，同时科技文件更改使用的线条、符号、文字及尺寸等要符合国家和专业有关标准的规定。第三，科技文件的更改必须严格控制更改权限，科技文件的更改权限一般属于科技文件的编制者，即原作者是谁，谁就有权更改。第四，科技文件更改如果影响到产品、零部件之间的互换性，或影响到相关专业的技术内容，则应对相应的科技文件重新绘制或编号，并在原有科技文件上注明作废。第五，通用图、借用图的更改以不破坏通用和借用的性质为原则，否则需重新绘制新图。第六，为了维护科技活动的正常秩序和科技文件更改的严肃性，保证科技文件质量，科技文件更改必须严格按照更改程序进行，一般科技文件的更改需经历提出更改建议、审核更改建议、会签、批准更改等几个步骤。

四、分发与传输

分发是科技文件在组织内部或项目内部发送的过程，传输是科技文件生效后在不同组织之间（如协作单位、指导单位、监督管理单位等）传递的过程。科技文件的分发与传输，既可采用传统人工送达的方式，也可以通过网络进行，如通过公共网络或专用网络，但无论哪种方式都要确保科技文件的实体安全和信息安全，必要时采用加密手段。

■ 第二节　科技文件的管理

为确保科技活动的顺利进行以及科技文件的质量，科技文件一经形成甚至在形成之前就伴随着一定的管理活动，虽然不同行业科技文件管理的技术手段不同，但总体上来看主要包括积累与保管、整理、更改管理和版本管理等内容。

一、科技文件积累与保管

（一）科技文件积累的原则

科技文件积累是由企业、科研及设计单位所属的业务技术部门、科技人员或科技文件管理部门，遵循一定的原则，按照一定的范围与方法对处于正在产生、形成等运转过程中的科技文件进行适当集中并妥善保管的工作。科技文件积累是科技文件管理中的一项经常性工作，科技文件积累的科学有效，对于保证科技活动的顺利开展，维护科技文件的系统、完整、准确、安全，促进科技文件的有效利用至关重要。

科技文件积累要尊重科技活动的流程，以保证科技文件的质量和科技任务的顺利完成。科技文件积累时要遵循的原则主要包括以下几条。

1. 系统原则

系统原则是要求科技文件积累要依据科技活动的流程，按照科技文件的形成阶段进行系统积累，确保科技文件产生、形成的内在有机联系。科技活动具有明确的周期性和阶段性，科技文件正是在科技活动的各个阶段形成的，一项科技活动所形成的全部科技文件既以科技活动各阶段的任务不同而相区分，又因阶段间的前后承启而相联系，进而形成一个系统的有机整体。根据科技活动的流程进行科技文件积累，才能既保持科技文件的内在有机联系，客观地反映科技工作进程，又不影响科技活动中科技文件的正常利用。

2. 动态原则

动态原则重点是要求把科技文件的积累与更改结合起来，保证科技文件的真实性和准确性。科技文件积累保存是使科技文件处于一种相对静止的状态，而科技文件的更改则使已积累起来的科技文件处于动态变化之中。在日常科技活动中，由于科技生产人员的主观原因和科技生产活动的客观原因，经常会对已经审批的科技文件进行更改，科技文件积累过程中应及时调换更改、作废的科技文件，避免漏改、漏换，否则将直接影响科技活动的质量。只有遵循动态原则才能使科技文件自始至终真实、准确，与不断变化的客观实际保持一致，从而保证科技工作的质量。

3. 与科技活动同步原则

与科技活动同步原则是指将科技文件的积累贯穿于科技活动的全过程，保证科技文件的完整。与科技活动同步，一方面要求科技文件的积累从科技活动开始入手，特别是那些周期长、任务复杂的全新产品的开发或新建项目，另一方面要求科技文件积累在每一阶段、每一环节、每个科技人员的工作过程中随时进行，即科技文件积累工作的全程进行、全员发动。积累、保管科技文件的任务是由所有科技人员共同承担的，为及时发现和纠正科技文件积累中存在的问题，要责任分明地保证各阶段、各环节科技文件形成积累的质量。

（二）科技文件积累的范围

科技文件积累范围即明确在科技活动中哪些科技文件应该留存和妥善保管起来。确定科技文件的积累范围，应该以科技文件积累原则为指导，以有关技术规范与标准为依据，以保证科技文件的总体质量。但是不同专业领域的科技活动在程序、任务、要求等方面各不相同，因此产生的科技文件的内容、数量、形式、程序也并不相同，无法对科技文件的积累范围做出统一的、一致的、详细的规定。一般而言，一项科技活动积累下来的科技文件包括以下四个方面。

（1）前期基础性文件。前期基础性文件主要包括项目建议书、项目任务书、论证报告、项目规划、调研报告、可行性研究报告、方案论证等。

（2）中间性科技文件。中间性科技文件包括项目进行中的原始记录、原始数据、各种试验报告、阶段小结、故障分析、工作日志、图样、科技文件更改单、项目的结果材料等。

（3）成果性科技文件。成果性科技文件主要包括研制产品定型的全套产品图样、技术文件、主要工艺文件、装备文件、技术说明书、产品定型实验报告、产品合格证、现场试验报告、竣工图和竣工文件、成果鉴定材料等。

（4）参考性科技文件。参考性科技文件主要包括从外单位以购买、订购、征集等方式收集而来，为本项科技活动做参考使用的技术资料。

科技文件形成与积累的过程中，随着管理权限的不断转移其保管职责也在不断转移，但不管保管主体是谁，保管的任务主要是内容安全和实体安全。科技文件的保管措施与科技档案的保管措施一致，本书第十一章专门介绍科技档案保管，在此不再赘述。

二、科技文件的整理

科技文件的整理，主要是通过编号、分类、立卷等措施，揭示科技文件之间的有机联系，使科技文件序化。从效果和效率的角度看，科技文件的整理和科技档案的整理应尽量保持一致。

（一）科技文件的编号

科技文件编号是按照一定的原则和方法，用由代字和代码组成的代号表示科技文件的内容和特征的一种技术语言。编号是在科技文件形成过程中，由文件编制者按照本行业、系统的编号方案给定的。编号是科技文件管理的基本依据，便于对科技文件进行更有效的使用和管理，便于对科技文件进行科学分类，促进企业标准化工作的开展，便于科学技术交流。

科技文件编号作为部门之间、技术人员之间沟通交流的技术语言，要遵循统一的编号规则。不同系统、不同立档单位编号规则、编号方法各不相同。科技文件编号的总体原则和要求如下。

（1）科技活动中产生、形成的各种形式、各种载体的科技文件都应予以编号。

（2）科技文件编号必须按专业系统统一制定的编号原则、规定和方法进行，科技文件编号的原则与方法，必须纳入本专业或本部门的标准化管理制度中。

（3）科技文件编号需与它反映的对象或对象代号一致。

（4）科技文件编号应该正确地、科学地反映科技文件的内容、性质和特征。

（5）每一份科技文件必须有独立的编号，同一编号不能代表两种以上的科技文件。

（6）科技文件编号应由代字和代号构成，或者完全由代号构成，代字是指统一使用的汉语拼音字母，代号是阿拉伯数字。

（7）需要国际统一进行编号的科技文件，应参照国际组织有关规定和方法进行统一编号。

（8）科技文件编号方案应统一考虑到今后使用和管理科技文件的要求。

根据各行业领域科技活动的特点及科技文件产生、使用的情况，科技文件的编号一般采用项目结构编号法、分类编号法和顺序编号法。

1. 项目结构编号法

项目结构编号法中，较具有代表性的有产品隶属编号法和工程结构编号法。

（1）产品隶属编号法。产品隶属编号法即在一项产品范围内，按照产品结构的隶属关系进行科技文件编号。

产品结构的隶属关系是指产品及其各组成部分之间的隶属关系。例如，自行车一般由车架、车轮、车把组成，而车轮又由轮胎、轮圈和辐条组成。产品及其组成部分在结构上的隶属关系决定了它们的具体编号。以工业产品为例，工业产品按性能、结构可分为简单产品和复杂产品（各专业系统、生产部门对简单产品与复杂产品的划分并不统一）。其中，简单产品的结构隶属关系为：部件隶属于产品，零件隶属于部件，还有直接隶属于产品的零件。复杂产品的结构隶属关系为：部件隶属于产品，分部件隶属于部件，零件隶属于分部件，还有直接隶属于产品、部件的零件。产品结构图如图3-1所示。

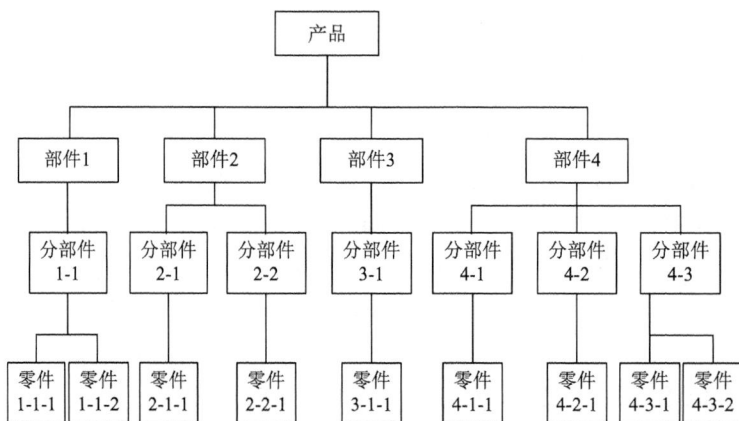

图 3-1　产品结构图

　　科技文件编号需要将各个组成部分之间的这种隶属关系反映出来，如部件的编号要加入该部件所属的产品代号，分部件的编号要加入该分部件所属的产品和部件代号，零件的编号要加入其所属的产品代号、部件代号和分部件代号。

　　按照产品隶属编号法对科技文件进行编号，科技文件的号码一般由三部分构成，从左到右为产品代号、结构组成部分代号、顺序号，三部分之间可以用连接符或实心点分开，即"产品代号-结构组成部分代号-顺序号"或"产品代号·结构组成部分代号·顺序号"，如图 3-2 所示。

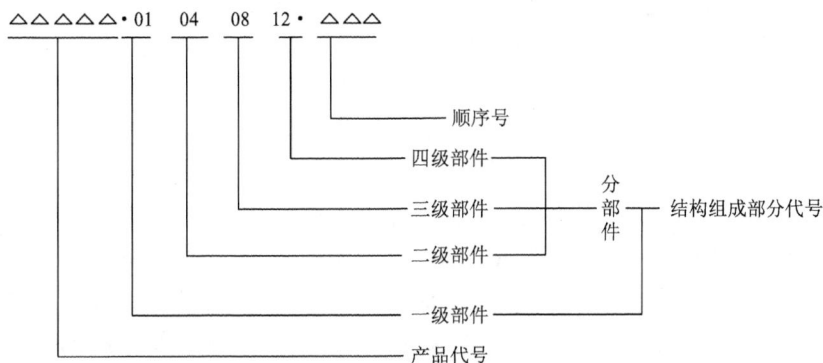

图 3-2　产品隶属编号结构

　　其中，产品代号也称产品型号，一般是专业主管机关根据本专业产品系列统一制定，可表示产品的分类、设计顺序、产品的系列、性能、特征、主要规格、主要参数、结构特征等，产品代号一般由汉语拼音字母和阿拉伯数字构成，如 THK6380 表示的是工作台工作面宽度为 800mm 的自动换刀数字程序控制卧式铣镗床。根据机床分类代号，其中，"T"表示"镗床"，"H"表示"自动换刀"，"K"表示"数字程序控制"，"63"表示"卧式铣镗床"，"80"表示"工作台工作面宽度为 800mm"。再如，C6140A 表示的是经第一次重大改进后的床身上最大工件回转直径为 400mm 的普通车床。其中，"C"表示"车床"，"61"表示"普通车床"，"40"表示"工件回转直径为 400mm"，"A"表示"第一次重大改进"。

　　结构组成部分代号是产品隶属编号法中编号的主体部分，表示产品范围内结构的分级隶属关系。简单产品需要表示产品范围内部件的结构关系顺序，复杂产品需要表示分部件隶属于部件范围内的顺序、部件隶属于产品范围内的顺序。有的复杂产品结构关系复杂，层次较多，如部件与分部件分四级，那么四级部件的编号需要包含其所属的一级部件、二级部件、三级部件的编号。若是复杂产品既有部件也有分部件，编号时表示部件和分部件的位数要一致，也就是说，分部件用两位数字表示，部件也必须用两位数字表示，若部件用一位数字表示，分部件也用一位数字表示。例如，产品中某些部件包含的分部件有十个以上，必须用二级数字表示，而产品范围内其他部件和分部件即使不超过十个，也必须用两位数字表示，可用阿拉伯数字"0"做空号，分部件与部件的编码位数一致，便于产品分类、管理、使用。如编号：***** · 01 24 18 12 · ***，其中"01"表示该产品的"01"一级部件，"24"表示"01"一级部件所包含的"24"二级部件，"18"

表示"01"一级部件所包含的"24"二级部件所包含的"18"三级部件,而"12"表示"01"一级部件所包含的"24"二级部件所包含的"18"三级部件所包含的"12"四级部件。

顺序号位于编号的最右端,表示产品结构中最基本部分的排列顺序号、产品结构中部件或分部件范围内的零件顺序号。根据不同产品结构,零件可能隶属于分部件,也可能隶属于部件,或直接隶属于产品。顺序号一般用三位阿拉伯数字表示。顺序号的排列是有规律的,如按产品零件设计时的先后次序,按产品组成部分的零件结构关系或按零件材料的性质、特征或材料制造加工的分类给出排列的顺序号。例如,编号为T3462-5 6 4-001,"001"表示隶属于三级部件的零件顺序号,编号T3462-0-001中"001"表示直接隶属于产品的零件顺序号。

采用产品隶属编号法对科技文件进行编号,由于是在一个具体产品范围内,按照结构隶属关系进行的,从而保持了产品结构上的有机联系,从编号中比较容易看出产品及其各组成部分的组成情况和隶属关系,便于按产品本身的结构对科技文件进行配套管理和使用。但由于这种编号方法是按照产品及其组成部分的结构隶属关系配套编号管理的,其结果反映不出同系列产品、相同性能不同规格的零件部件的通用性和借用性,这样一些零、件部件在各自产品范围内重复编号,不便于组织同系列产品的专业化生产和协作,不能充分利用已有的科技文件。所以这种编号方法适用于产品单一、小批量多品种的生产企业,同类型产品少、通用性和标准化程度不高的产品及企业,大型产品、结构复杂的产品或配套生产的组装企业,如金属切削机床、机车、航空航天设备、重型机械等。

(2)工程结构编号法。工程结构编号法是指在一个建筑工程项目范围内,按其结构关系和有机联系对其产生、形成的科技文件进行编号的一种方法。工程结构编号由三个部分组成,从左到右为工程代号、结构组成部分代号、顺序号。

工程代号一般由阿拉伯数字和汉语拼音字母组成,或完全由阿拉伯数字构成。凡是纳入国家计划并经过批准的各种类型、各专业的建筑工程项目,在对该项目设计、施工之前,需要先给它编定一个代号,以便于规划、设计、施工、协作、使用、管理。每一个单项工程需要给出一个代号,复杂项目工程代号则由单项工程号和工程设计流水号组成。

结构组成部分代号是工程结构编号的主体,一般反映工程设计过程、工程设计阶段、专业组成、科技文件系统化与结构关系以及管理上的要求。其表示的位数、层次根据工程的结构和规模而定。

顺序号在工程结构编号的最右端,是科技文件编号中最基本也是最具体的部分。顺序号反映一个工程项目所包含的科技文件的结构关系和具体文件的排列次序。一般由三位阿拉伯数字表示,也可以用一位或两位阿拉伯数字表示,具体要根据文件的数量统一确定。

例如,编号302-SJ16-002,其中"302"为工程代号;"SJ16"为结构组成部分代号,反映该科技文件产生的阶段、专业等属性;"002"为顺序号。

工程结构编号法便于完整地反映工程全貌,了解工程的专业情况和结构关系,使一个工程项目内的科技文件完整、系统,也使一个工程各个专业之间在设计和管理上便于衔接，便于协作，从编号中比较容易看出科技文件的结构关系和有机联系，便于按工程配套管理，便于成套地提供利用，这对于按工程项目规划、审批、下达任务、统计分类、组织施工、生产协作、鉴定验收以及按工程项目管理使用科技文件都较为方便。但相同专业、相同类型的工程项目不能反映通用的、标准的、借用的科技文件，造成重复编号，不能充分利用已有的科技文件，不便于更广泛的科学技术交流。工程结构编号法适用于反映具体工程对象的科技文件，适用于规划、设计部门以及建设单位，适用于专业性强、通用性差、标准化程度低的科技文件。

2. 分类编号法

分类编号法是将科技文件按其内容的技术类型来编号，代表性编号方法主要有产品分类编号法和专业编号法。

（1）产品分类编号法。

产品分类编号法是将一个专业或一个系统、一个企业在基本产品设计、生产、使用当中所形成的全部科技文件，按照产品及产品组成部分的性质、用途、特征，采用事先编制好的分类方案（如十进分类编号方案）进行编号。十进分类编号方案也称十进分类编号表，一般是由采用这种编号方法的专业主管机关，根据本专业生产发展现状，结合下属企业特点与生产的具体情况而编制的。

编制十进分类编号方案，必须打破一项产品甚至一个企业的界限，按照专业系统所有产品及产品组成部分的性能、用途、特征以及生产和使用的要求，把产品和产品组成部分的全部科技文件统一分类，统一编码。十进分类编号方案可分为专业、行业、企业等不同种类。其中专业的、行业的十进分类编号方案由专业主管机关编制，企业的十进分类编号方案必须根据专业主管机关编制的十进分类编号方案的原则和规定编制。十进分类编号方案必须能够容纳特定范围内所有产品的科技文件，并且需为日后的新产品留有余地，既包括过去产生的，也包括现在正在产生和使用的产品，还要考虑今后的新发展，这样的十进分类编号方案具有一定的可持续性，能保持相对稳定。

产品分类编号由三部分构成，即企业区分代号、特征代号、顺序号，如图 3-3 所示。

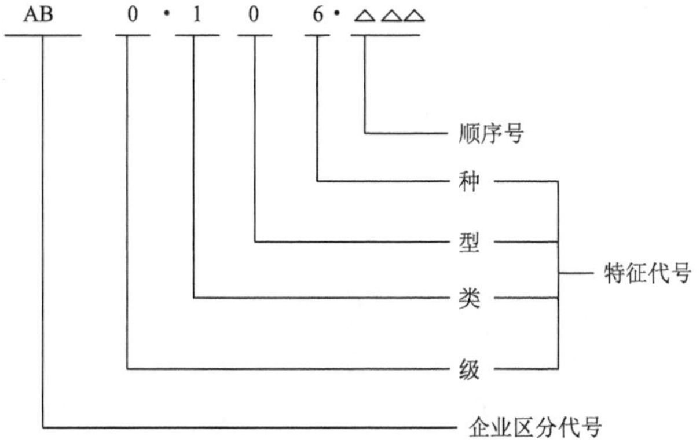

图 3-3　产品分类编号结构

企业区分代号为了明确科技文件编制单位，明确科技文件的出处，明确责任，以便在企业内部和企业与企业之间进行技术交流、技术协作。企业区分代号大多由两个大写的汉语拼音字母构成，一般由专业主管机关统一制定。

特征代号是产品分类编号的主体部分，由四位数组成，用来反映并固定产品分类编号的内容与成果，反映并固定分类排列的次序，四位数字从左到右分别为级、类、型、种，特征代号一般由阿拉伯数字表示。十进分类编号方案的内容与框架结构，主要是特征代号及其名称。由于采用的是十进分类，其特征代号的"级"有十个，每一"级"再划分为十个"类"，每一"类"再划分为十个"型"，每一"型"再划分为十个"种"。

顺序号是特征代号范围内的科技文件顺序号，也就是特征代号中"种"所包含的科技文件的排列号，一般由三位阿拉伯数字构成，按结构关系或者形成顺序依次排列。

为了增强编号的易识读性，突出反映特征代号的层次，按照此种方法标记科技文件编号时，自左至右，每三位数化为一段，各段之间用实心点区分开，即企业区分代号和特征代号的"级"化为一段，特征代号的"类""型""种"化为一段，顺序号本身为一段。如 AB 1·6 3 7·001。

这一编号方法，由于按产品及产品组成部分的性能、特征、用途、类型进行分类，便于专业化生产，便于同行业的生产协作，编号不重复，便于开展标准化工作和科学技术交流，有利于提高生产与工作效率。但是预先编制好的十进分类编号方案必须考虑周全，否则一动则牵涉全局，同时不便于产品组合与配套，不便于熟悉业务。这种方法适用于成组加工、专业化生产；适用于一个系统的企业之间的不同规格产品的加工协作；适用于标准化程度高、通用性强的产品生产，如通用机械、电器产品、电工产品、仪表仪器、电子产品、电气设备、邮电通信器材、工艺装备等。

（2）专业编号法。

专业编号法是在特定的专业范围内，按照性能、类型、规格或者结构特征进行编号的方法。专业编号法的形式较为多样，有的专业由三部分构成，即专业代号、分类代号、顺序号，有的则由两部分构成，即分类代号和顺序号，编号的层次和结构较为灵活，视客观情况而定，如编号 1024·5 4 22 34·02。

专业编号法较为灵活，没有严格、复杂的分类层次，而是根据专业结构情况，根据不同角度、不同用途进行编号，有利于标准化工作的开展，便于充分发挥科技文件的作用，便于专业范围内的联合设计、联合生产，便于广泛的科技信息交流。专业编号法在实践中应用非常广泛，专业性、通用性较强的部门和科技文件均可采用，如基本建设设计部门、标准化部门、科研部门、专业化部门等。

3. 顺序编号法

顺序编号法是在特定的技术对象范围内，按照科技文件设计、编制或者某种规定的顺序进行编号的一种方法。顺序编号法的结构并无统一规定，层次、位数也可根据实践部门的实际情况而定。其中的顺序可以是一个专业的顺序，可以是一个项目内的顺序，也可以是某一个阶段的顺序。顺序编号法由对象号和对象内科技文件编号两部分构成，如编号 TQ031-003，028-4 等。

顺序编号法位数简短，形式灵活，对于形成科技文件数量、种类较少的专业较为实用。但是由于没有统一而严谨的编号原则与规定，不便于广泛的科技信息交流，不能充分发挥科技文件的作用，很难在单位、行业、专业之间形成技术语言，因此尚需改进。

（二）科技文件分类

分类是人们认识事物、管理事物的常用方法，科技文件的分类是指根据科技文件内容、形式及相互联系，对科技文件进行种类划分，以形成一个有机整体的过程。

1. 科技文件分类的标准与模式

（1）科技文件分类的标准。

由于各行业、系统、各企业所开展的科技活动种类繁多，生成的科技文件千差万别，所以科技文件的分类标准也是多种多样的，主要有以下几种。

第一，以型号为标准。这种标准主要适用于产品文件和设备文件的分类，产品或设备的型号通常由代字或代号组成，型号本身就具有一定的含义，反映产品或设备在性质、功能、结构、材料等方面的特点，以产品或设备的型号为分类标准，可以保证一个产品或一台设备的全部文件完整、成套地集中在一起，并反映其内部结构关系。

第二，以工程项目为标准。这种标准适用于以工程项目设计、建设为主要业务内容的建设单位、设计单位、施工单位。采用这一标准是把工程文件以工程项目为分类单位，反映每一项目工程的全貌，便于查找和利用，这一点与型号标准较为相似。

第三，以课题为标准。这种标准适用于科研活动中文件的分类，采用这一标准是把全部科研文件以研究课题为分类单元，完整地反映一个课题的全部过程与成果，便于管理和提供利用。

第四，以专业为标准。这种标准将科技文件按照其内容的专业性质划分为不同类别，使文件按专业集中。这种标准适用于文件通用性较强，而且从专业角度查找利用较多的企业或系统。

第五，以时间为标准。这种标准是将科技文件按形成时间或文件内容反映的时间划分为不同种类，适用于工作对象或文件形成的时间性比较突出的企业或系统，如水文、气象、天文等行业，有利于从发生发展的自然进程去了解全貌，便于以时间为线索查找。以阶段为标准的分类，本质上与以时间为标准的分类是相同的，如工程项目可划分为立项阶段、初步设计阶段、施工图设计阶段、竣工验收阶段等。

第六，以地域为标准。这种标准适用于工作对象的地域特性十分明显的行业，把反映同一地域（国家行政区域或特定的作业区域）的文件划为一类，如水文、地质、测绘、地震等部门，集中某一地区的文件，满足以地区为特征的文件利用需求。

第七，以性质或功能为标准。这种标准是把科技文件按内容的技术性质和功能划分为不同的类别，如民用建筑可划分为文化性建筑、商务性建筑、住宅项目等。

（2）科技文件分类的模式。

由于科技文件的复杂性，只采用以上任何一种标准往往起不到科技文件有序组织和科学利用的目的，在具体科技文件分类中往往是将以上七种标准结合或变通使用的。例如，产品和设备文件的分类，最常用的分类标准是性质与功能、型号、时间等，通过不同形式的组合，会形成：性质与功能—产品型号、产品型号—性质与功能、产品型号—时间、时间—产品型号、性质与功能—时间、时间—性质与功能等。工程建设文件分类经常采用的标准有工程项目、性质与功能、地域、专业、时间等，通过不同形式的组合，通常会形成：性质与功能—工程项目、地域—工程项目、工程项目—专业、工程项目—时间（阶段）—专业等。科研文件分类通常采用的分类标准有课题、时间、专业、地域等，通过不同形式的组合，通常会形成：课题—时间、时间—课题、时间—课题—专业、专业—课题、专业—地域—时间等。

2. 科技文件分类方案的编制

科技文件分类方案是指导分类工作的依据，是在对各种分类标准进行选择、对本行业本单位业务活动和所形成的科技文件具体分析的基础上形成的一套大纲，目的是使科技文件分类工作便捷、准确，提高工作水平和效率。根据分类方案的适用范围，可以分为行业系统分类方案和企事业单位分类方案两大类，某个系统或行业下属单位在制定分类方案时，应当以本系统、本行业的分类方案为依据。

分类方案由三部分构成。一是分类方案说明，是对分类方案编制过程中采用的标准、依据以及方案使用时应注意的问题等做出的说明。二是类目体系，也就是由一级类目、二级类目、三级类目甚至更多的类目层次组成的，反映纵向和横向类目关系的分类系统。三是类目代字或代号，即每个类目都由相应的拼音字母或阿拉伯数字表示，以便文件排列、数据库建设、检索系统开发时，能够用一组代码加以标识。

科技文件分类方案的编制过程如下：第一，摸清家底。分析本专业系统、本单位业务活动特点和科技文件的内容构成，明确科技文件分类方案的应用范围；分析这个行业系统或企业的业务活动特点，包括主要从事的科技活动、核心业务、业务活动的基本规律等，以确保文件分类方案的适用性；对以往科技文件的内容、形式、配套性、利用情况进行全面分析，以便熟悉分类范围内的文件状况。第二，选择分类的标准，确定分类模式。选择分类标准、确定分类模式是编制分类方案的关键，一定要结合本行业系统或本单位的业务特点和文件构成，因为分类标准、分类模式往往具有客观制约性和适用范围，要具有科学性和可操作性。例如，工作中习惯以哪一标准组织业务活动（专业、实践、课题等），那么这一标准就适合作为分类标准，要具体问题具体分析。第三，划分类目，建立类目体系，并分别以准确、精炼的文字和代号表示出来。包括：划分一级类目，根据文件的基本内容和形式设置大类，类目数量根据需要而定；划分二级类目，这是类目体系的核心，它的划分受到一级类目的约束，同时又要考虑三级类目的划分，需要有承前启后的作用；划分三级类目，必要时还有四级类目。代号或代字的编制也要有规范，每一代字或代号应具有确定的含义，为后续工作创造条件，第四，制定分类方案文件或图表，用文字或图表的形式将上述类目体系及代字和代号固定下来，并通过编制说明进行全面揭示。

一般而言，在立档单位内部，科技文件的分类方法与科技档案的分类方法应该一致，但科技文件分类与科技档案分类的关注点略有不同，科技文件分类强调的是一套内科技文件的层次结构，而立档单位科技档案分类强调的是一个单位内多套档案之间的层次结构，档案馆内的分类则强调多个全宗之间的层次结构，但都是从科技活动以及科技文件、科技档案的实际情况出发的。例如，某能源集团将集团内档案划分为管理类、项目建设类、设备仪器类、会计业务类、职工管理类、特殊载体类共六类，其中项目建设类档案按照工程项目设计二级类目，工程项目名称即为二级类目名称，以阿拉伯数字标识类目号，其档号由全宗号、类目号和案卷号组成。设备仪器类档案不设二级类目，而是在一级类目下直接组卷，档号由全宗号、类目号和案卷号组成。

（三）科技文件立卷与编目

1. 立卷

（1）立卷的含义及立卷要求。

立卷也称组卷，即组织案卷，是指将同一类别之下的一组科技文件组合为案卷的过程。立卷是科技文件整理工作的核心内容，案卷是由互有联系的若干文件组合而成的档案保管单位，是一组有机联系、价值相当、密级相同的文件的集合体。科技文件的立卷工作一般在分类之后、归档之前由科技业务部门开展，只有具有保存价值的科技文件，才有必要组织到案卷之中。

案卷存在形式有逻辑卷和物理卷之别。物理卷就是一组科技文件的实体组合，是一个物理保管单元，通常有统一的装具。逻辑卷就是一组科技文件在计算机系统中的虚拟组合，通常表现为一个文件夹的形式，卷内文件并不必然存放在相同的物理空间，但是在逻辑上可以实行集中控制。

由于套内科技文件之间的有机联系非常突出，以"件"为单元进行保管，会割裂科技文件之间的有机联系，即便是高度信息化的单位对传统载体的科技文件还是提倡建立物理卷，也可以先在计算机系统中建立逻辑卷，案卷归档前再组织物理卷。

案卷必须是一组具有有机联系的科技文件集合体，有机联系是案卷的本质特征，也是立卷的基本要求。立卷不能打破成套性原则，一套文件内同属于一个类别的文件才可以组织成一个案卷，如一个科技项目的科技文件可以组织成一个案卷，而如果一个项目的科技文件数量较多，也可以按其类别划分组织成多个案卷。例如，昆明新机场建设项目自2008年开工建设至2012年6月投入运营，共形成项目档案3.9万余册、竣工图8.3万余张、各类文件资料11万余件。显然，科学管理这些项目的科技文件需要组织成多个案卷。同时，案卷内科技文件的数量要适度，组织案卷不仅要保持科技文件之间的联系，还要使案卷内科技文件的数量相当，数量适度在手工环境下直观表现为案卷的厚度，在电子环境下表现为文件的数量和容量，一般可参考《科学技术档案案卷构成的一般要求》（GB/T 11822—2008）的规定。另外，同一案卷内科技文件的保存价值和密级应基本一致，当保持文件之间有机联系和保存价值与密级相当这两个要求发生矛盾时，一般应以保持有机联系为主，而在鉴定、保管和提供利用时，价值小的服从价值大的，密级低的服从密级高的。

（2）科技文件立卷的方法。

科技文件之间的联系是多方面的，立卷方法也较为多元，通常有以下几种。

一是按结构立卷。这种方法主要适用于机械产品和设备的科技文件立卷，尤其是图样部分。按照机械产品和设备的组、部件或系统，将记载和反映其各组成部分的科技文件组成案卷。例如，一台铣床是由床身、传动机构、变速机构、进给机构、升降机构、工作台、电气系统、润滑系统等部分组成的，各结构部分的科技文件可分别立卷。

二是按子项或子课题立卷。按子项立卷适用于基本建设活动的科技文件，即将建设工程中各子项的科技文件立卷。按子课题立卷适用于科研课题文件，大型科研活动常常有若干个子课题，每个子课题范围内形成的科技文件可分别立卷。

三是按工序或阶段立卷。根据科技、生产程序或工作过程，把反映同一工序或阶段的科技文件组成案卷。这种方法适应性较广，因为任何领域的科技活动都具有较为明确的程序性和阶段性，如产品研发活动中文件可以按计划决策、设计、试制、生产、销售服务等阶段立卷。

四是按专业立卷。按照科技文件内容所涉及的专业来分别立卷，如基本建设工程的科技文件可按建筑、结构、电气、通风、给排水等专业，将所属同一专业的文件组织在一起。

五是按问题立卷。按照科技文件反映的不同问题分别立卷，是一种在特定情况下使用的立卷方法，如合理化建议问题、专业讨论会、专项调查等，每一个问题都是一个专门的事项，一个特定的业务活动，可以将其所形成的文件分别立卷。

六是按文件名称或性质立卷。按文件名称立卷是按照科技文件的名称，如设计任务书、说明书、工程预算书、更改通知单等分别立卷。按性质立卷是按照科技文件性质，如将原始基础性文件、中间过程性文件、成果性文件分别立卷。

七是按地区立卷。按照科技文件反映的地区分别立卷，主要适用于地质勘探、地形测量、水文、气象观测等活动中形成的科技文件。

八是按时间立卷。按照科技文件所反映或形成的时间分别立卷，主要适用于水文、气象、天文、地震等观测活动中形成的科技文件。

九是按责任者立卷。责任者包括个人、集体或机构，按责任者立卷就是把同一作者形成的科技文件单独组成保管单元，如科学家的考察报告、论文、手稿等。

上述九种方法是立卷常用的方法，由于科技文件种类繁多、类型和载体复杂，在具体运用时可根据科技文件的具体情况选用，既要保持科技文件的有机联系，又要便于科技文件的管理和利用。

（3）科技文件立卷中可能存在的问题。

一是重复件的立卷。当机械产品或电器产品发展成系列产品时，基型产品与系列产品中有些科技文件会有重复，在整理和立卷时，以基型产品为基础，保持科技文件的完整成套，而系列产品只需保存本身专用的科技文件，不必求全配齐，这样可以避免科技文件的大量重复。

二是标准图、通用图和借用图的立卷。标准图、通用图和借用图可放在相应项目文件中或单独组卷，其他产品、工程设计、专用设备中采用的标准图、通用图、借用图也不必全套整理，只需在卷内备考表中注明所采用的标准图、通用图、借用图的图号和档号。

三是补充文件的立卷。科技文件立卷归档完成后，在产品、设备、建设工程的使用、维修、改造过程中还会形成一些新的科技文件，这时并无必要为保持某种联系而将原来已组织好的案卷拆散，新形成的科技文件可以单独组卷，并在原案卷的备考表中予以说明和标注。这样既减少不必要的重复劳动，又能够客观地反映科技生产活动的历程。

（4）卷内科技文件的排列。

根据《科学技术档案案卷构成的一般要求》（GB/T 11822—2008）的规定，科技文件宜按系统性、成套性的特点进行卷内文件排列。卷内文件一般应文字材料在前，图样在后。译文在前，原文在后。为了更好地保持和正确地反映科技文件之间的有机联系，卷内科技文件排列要结合立卷标准，以卷内文件的关系分析入手。

若卷内文件均为图样，可以按图样所反映内容的隶属关系排列，这种方法适用于机械产品的图样，机械产品图样一般是按结构特征组卷的，卷内图样可按隶属关系进行排列，一般顺序是总图在前，其他图样在后，按照"总图—组件图—部件图—零件图"的顺序排列。如果是按组件立卷，可以按照"组件图—第一部件图及其所属零件图—第二部件图及其所属零件图—直属组件的零件图"的顺序来进行排列。建筑工程图样的排列可以按照总体和局部的顺序排列，如"总体部署图—系统图—平面图（或立面图、剖面图）—大样图"等。在大地和地形测绘、测量过程中产生的图样可以按比例尺大小进行排列。在地质勘探、地震观测活动中产生的图样可按地区特征进行排列。某些自然现象的观测图样（如水文观测、土壤观测、气象观测等）可按时间顺序排列。

如卷内科技文件均为文字材料，可以按照重要程度来排，如果一个案卷内既有成果性文件，又有中间过程性文件和原始记录，根据重要程度，可按照"成果性文件—原始记录—中间过程性文件"的顺序来排列，不仅可以体现出科技文件的重要程度，也符合一般的查找利用规律。也可以按科技文件所反映的地区特征排列或按科技文件的形成时间或内容所反映的时间进行排列，也可以按习惯排列，如复文在前，来文在后；正文在前，附件在后；正本在前，原稿在后等。

如卷内是图文混合的文件，一般先要对图样和文字材料分别以上述方法进行排列，然后分析图样和文字材料之间的关系，如果文字材料是对本案卷内容的整体说明，那么应该放在图样前面，如果文字材料是对本案卷内容的总结和补充，那么应该放在图样后面。还有一种特殊情况，卷内文件涉及多个实体对象，如甲、乙两个零件，按结构或习惯，甲的文件在前，乙的文件在后，如果它们分别都有文字说明和图样，那么排列顺序应该为：甲零件的文字说明　甲零件的图样—乙零件的文字说明—乙零件的图样。

2. 案卷编目

案卷编目是以案卷为对象，通过一定的形式固定案卷系统整理的成果，揭示案卷内科技文件内容和成分的一项工作，主要包括编写页号、编制案卷内科技文件目录、填写备考表、填写案卷封面等。

（1）编写页号。编写页号是为案卷内每页文件编制顺序号以便固定卷内科技文件排列的顺序，统计卷内科技文件的数量，便于查考利用。具体方法为：页号从阿拉伯数字"1"开始，逐页标注，凡是有书写内容的页面，都要予以标注，单面书写的文件在右下角编号，双面书写的文件，正面在右下角、背面在左下角编号，卷内目录、备考表、封面不标注页号。如果卷内文件本身有页号且符合上述规定，则不必另行编号，只有当卷内文件没有统一的顺序号或者顺序号不连贯时，才需要另行标注。

（2）编制案卷内科技文件目录。案卷内科技文件目录是卷内文件的明细表，对于案卷管理和使用有重要作用。如果卷内文件为成套图样或文字材料，已经有图样目录或文件目录，编目时尽量利用原有目录，如果没有目录或者是原有目录不适用，则需要重新编制目录。卷内文件目录的主要著录项有序号、文件题名、文件编号、责任者、日期、页次、备注。其中，序号是指该份文件在案卷内的排列顺序号；文件题名是该份文件的标题（一般使用全称），若文件没有题名，应由立卷人根据文件内容拟写题名；文件编号是该份文件的文件号或图号；责任者是文件的形成者或第一责任者；日期是该份文件的形成日期。

（3）填写备考表。备考表是用来记载和说明归档前和归档后卷内科技文件的基本情况与变化情况的工具，一般应标明案卷内文件的总件数、总页数以及在组卷和案卷提供利用过程中需要说明的问题，例如，归档前卷内科技文件情况的有关记载，如图样、照片、文字材料的数量，卷内文件完整、准确情况的说明，归档后该案卷管理和利用过程中发生的变化情况。卷内备考表应排列在卷内全部文件之后或直接印制在卷盒内底面。

（4）填写案卷封面。案卷封面不仅对卷内科技文件起着保护作用，也能概括地介绍卷内科技文件内容特征和形式特征。需要填写的内容主要有案卷题名、案卷的管理性内容以及档号。其中，案卷题名即案卷标题，是对卷内文件的综合概括，科技文件的案卷题名一般由项目名称（如产品、科研课题、建设项目、设备仪器的名称或代字、代号）、案卷内科技文件的内容特征（包括结构、阶段等的名称）和科技文件名称特征三要素构成。案卷题名的拟定要文字简练、表达准确、要素完整，能够恰当地揭示案卷的内容和成分。案卷的管理性内容主要包括立卷单位（责任者）、起止日期、保管期限、密级等。档号包括全宗号、分类号、案卷号等。

三、科技文件的更改管理和版本管理

由于科技活动中的各种主观、客观原因，科技文件更改的现象会比较常见，但是更改科技文件的内容是一项很严肃的事情，需要严格的管理，否则科技文件不仅在科技活动中起不到指导、凭证的作用，还会起到反作用。科技文件更改主要从严格更改手续和更改流程、明确更改权限、规范更改方法等角度加强管理。具体内容已在"科技文件流转"中进行了详细说明，在此不再赘述。

一旦发生了科技文件的更改，关于同一对象，就会形成不同版本的科技文件，各个版本之间因对象一致相互联系，又因内容不同而相互区别，因此，需要妥善做好版本管理，既要完整记录科技活动的发展历程，又要保证科技文件的真实性和可用性。可充分利用计算机软件的版本管理功能，传统形式的科技文件可用字母和数字组合成标记来记录更改的次数、处数，以区别不同版本。

第三节 科技文件归档

一、科技文件归档的含义

科技文件归档（电子文件管理中也称为捕获，capture），是科技文件工作的最后一个环节，是将具有保存价值的科技文件置于档案管理范畴的一项业务活动，意味着科技文件管理职责由形成部门向档案部门转移，而在管理职责转移的同时，通常也意味着文件实体的转移。

二、科技文件归档制度

为顺利完成科技文件归档工作，各组织机构需要建立、健全科技文件归档制度，以对归档工作提供依据并进行指导。科技文件归档制度包括归档范围、归档方式、归档时间、归档要求、归档手续等内容，对于科技业务部门的归档工作以及档案部门的协助指导工作而言，都是非常重要的依据和规范。

（一）制定科技文件归档制度的要求

第一，制定归档制度前要学习、了解国家和专业主管机关的相关要求，作为本单位制定归档制度的前提，如《中华人民共和国档案法》及其实施办法、《科学技术档案工作条例》、《电子文件归档与电子档案管理规范》（GB/T 18894—2016）、《科学技术研究档案管理规定》、《建设项目档案管理规范》（DA/T 28—2018）、《国家重大建设项目文件归档要求与档案整理规范》、《建设项目电子文件归档和电子档案管理暂行办法》等，保证归档制度与国家及专业主管部门的要求相一致。

第二，归档制度必须符合本单位科技活动实际，需要充分调查了解本单位科技活动及科技文件的形成过程和特点，尊重业务人员对科技文件归档的诉求。归档制度既要考虑本单位科技生产活动的性质、任务和特点，又要考虑科技文件的种类、内容和形成规律，才能得到认可和贯彻执行。

第三，归档制度必须与本单位其他相关的科技管理制度相协调一致。健全的制度体系是组织机构进行科学管理的工具，而科技文件归档制度是该制度体系中的一部分，因此制定归档制度时不能仅着眼于归档活动的管理，还要与其他有关制度相协调，以形成最大的合力，包括产品开发管理制度、设计管理制度、科研管理制度、工程施工管理制度、设备管理制度、各种自然现象观测管理制度等，一方面将有关科技文件归档要求具体为条款纳入上述管理制度中，另一方面归档制度中的归档时间、归档范围、归档方式等方面的要求不能与上述管理制度相冲突；归档制度要与全面质量管理、标准化管理制度相衔接，把归档文件和归档工作的质量作为质量管理和质量控制的重要对象，纳入标准化管理体系之中；归档制度要与计划管理制度、绩效考核制度和奖励制度相衔接，如把归档工作的质量要求纳入管理制度，并在有关人员的绩效考核中得以体现，保证归档制度的贯彻执行；归档制度与风险管理、保密管理等制度相衔接，通过及时、科学的归档工作，降低科技生产活动中的风险；归档制度要与科技人员岗位责任制相衔接，把科技文件的归档纳入有关人员的岗位职责之中；要与其他科技档案管理制度相衔接，如归档范围要与分类方案、保管期限表等相呼应。

第四，归档制度应明确具体，具有可操作性和相对稳定性。归档制度是用来对归档业务实践进行指导，因此内容表达应该准确、明确、具体，便于执行，不可模棱两可。如在《城市轨道交通工程文件归档要求与档案分类规范》（DA/T 66—2017）中，根据业务流程，将工程建设过程中的每一阶段（包括工程准备阶段、工程施工阶段、单位工程质量验收阶段、项目竣工验收阶段）的关键环节进行介绍，并将归档文件以图表的形式细化到每一业务节点中，非常便于业务人员操作。作为一项管理制度，其制定应该是充分调查研究、"瞻前"且"顾后"的结果，能够在一定的时间内保持相对稳定，不能朝令夕改。但是随着科技活动实践的发展变化，归档制度也可做出修改和调整，而非僵化。

（二）归档制度内容

科技文件归档制度由归档范围、归档时间、归档方式、归档要求、归档手续等组成。

1. 归档范围

归档范围就是指一个机构哪些科技文件应该作为档案保存备查，是归档制度的核心。一般确定归档范围的标准是科技文件是否有保存或继续使用的价值，既包括在当前或一定时期内具有依据和查考作用，也包括长远历史和参考价值。凡是直接记述和反映本单位科技生产活动、具有现实和长远价值的科技文件都应列入归档范围。在实践中，一些立档单位将分类方案表、归档范围表和保管期限表三表合一。从职能、业务、法律等视角来看，凡是反映本单位科技、生产活动的，为未来业务活动开展、防范法律风险和安全风险所需要的科技文件，都应列入归档范围。制定归档范围，需要注意以下几点。

（1）归档范围应以职能分析为基础，首先将本单位基本职能活动中形成的科技文件作为归档范围的主体，确保基本职能活动中形成的科技文件完整、准确、清晰。其次考虑围绕基本职能活动所进行的其他科技活动中所形成的科技文件，确定这些科技文件的归档范围，这样就能既把握重点又兼顾一般，归档范围主次分明。

（2）归档范围也要结合业务分析和风险分析，考虑到业务查考和风险防范的要求。尤其是一些负结果项目（即存在失败环节或结果的科技项目），虽然未取得成功，但作为某次探索性、尝试性活动的失败，其内容对日后避免重复投资、再次失败具有潜在价值，而具有潜在价值的科技文件也应及时归档。即便是成功的项目中也会有一些失败的环节或数据，也是国家和组织的重要资产，在科技档案中也应如实反映。

此外，科技档案是一种原始凭证，是应对法律诉讼的有力工具，在制定归档范围时应该具备法律风险意识，分析法律环境及其对科技文件归档提出的要求，并将其落实到归档范围之中。

2. 归档时间

与行政管理活动中形成的文书档案不同，科技文件形成于不同行业领域的科技活动中，有其特有的形成规律和利用需求，因此不能采用"一刀切"的方式来设定不同领域科技文件的归档时间。根据不同行业领域的规律和特点科学设定归档时间，对于维护科技文件的完整与安全，确保科技部门和档案部门正常的工作秩序，都具有重要的意义。归档时间过早或过晚都不合适。归档时间过晚，科技文件长期滞留在各业务部门和科技人员手中，容易散失、损坏，给科技部门造成额外负担，也会给档案部门造成一定的接收困难。归档时间过早，会影响科技部门的有效利用，影响档案部门正常业务工作的开展。科技文件按归档时间分为定期归档和实时归档两种情况。

定期归档是指按照有关规定，科技文件在形成处理完毕后，在一段特定时间向档案部门移交。结合科技活动和科技文件的特点，定期归档主要包括以下四种情况。

（1）按项目结束时间归档，是指在一项科技活动结束后开展归档工作，如一项工程设计结束、一个产品研制结束或一项课题研究结束等。科技活动结束后，将有保存价值的科技文件系统整理并归档是符合科技活动规律的过程，易于保持科技文件的完整性，一般来说这种情况适用于形成周期不太长的科技活动，专业性技术会议和学术会议的文件也应在会议结束后及时整理归档。

（2）按工作阶段归档。对于科技活动周期过长的科技活动，可以按其工作程序完成一个工作阶段后，将该阶段形成的科技文件整理归档。如一项重点工程或一个复杂的新产品设计活动，可按可行性研究阶段、初步设计阶段、施工图或工作图设计阶段等分别归档。对于科技活动周期较长、时间跨度大的科技活动，如果等到项目结束后再归档，大量的科技文件长期散失在形成部门，对形成部门造成不必要的负担，且不利于维护科技文件的完整和安全。

（3）按子项结束时间归档。对于一些大型项目或研究课题，不仅活动周期较长，且每个项目往往由若干个单项工程或子课题组成，各子项相互独立，工作进展也不平衡，为保证活动正常进行和科技档案的完整，可以在一个子项结束后先行归档。

（4）按年度归档，也就是在每年年初，将上一年度形成的科技文件整理归档，适用于某些时间连续性较强且在时间上具有明显规律性的科技活动，如自然观察或观测活动，包括气象、水文观测等。另外，作为科技档案保存备查的科技管理性文件也可按年度归档。

实时归档即随时归档，是指在科技文件形成时，就将其归档或形成、处理完毕之后，立即归档。主要包括以下四种情况，一是由档案部门承担施工图复制、分发等任务的设计单位，为了及时向利用者分发施工图，常常是随设计、随归档、随复制分发，而不必等工程设计完毕或某一个阶段完毕。二是机密性较强的科技文件，出于保密的需要，随形成、随归档。三是外购设备的随机图样和文字说明材料、委托外单位设计的科技文件，为保证文件的完整与安全，应随时归档。四是一些零散获得的科技文件一经获得应立即归档。

例如，在某桥梁勘测设计院的档案管理办法中明确规定，工程预可行性研究报告、工程可行性研究报告、初步设计文件（初步设计计算单），以及各阶段修改、补充的设计文件及勘测资料，在交付业主或甲方后一个月之内归档；施工图阶段的设计图纸及之后的各项内容，项目负责人应在竣工之后验交之前，将施工阶段的图纸及变更设计的相关资料和计算单一并组卷归档。《国家重大建设项目文件归档要求与档案整理规范》规定：除受委托进行项目档案汇总整理外，各施工承包单位应在项目实体完成后三个月内将项目文件向建设单位归档，有尾工的应在尾工完成后及时归档。

3. 归档方式

科技文件的归档方式主要有物理归档和逻辑归档两种。物理归档是实体移交和管理权限移交，即将归档文件实体移交给档案部门，同时管理职责或权限也由科技部门向档案部门移交。传统环境下，科技文件立卷后，由科技部门向档案部门移交，网络环境下，以网络传输或者介质传递的方式移交给档案部门，保存在指定位置。以网络传输方式进行的归档称为在线归档，以介质传递方式进行的归档称为离线归档。物理归档可实现科技文件的集中保管和统一开发利用，是普遍存在的归档方式。

逻辑归档是指归档文件实体并未向档案部门移交，而是将管理权限由形成部门向档案部门转移，归档之后，科技文件可能仍然存储在原位置，也可能集中保存在信息技术部门，但是档案部门能够通过网络直接查阅和控制该文件。逻辑归档有利于充分利用立档单位内部的网络资源，实现资源共享，多存在于信息化水平较高的单位，其计算机网络环境建设相对成熟，有统一的系统集中管理和存储档案。但逻辑归档必须保证科技文件的完整、准确，保证档案部门在不实际拥有科技文件实体的情况下，对其安全保管和合法存取进行有效监控。

4. 归档要求

归档要求是为了保证归档工作科学顺利进行而提出的，主要针对归档工作、归档文件质量、归档份数三个方面，不同立档单位及各领域科技文件特点不同，因而需要灵活把握。

针对归档工作的要求主要有以下几点。

（1）科技部门是归档工作的主体。科技部门和有关科技人员主要负责科技文件归档工作，是由科技活动和科技文件形成的特点决定的。科技部门和有关科技人员是科技活动的组织者和参与者，是科技文件的形成者和主要利用者，对科技文件形成过程及其相互联系较为熟悉，对科技文件的保存价值也最有发言权，因此由科技部门和科技人员负责归档，能保证归档文件的完整、准确、系统，也便于日后的查阅使用。同时，科技活动结束或告一段落后，科技部门或有关科技人员进行项目总结收尾工作时将形成的科技文件系统整理并移交归档，从程序上来看也是符合逻辑的。

（2）实行科技文件归档审批表制度，为保证归档文件的完整和质量，凡需要归档的科技文件，都应经过项目负责人审定和有关领导审批，建立和健全科技文件归档审批表制度是一个行之有效的措施，审批表的内容包括：归档文件的项目名称（如课题名称、工程项目名称、产品名称、设备名称等）、项目代号、归档文件形成时间、项目负责人、归档文件完整情况评价、审批人签字和日期等，执行科技文件归档审批表是对归档科技文件质量的承诺和再一次把关，应将科技文件归档审批表同归档文件一起交给科技档案部门。

针对归档文件的质量要求，主要包括以下几点。

①选用优质的制成材料，对于纸质科技文件来讲，凡是需归档的科技文件，都应做到记录材料优良、字迹工整、图形清晰、载体能够长期保存。对于电子文件来讲，需要选择质量优良并符合工业标准的载体，确保电子文件的真实性、完整性、可用性、安全性。

②科技文件经过鉴定和系统整理，凡需归档的文件，由科技部门和有关科技人员收集齐全，核对准确，划分保管期限，加以系统整理，组成案卷方可归档。

③电子环境下需将密切相关的文件汇聚在一起，形成逻辑卷。对于采用离线方式归档的文件，需保证其载体的质量并对载体进行整理，如在载体或包装盒表面贴上标签，注明编号、名称、密级、保管期限、软硬件环境等。归档的科技文件必须是完整成套、内容准确、重要版本都应保存。电子文件的归档除保证内容的真实、完整、准确，还应注意内容、结构、背景及元数据的完整、准确，确保科技文件与科技对象实际情况一致，按照有关标准采用适当格式进行保存，特殊格式的电子文件应与其读取软件一并移交。

（3）份数适宜。传统形式的档案归档份数及保管份数应适当、合理，份数过多会造成人力、物力浪费，过少则不利于满足保护和利用的需要，归档文件一般应归档一份，但重要的、使用频繁的则需根据不同文件的具体情况和具体需要，有针对性地作出规定。电子文件可归档一份后进行必要的备份，一般至少在不同材质的载体上脱机备份三套，且定期抽查质量、进行必要的载体转换。

5. 归档手续

首先，由科技部门或有关科技人员编写归档文件简要说明，简要说明项目名称和代号、项目的任务来源和工作依据、主要任务和实施过程、项目的科技水平、质量评价和技术经济效益、科技文件完整性、准确性评价、项目主持人和参加人姓名与分工、归档文件整理人和说明书撰写人的姓名、日期等，电子文件还应注明形成文件的硬件环境、软件平台和应用软件等。其次，由档案部门对归档文件进行核查，根据归档要求，对归档文件的数量和质量进行核查，以发现是否存在归档文件不完整、归档文件内容错误、归档文件内容不一致、元数据著录不规范、文件存在缺漏或错归档等问题。最后，填写归档文件移交清单，这是科技文件归档和接收的凭证，由档案部门设计，移交单位填制。交接归档时，双方按清单交接清楚，双方签字各留一份，以备查考。

■ 第四节　科技文件管理的质量目标及其保障条件

一、科技文件管理的质量目标

科技文件管理的质量目标在于通过积累、分类、立卷、编目、更改与版本管理等措施，达到完整、准确、系统、真实、可用的质量目标。

1. 完整

完整是指文件信息齐全。一方面要求每份科技文件的内容、结构和背景三大要素齐全完整，任一要素的缺失将直接导致科技文件失去其原有的价值。为此，科技文件应该按照规范的要求和程序形成、审签、更改。尤其是对于电子文件而言，其内容、结构和背景是分散保存且各要素状态无法直观体现出来，因此在历经存储位置、载体、系统、格式等方面的变化之后，务必要确保各要素及元数据的齐全完整状态。另一方面，形成于同一项科技活动的所有科技文件是密切联系的有机整体，是完整的一套，要保证成套科技文件齐全完整，就要求在科技活动中，应该形成的科技文件务必按规定形成，一套内科技文件应既有原始依据性文件，又有过程性和成果性文件，进而能够完整地反映该项科技活动。

2. 准确

准确是指科技文件能够反映客观事实，一方面表现在科技文件能够同它所记载和反映的科技对象与科技过程保持动态一致，尤其是当科技活动的时间跨度较长或科技文件有更改时，另一方面表现在同一项目内的科技文件之间在内容上应该协调一致，如成果报告和实验记录之间应该是保持一致的。错归档、乱归档以及更改管理不到位等都可能导致科技文件不够准确。科技文件准确是科技档案凭证价值、参考价值发挥的前提，可从制定、执行管理制度，规范更改流程，加大监督和审核等方面加强管理，确保科技文件的准确性。

3. 系统

系统是指一套科技文件之间的有机联系得以维护和揭示，系统性以完整性为前提，保持科技文件的系统性可通过分类、立卷、编号等措施实现。

4. 真实

真实是指科技文件是在科技活动中自然形成的真实记录，而不是伪造的，是没有经过篡改的。真实是保证科技文件在科技生产活动中发挥作用的前提。传统环境下，通过维护原始载体的真实就可以确保文件信息内容的真实，而电子文件并不拥有固定的原始载体，其信息内容易改变且不易被察觉，因此需要通过观念更新、制度建设、人员管理、技术加持等系统措施来确保科技文件真实。例如，《电子文件归档与电子档案管理规范》（GB/T 18894—2016）提出，电子文件的真实性是指电子文件、电子档案的内容、逻辑结构和形成背景与形成时原始状况相一致，并通过对电子文件操作者可靠的身份识别与权限控制，设置符合安全要求的操作日志，对电子印章、数字签署采取防止非法使用等措施来保证电子文件的真实性。

5. 可用

可用是指科技文件可以被合法用户无障碍地使用，这就要求科技文件在形成以后，不应仅掌握在单个人或单个部门手中，应该为具有利用权限用户的查找、利用提供保障，如集中统一管理就是一种行之有效的措施。在电子环境中，由于电子文件对系统和设备的依赖性，需要按照要求的记录方式、记录符号、格式等生成科技文件，并采用相应的技术和管理手段使其可被检索、呈现或理解。

二、科技文件质量目标实现的保障条件

（一）组织文化

组织文化是由价值观、信念、仪式、处世方式等各方面组成的组织形象，是组织机构的无形文化战略，对组织生产、运营的各个方面无形中起到引导、约束的作用。一般而言，越是规模大、活动内容复杂、创新优势较为突出的组织机构，越需要组织文化这种"黏合剂"确保整个组织机构的整体性和协同性。组织文化是在日常的生产、运营之中积累沉淀下来的，科技文件、科技档案作为组织机构的知识资产，忠实地记录了科技活动的始终，是积淀、呈现、发展组织文化的重要载体，挖掘、分享科技文件、科技档案中的文化因子是构建企业文化的重要途径。如新型冠状病毒肆虐全球，某医药类企业挖掘并分享其在多次突发事件中的科技档案，为快速响应提供了参考和指导，也再次强化了社会责任和家国情怀的组织文化。科技文件管理效果也依赖组织机构具有重视知识资产、鼓励创新的文化氛围，尤其是在人员分工和制度建设尚不健全的情况下，科技文件管理与组织文化建设的作用是双向的。

科技文件与科技档案是一个组织重要的知识资产和信息资源，不仅是当前科技活动的重要组成部分，对当前的科技活动起到重要的现实指导作用，更是未来科技活动与科技创新的基石。科技文件与科技档案管理的水平直接表现了组织的管理水平，因此从参与主体看，科技文件管理涉及科技活动中全部人员，包括组织机构、科技活动的各级管理者、科技工作者以及专职或兼职科技文件工作人员，从时间跨度上看，科技文件管理涉及科技活动的始终，甚至向前延伸到科技活动开始之前就需要做相应安排、培训。将科技文件的价值观、资产观，科技文件的全员管理、全程管理等理念、方法内化到组织文化之中，融入组织的物质、规章制度、价值观念、行为规范等方方面面，是科技文件管理目标得以实现的深层次保障。

（二）制度保障

"不以规矩，不能成方圆"，当一项目标明确的活动涉及一定的时间跨度和多个主体时，制度就成为实现活动目标的重要工具，科技文件管理以确保文件完整、准确、系统、真实、可用为目标，贯穿科技活动全程，涉及参与科技活动的所有工作人员，自然需要以明确、科学的科技文件的管理为支撑，包括工作规章、管理制度、业务规范等不同层面。

"三纳入、四参加、四同步"是在我国科技文件管理实践中行之有效的经典制度。其

中，三纳入是指将科技文件的形成与管理纳入到组织机构或项目领导的工作议事日程之中，纳入到组织机构的规章制度和工作流程之中，纳入到有关人员的经济责任制与岗位责任制之中。纳入到组织机构或项目领导的工作议事日程之中就是将科技文件形成与管理工作纳入分管领导及各部门和项目负责人的工作计划之中，以保证在安排科技生产计划和项目计划时，将有关科技文件管理任务列入其中，并与科技工作任务同时下达，在计划执行人员、时间、监督检查等方面有配套措施。纳入到组织机构的规章制度和工作流程之中，就是在各类科技活动的管理制度中（如基本建设、科研、产品研发等），明确规定科技活动的每一阶段，应该形成、积累哪些科技文件，以及如何形成、积累并管理。纳入到有关人员的经济责任制与岗位责任制之中，这里的"有关人员"既包括科技业务人员（参加科技活动的工程设计人员、产品设计人员、课题研究人员等），也包括科技生产活动的管理人员及各级各专业的管理人员。将科技文件的形成与管理纳入到有关人员的经济责任制或岗位责任制中，明确规定各自在科技文件形成与管理中的职责任务，并将其完成任务的情况作为考核与奖励的一个重要条件。

四参加是指组织机构或项目的档案部门或专职档案人员参加产品鉴定、参加科研课题审定、参加基建项目竣工验收、参加设备开箱验收或引进项目接收，上述每一项科技活动都会有不同人员从各自职能范围的角度参加，文件和档案部门主要是负责检查归档科技文件和随机文件是否齐全、完整、准确、系统，如存在质量问题，可直接否定本次鉴定或验收活动，以确保科技活动的质量。

四同步是指组织机构在下达科技生产任务时同步提出项目文件的归档要求，检查项目计划进度时同步检查项目文件积累情况，验收、鉴定项目成果时同步验收、鉴定项目文件积累与归档情况，项目总结时同步总结项目文件完成情况。四同步明确要求科技活动计划、检查、验收、总结的每一阶段都要同步开展相关的科技文件工作，实现了科技文件和档案管理工作与科技活动的集成。

"三纳入、四参加、四同步"是在我国多年科技文件、科技档案管理实践中总结出来的、行之有效的管理措施，体现了科技档案工作中全员管理、全程管理等理念，在《企业档案工作规范》和《建设项目档案管理规范》等多个标准规范和组织实践中被广泛应用。除此之外，科技文件管理包含生成、审签、更改、分类、立卷等多项业务内容，而每一业务也都需要相应的管理制度来做支撑，包括科技文件分类方案、保管期限表、科技文件编号规则、科技文件归档制度、科技文件保管制度、科技文件更改管理制度等。各组织机构可在档案主管部门及行业主管部门的指导下，根据组织机构的实际情况制定行之有效的管理制度。

例如，某研究所为确保项目档案的完整、准确、系统和安全，按照科技档案"四同步"的管理原则，将档案工作纳入项目研制生产过程，创新提出了基于项目归档签署表的科技文档全过程管理模式。归档签署表包含了项目文件清单、签署要求、文件标识和形成时间，既是项目文件的形成依据，又是归档计划，为项目技术文件的拟制提供了规范化、标准化的模板。归档签署表形成于项目立项策划阶段，贯穿项目研制生产全过程，随着项目研制生产过程动态调整。项目档案管理依托归档签署表，从项目策划、建立归档计划、文件审签、文件归档，到档案的查阅、鉴定销毁实施全生命周期的管理，实现项目文件的实时动态管理，确保文件归档的及时性和项目档案的系统性、完整性。

再如，山东核电有限公司信息文档处档案科科长姚雪琴接受国家档案局经科司项目处负责人采访时，被问及"山东海阳核电项目在文件及时移交方面，采取了哪些有效措施"时做出如下回答：同步性是项目档案收集的重点之一，公司采取的移交进度控制措施主要有三个方面。一是纳入计划管理，实施同步控制。文档部门结合工程项目进展，发布年度文件归档专项计划。设置专人跟踪，将年度计划分解到月，发布月度文档专项计划，将计划完成情况纳入公司部门绩效考核，计划部门跟踪项目文档移交计划与工程计划的匹配度，从而保证文档移交与工程移交的同步性。二是纳入合同管理，实施全程管控。设立文档支付节点，按文档移交比例支付合同费用；参与合同支付审查、合同履约评价，对承包商文档管理情况实施考核；参加合同结算协调会，将竣工文件移交作为合同结算的前提。三是纳入领导议事日程，建立项目管理协调机制，分级分层协调解决文档工作相关问题。

（三）档案部门的参与和协助

从职责划分上来看，科技文件管理应由形成文件的科技部门负责，但从科技档案质量这一目标来看，科技文件与科技档案是同一事物的不同阶段，科技档案的属性和质量状况是直接来源于科技文件的属性和质量，因为科技档案不产生于档案部门，而是从科技部门和科技人员手中接收过来的，如果一味地被动接收档案，等到接收时再发现质量问题已经成为既定事实，如应该形成的文件没有形成，应该积累的文件已经散失或不符合要求，要想改变或补救是比较困难的，有时甚至是无法补救的。从科技活动实践来看，科技工作人员更为擅长的是其科技、生产业务，而对所承担的科技文件形成与积累职责可能在意识、工作方法等方面存在不足，尤其是在科技活动开始初期，更是无暇顾及，因此为了保证科技文件质量，需要档案部门的参与和协助。《科学技术档案工作条例》第十条规定，科技档案部门有责任检查和协助科技人员做好科技文件材料的形成、积累、整理和归档的工作。

科技档案部门需按照科技文件的形成和运动规律，及时协助科技部门和科技人员，帮助其做好科技文件的形成、积累、整理和归档工作，包括对科技文件标准化、科技文件编号、更改、分发等的协助与检查，文件形成与积累工作的协助（如以科技活动程序和相关标准为依据，协助其按照每个阶段、每个步骤的工作任务和相关规定形成相应的科技文件，在科技文件形成的关键环节和薄弱环节，做好科技文件的形成与积累，协助做好科技文件管理的制度建设，包括管理制度和业务制度），协助其做好科技文件的整理和归档，包括科技文件鉴别、立卷方法确定、分类方案编制、编目规则制定、归档制度制定等。

不同组织机构和项目的性质、类型、机构设置、人员分工各不相同，档案部门参与和协助的方式也各有不同，组织机构可根据自身实际情况灵活设计，总体来看，主要有以下几种方式：其一，由档案部门全面承担科技文件管理工作，这样的组织机构中，档案部门实际上负责文件管理和档案管理的双重职责，档案部门工作压力较大，但更容易实现集成管理；其二，由档案部门承担部分科技文件管理工作，如在一些建筑工程设计单位，设计文件完成后将文件管理职责转移到档案部门，由档案部门根据工程建设的需要承担分发、更改管理、版本管理等活动。其三，档案部门只负责检查协助，而并不过多参与科技文件工作。

课后思考题

1. 简述科技文件的形成与流转过程。
2. 说明科技文件积累的原则与范围。
3. 简述科技文件编号的方法。
4. 科技文件分类的标准有哪些？如何编制科技文件分类方案？
5. 简述科技文件立卷的含义与方法。
6. 简述科技文件归档制度。
7. 科技文件质量目标的实现需要哪些条件？

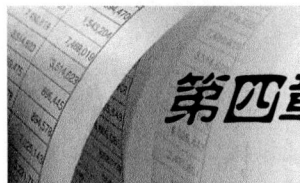

第四章

科技档案认知

本章内容概要： 主要介绍科技档案的专业技术性、成套性、现实使用性、多样性等特点，辨析科技档案的价值及其价值体系，阐述科技档案基于不同价值形态具有的多种功能。通过对科技档案的全面认识，提升科技档案管理水平，促进科技档案的有效利用。

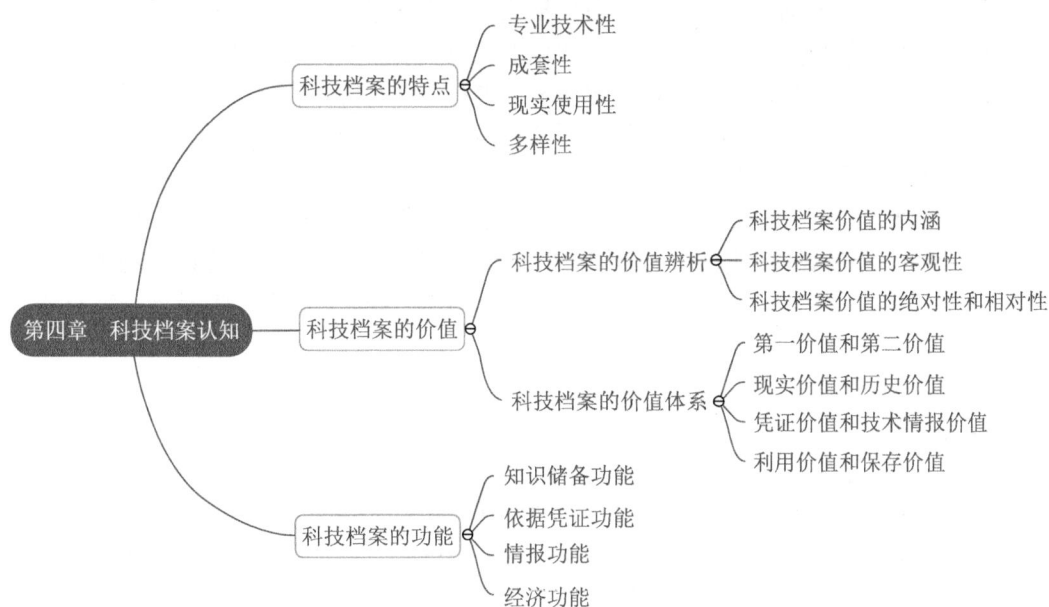

```
                              ┌─ 专业技术性
              ┌─ 科技档案的特点 ┤   成套性
              │               │   现实使用性
              │               └─ 多样性
              │
              │                                  ┌─ 科技档案价值的内涵
              │               ┌─ 科技档案的价值辨析 ┤  科技档案价值的客观性
第四章         │               │                  └─ 科技档案价值的绝对性和相对性
科技档案认知 ──┼─ 科技档案的价值 ┤
              │               │                  ┌─ 第一价值和第二价值
              │               └─ 科技档案的价值体系 ┤  现实价值和历史价值
              │                                  │  凭证价值和技术情报价值
              │                                  └─ 利用价值和保存价值
              │
              │               ┌─ 知识储备功能
              └─ 科技档案的功能 ┤   依据凭证功能
                              │   情报功能
                              └─ 经济功能
```

第一节 科技档案的特点

在王传宇、张斌主编的《科技档案管理学》（第三版）中，将科技档案定义为组织机构或个人在科技、生产活动中直接形成的、保存备查的信息记录。科技档案这一概念的历史发展演化以及不同定义在本书第一章已经详细解释，在此不再赘述。与文书档案、科技文件、科技文献等其他事物相较，科技档案具有以下特点。

一、专业技术性

专业技术性是科技档案最突出的特点之一，主要表现在形成领域、内容性质、形成过程、记录方式等几个方面。首先，科技档案的形成领域具有鲜明的专业技术性，科技档案源于科技活动，而任何一项科技活动都是在一定的专业分工范围内进行的，都具有一定的专业技术性，科技档案作为科技活动的记录和伴生物，必然具有相应专业领域的技术特征。在基本建设、科学研究、新产品研发、气象观测等不同领域，科技档案会体现不同领域的专业性。其次，科技档案的内容具有鲜明的专业技术性，科技档案的内容是由科技活动所属的专业领域决定的，在哪一专业领域形成的档案，就会反映出这一专业领域的科技内容及相关科技方法和手段。例如，气象观测档案是在气象观测中形成的，会形成气象分析和预报、气象记录等科技档案，反映出气象观测活动的内容，而在环境保护领域主要形成环境管理档案、环境监测档案，反映出环境保护活动的内容，不同领域产生的科技档案在内容上有很大区别。再次，科技档案的形成过程具有鲜明的专业技术性，科技活动具有较强的周期性和阶段性，一般是按照其特定流程来进行的，科技活动的过程就是科技档案的形成过程，不同专业科技活动的流程不一样，科技档案的形成过程也不一样，如科研活动中形成的科研档案和基本建设活动中形成的基建档案，在形成过程上有很大区别。最后，科技档案的记录方式也具有鲜明的专业技术性特点。科技档案是特定专业活动的历史记录，在记录和反映科技活动时，往往采用特定的专业技术语言，而这种专业技术语言是特定的，标准化的，不同专业之间差异很大，如不同领域的调研报告和方案论证就有很大不同。

科技档案的专业技术性使不同专业形成的科技档案明显不同，这对科技档案管理有重要影响，从宏观层面国家科技档案管理体制制定、专业档案馆建设，到微观层面立档单位科技档案归档、分类、鉴定、保管等，都必须建立在充分考虑这一特点的基础之上。

二、成套性

科技活动是以一个独立的项目或某一特有现象为对象开展的，如一个课题研究、一个工程项目设计、一个新产品的研制和生产等，围绕着一个独立的项目就会形成一系列相关的科技文件，而这些科技文件记载和反映了该项科技活动的全部过程与结果，它们之间既以不同工作阶段相区别，又因同属于一个项目而紧密关联，构成了一个反映该项科技活动的整体，即一套科技档案，套是科技档案特有的保管单元。

科技档案成套性对科技档案的科学管理有重要的规定和制约作用，如科技档案完整性方面的要求既包括科技项目的齐全完整（即开展的每一个科技项目都应该形成一套科技档案），也包括套内科技档案的齐全完整，并以此作为科技档案归档、收集、分类、整理的依据。同时科技档案的成套性也扩展了档案工作实践与理论的研究，如客体全宗、新来源观等。

三、现实使用性

科技档案的现实使用性是由于科技档案直接记录了科技生产活动的过程和成果，对现实科技活动的开展具有极大的推动作用。其他门类档案一经归档，就基本上完成了现实使用功能，取而代之的是凭证、历史查考等功能，而科技文件归档后，仍然有较长的现实服务周期。科技活动都是围绕一个独立的客体对象来进行的，有些客体对象是有形的实体，如一个产品、一个建筑物、一台设备等，有些对象是无形的，如水文、地震、气象等观测活动是以某一自然现象为对象的，有些科学研究是以社会现象、规律为对象的。其中围绕有形实体所形成的科技档案具有长期现实使用性。有形实体的客观存在，使得科技档案的现实使用期限拉长，其现实使用性不能因科技文件归档移交而受到影响。一般来讲，科技档案的现实使用期限与实体对象的生命周期一致。例如，对于设备档案而言，只要设备还在使用阶段，在设备的使用、维修、改造等活动中就需要发挥设备档案的现实使用价值。

科技档案的现实使用性对科技档案管理提出了一些特殊要求，如由于科技档案具有现实使用性，就会使科技档案因客体对象使用、更改、补充等而处于变动之中。科技档案的完整性、准确性要求科技档案与其所记述和反映的科技对象保持一致，这就要求建立、健全更改、补充制度，加强版本控制和管理，维护科技档案完整、准确、系统。

四、多样性

科技档案种类繁多，类型复杂。科技档案种类多样性源于科技活动的专业性以及记录方式的多样化，随着人们对客观世界认识的不断深化，各专业领域在高度分化的同时又高度综合，出现气象档案、水文档案、基本建设档案、设备档案、科学研究档案等各种科技档案。同时，科技活动专业多样，手段复杂，这就客观要求必须以多样的载体材料和记录方式来适应，使得科技档案呈现种类繁多、类型多样的特点。例如，新产品开发从提出任务、调查研究到投入市场的全部过程中会产生总体图、各种方案设计、材料产品明细表等各种形式的科技档案。

科技档案种类和类型的多样性，要求科技档案在收集、整理、保管、开发利用等方面必须结合科技档案这一特点，采取相应的管理措施，以保证各种科技档案都能得到科学管理和有效利用。

第二节　科技档案的价值

一、科技档案的价值辨析

（一）科技档案价值的内涵

作为一个哲学范畴，价值显得比较抽象和思辨，但作为一种关系现象，价值则是比较具体和现实的。在目前的哲学体系中，人们对价值存在及其本质有不同的认识，如观念说、实体说、属性说、关系说、实践说等。其中，实践说是在关系说的基础上，指出价值是"世界对人的意义"。该观点以社会实践为价值研究的基础，强调了价值活动中主体的权利和责任，尤其强调从对象的存在和属性与主体（人）的需要的关系中去理解价值，本书采用了该观点，认为科技档案的价值是科技档案这一客体对从事社会实践活动的主体所具有的意义。

正如马克思在论及"两个尺度"思想时谈到，"动物只是按照它所属的那个种的尺度和需要来构造，而人懂得按照任何一个种的尺度来进行生产，并懂得处处都把内在的尺度运用于对象。"在这里，"任何一个种的尺度"包括人自己的尺度（主体尺度）和一切对象的尺度（客体尺度），人类是依照两个尺度来从事实践活动的。科技档案价值由客体、主体及社会实践活动三个要素构成，其中的客体是指科技档案本身，主体是指从事社会实践活动的人（包括机构、组织和个人等），社会实践活动主要是指科技活动。科技档案价值是以社会实践为中介，科技档案这一客体对人这一主体的意义是通过科技档案与人的需要的关系体现的。

由此可见，科技档案的价值表现的是客体与主体之间的一种特定关系，因此是一种关系概念而不是实体概念，在这种关系中，客体即科技档案及其属性，是科技档案价值实现的物质基础，离开了这个基础，科技档案价值就不存在，从这个意义上来说，它是构成科技档案价值的第一要素。主体及其利用需要是科技档案价值得以产生和体现的必要条件，没有主体及其需要，科技档案价值只能处于潜在状态。科技档案价值是科技档案客体的属性与主体需要的统一体。社会实践活动即科技活动，是连接科技档案客体与主体及其需要的中介，科技活动产生对科技档案的利用需要，同时又连接科技档案客体和主体及其需要，从而把科技档案的潜在价值转变为现实价值。科技档案对主体的意义是通过科技活动体现出来的，并且最终通过实践活动实现科技档案价值。

（二）科技档案价值的客观性

科技档案价值的客观性首先来自科技档案这一客体及其属性的客观性。科技档案的内在规定性是产生科技档案价值的重要源泉，是科技档案价值的重要前提和物质承担者。科技档案之所以具有某种价值，是因为它的客观属性，科技档案是科技活动的记录和产物，记载了科技活动的内容、过程和经验，是科技活动中形成的一种知识形态的科技成果，科技档案所具有的原始记录性、知识性等自身属性，使得科技档案可以作为科技活动的真实凭证和现实参考。科技档案的属性是客观存在的，是不以人的意志为转移的。

从事社会实践活动的主体及其需要是客观的，从事社会实践活动的主体不是抽象的主观存在，而是社会的人或主体，是物质的、自然的、社会的、历史的客观存在，主体需要自然也是客观存在的主体的需要，无论是生理的还是心理的，自然的还是社会的，物质的还是精神的，从根本上来说都是与主体的社会存在相联系，受到社会存在的规定和制约的，主体及其需要是不依赖人的主观意志而客观存在的。

社会实践也是客观的，人类社会的生存发展，离不开认识世界和改造世界的实践活动，实践是人们主观见之于客观的有目的的活动，是客观的物质活动。科技活动是实践活动的组成部分，只要有科技活动，就必然会产生科技档案，也必然会利用科技档案。科技活动是科技档案价值得以体现的重要条件，也是科技档案价值客观性的重要标志。

（三）科技档案价值的绝对性和相对性

科技档案价值既是绝对的又是相对的。科技档案价值的绝对性是由其客观性决定的，只要承认科技档案价值的客观性，就应该承认并理解科技档案价值的绝对性。科技档案价值的绝对性主要是指科技档案价值是无条件的、绝对存在的，可以从两个角度来理解，其一，从宏观角度看，科技档案这一事物对从事社会实践活动的人或主体的意义是绝对的，是不以人的意志为转移的。其二，从微观角度看，即某一具体的科技档案和从事社会实践活动的某一具体主体构成的价值关系来看，科技档案对主体的意义也是绝对的，是确定的，是不以人的意志为转移的。

科技档案价值的相对性主要是指科技档案价值的条件性，也就是说科技档案价值不是固定不变的，而是会因客体、主体、时间、地点等条件的变化而变化的，从科技档案这一客体来讲，不同的科技档案客体对主体的价值是不同的，即便是同一科技档案，也因其具有的多重属性会满足主体不同角度的需求，形成不同方面的有用性。如同一套科研档案，既可以作为人们科研活动的参考，作为该项科研活动的真实凭证，也可以据此进行技术转让等。从科技档案价值的主体来讲，对不同层次的主体，科技档案的意义会有所不同，即便是对同一层次的不同主体，其价值表现也有较大差异，从而具有不同的意义，科技档案价值因主体及其需要的不同而表现的价值关系和价值大小也不同。从影响科技档案价值的相关因素来讲，科技档案价值会因时间、地点等条件的变化而变化。

了解科技档案价值的客观性、绝对性、相对性等特点，有助于我们用辩证的观点来全面认识科技档案的价值，分析科技档案价值的相关因素，建立科学的科技档案价值理论体系。

二、科技档案的价值体系

根据上述分析，从主体尺度看，科技档案价值主体是多元的，不同主体的需求也不一样，即使是同一主体在不同时间、不同背景下对科技档案的需求也不同。从客体尺度看，科技档案的属性是多面的，是承担其多重价值的基础。另外，虽然科技档案的属性是客观存在的，但主体对其认识和利用是不断深入的，新属性的发现可能会产生新的价值表现。主体的多元性以及客体属性的多面性共同决定了科技档案的多种价值形态，并构成了科技档案多维度、多层次、动态的价值体系。

（一）第一价值和第二价值

科技档案的第一价值和第二价值是从利用需求的角度来分析的。在不同情境下，科技档案满足利用需求的角度不同。第一价值是科技档案的利用需求来自产生科技档案的科技活动，即为了顺利完成该项科技活动而需要利用科技档案，发挥其在该项科技活动中具有的现实指导、履行法律义务或满足行政管理、业务管理等方面的需求，即科技档案的第一价值是为满足形成科技档案的科技活动的需要而具有的价值。第二价值是指科技档案对形成活动之外的其他社会活动所具有的价值，是满足其他科技活动、行政管理、文化、教育、宣传等社会活动的需要，发挥该档案的参考、研究价值。对于科技档案的第一价值而言，利用者可能是档案形成者（个人或组织机构），也可能是形成者之外的其他人，如一些由多个组织机构共同参与的科技活动，合作单位、协作单位为完成科技活动也需要利用非本机构形成的档案。对于科技档案的第二价值而言，利用者可能是形成者（个人或组织机构）出于其他目的（科技活动之外），如宣传、教育等，也可能是形成者之外的其他主体。由于科技活动可能会涉及利益相关者的相关权益，在提供给形成者之外的其他主体时需严格把关，切勿侵犯相关人权权益，泄露机密。

第一价值和第二价值的划分，有助于明辨科技档案与其他门类档案发挥作用的异同，把握科技档案作用发挥的规律性，使其既能满足业务、法律、行政管理的需要，又能满足文化、教育、宣传等多方面的需要，发挥科技档案的社会效益和经济效益。

（二）现实价值和历史价值

科技档案的现实价值和历史价值是从其价值发挥的时间角度来划分的。科技档案的现实价值，又称为现行价值，是指科技档案的现实使用价值，既包括对形成单位现行科技活动中的现实使用价值，也包括对其他单位科技活动的现实使用价值。历史价值是指科技档案使用价值的时效性可以扩展到遥远的未来，因而具有长远的保存和利用价值。

（三）凭证价值和技术情报价值

科技档案的凭证价值和技术情报价值是根据其价值的使用性质来划分的。与其他各种类型档案相同，科技档案具有凭证价值，这是与其他科技资料最根本的不同，科技档案是科技活动中直接形成的、真实的历史记录，是随着科技活动的进程自然形成的，是令人信服的历史证据，可以为保护合法权益、追究事故责任、奖惩有关人员等提供最有效的依据。

与其他科技文献资料相似的是，科技档案具有技术情报价值，可以作为情报资料来参考。与其他科技文献资料相较而言，其情报价值各有所长，科技档案以其原始性和可靠性，成为公认的第一手参考资料。

（四）利用价值和保存价值

科技档案的利用价值是从科技档案的有用性而言，科技档案对利用者有用性是其价值具体的表现形态。从宏观上来说，科技档案的价值是绝对的，从微观上来说，科技档案在实践活动中满足主体需求的程度会受到多种因素的影响和制约，分析科技档案利用价值的内容和形式，是制定归档范围、制定鉴定标准的重要依据。

科技档案的保存价值是指科技档案是否有保存下来的意义以及在多长时间内有意义。科技档案的保存价值与科技档案价值鉴定工作紧密相关，并通过保管期限表现出来。分析科技档案的保存价值意味着要判断科技文件是否具有转换为科技档案保存的意义，在多长时间内需要保存（即保管期限有多长），以及既定保管期限到期后如何处置。

科技档案的利用价值和保存价值具有内在联系，一般来说，利用价值对保存价值起着决定性作用，只要科技档案有利用价值，它就有必要保存，但科技档案是否应该保存除了考虑利用价值，还要考虑科技档案保存和管理的可行性与成本，如果保存不可行或成本超过了利用价值，该档案也就失去了保存价值。

第三节 科技档案的功能

功能是价值更直接、更具体的表现，基于科技档案的不同价值形态，在社会实践活动中，科技档案具有多种功能，如知识储备功能、依据凭证功能、情报功能和经济功能等。

一、知识储备功能

档案工作是一项非常重要的工作，经验得以总结，规律得以认识，历史得以延续，各项事业得以发展，都离不开档案。人们在认识自然、利用自然、改造自然的过程中，也在不断地形成和总结经验，只有将这些经验有效积累和储备起来，人类科技文化水平才得以持续性发展，而积累和储备这些经验最重要的手段就是科技档案。

人们用来记载和储备科技知识的途径很多，而科技档案的突出之处在于它直接记录了人们科技活动的过程、经验和成果，它所储备的是科技活动中直接产生和形成的原生信息。人们在认识、利用、改造自然的社会实践活动中不断形成新思想，取得成功的经验或失败的教训，获得科技成果。所有这些原生信息都首先以科技档案的形式记载和储备下来。对科技档案进行利用和开发，从中发掘过去的经验和教训，发现成功与失败背后的逻辑，并将其应用到新的科技活动之中，会取得显著效果，即便是一些科技活动因各种主客观原因中断或失败，也应该将这些活动中的科技档案存储、利用起来，科技档案是今后科技活动创新的重要源泉。

例如，某勘察设计院近年来对公司的信息化中心进行了重组，以公司的档案工作为中心全面提高对技术知识的生产和推送以支持战略目标的转型。工程项目知识推送系统的知识推送机制（如何适时、主动地推送与生产设计人员当前项目管理与生产设计工作相关的公司历史上参与的项目档案）选择了基于业务流程的领域知识推送技术，该机制要求将知识推送系统与业务流程融合，要求生产设计人员在恰当的业务环节提出当前项目的知识需求（通过对项目贴标签的方式），在完成项目标签与档案系统中历史项目档案标签的对比之后，推送符合要求的历史项目档案到知识库。与业务系统的融合并要求生产设计人员提出其知识需求保证了知识推送的准确性，还保证了新生成项目档案的标引，从而使知识生成到知识使用形成一个闭环，保证该过程的可持续性。

正因为科技档案具有知识储备功能，对于一个国家来说，高质量的科技档案资源就标志着这个国家科技资源储备雄厚，对于一个企业来讲，高质量的科技档案资源也意味着该企业拥有雄厚的科学技术基础，在同行竞争中会处于有利地位。

二、依据凭证功能

首先，完整、准确的科技档案是科技活动顺利进行的重要依据。例如，科技档案是产品定型的依据，产品定型是产品研制生产过程中的一个重要环节，产品经设计、试制后进入产品定型阶段，经过定型才能正式投产。产品定型的依据就是产品设计、试制过程中形成的科技档案，没有这些档案，产品定型就会缺乏科学依据。科技档案是产品再生产或停产产品恢复生产的依据，科技档案完整地记录了科技人员科技思想从无到有的全过程，是科技思想从隐性到显性、从抽象到具体的呈现，不仅为正在进行的科技活动提供依据，也为业务部门产品再生产提供依据，甚至产品停产后，齐全、准确的科技档案也是恢复生产、产品升级的基本条件。科技档案也是维护、使用实体对象的依据，如建筑工程的改建、扩建或修复，设备的使用、维修、管理等。

其次，完整、准确的科技档案具有客观的凭证作用。科技档案是在科技生产活动中直接形成的，是根据科技生产活动的客观需要和规律形成的，而不是主观意愿编写或编纂的，因此科技档案具有客观凭证作用。当个人之间、单位之间、地区之间以及国家之间发生相关权益争执时，完整、准确、系统的科技档案就成为维护自身利益最有力的凭证。

三、情报功能

科技档案的情报功能主要是指科技档案的内容在科技活动中所具有的参考作用和科技交流作用。科技档案是开展科学研究和开发设计等科技活动的必要条件，为保证科技活动的水平，科技人员一定要能够吸取和借鉴前人与他人的成果，站在巨人的肩膀上，才能实现人类科技水平的不断进步。而科技档案是以往科技活动真实记录，过程完整、数据翔实，为新开展的科技活动启发思路、开阔眼界，使其少走弯路，减少不必要的重复，是科技活动不可缺少的必要条件。一般而言，科技活动从选定题目、制订计划、拟制研究大纲、编写试验方案、数据分析甚至是编写阶段小结、撰写成果报告等，都离不开科技档案。而对于工程设计、产品开发等科技活动而言，本单位以前已经进行过的工程设计或产品开发活动中所形成的科技档案，是进行新项目不可或缺的重要条件，已有档案为他们提供前人和他人的设计思想与设计方法，有时则可直接选用其中的某些成果，或采用其大部分成图。例如，新冠病毒肆虐，湖北武汉亟须建设新的传染病医院——火神山医院，在中国中元国际工程有限公司的支持下，火神山医院建设参考利用了17年前小汤山医院建设的工程设计档案，使在十天之内建成一个医院的任务顺利完成并投入使用。

另外，从科技信息交流的角度来看，科技信息交流是促进科学技术发展的重要手段。现代化建设需要打破组织机构之间甚至是国家之间的藩篱，通过多主体的协同合作寻求更有效的创新与变革，科技档案作为科技信息和科技成果的载体可以在组织机构之间进行有偿转让，促进了科技信息的交流。

四、经济功能

科学技术是生产力，而且是第一生产力。在社会实践活动中，科学技术对社会生产力的推动作用是在同社会生产力诸要素的结合中实现的，而科技档案作为科学技术的一种重要载体和存在形式，也通过与生产力各要素相结合促进生产力发展，彰显其经济功能。

生产力由劳动者、劳动对象、劳动资料三个要素构成，科技档案作为科技成果存储和交流的媒介，通过与生产力三要素有效结合起来促进生产力发展。如科技档案能够将科学技术与劳动者相结合，劳动者是社会生产力中最活跃的因素，提高劳动者的科学文化素质和劳动技能是发展社会生产力的关键，而科技档案可作为劳动者岗前培训和科学技术教育的"教科书"，作为科技思想、科技知识的显性表现形式，作为组织机构知识管理的对象，对于提高员工及组织机构知识运用、创新、竞争力等方面的作用都不容小觑。正如通用电气公司前CEO（Chief Executive Officer，首席执行官）杰克·韦尔奇曾经说过"一个组织机构获得知识以及将知识快速转化为行动的能力，是其最终的竞争优势"。同时，科技档案是改造和提高生产工具技术性能的重要条件，生产工具是最重要的劳动资料，是物化的科学技术，也是现代科技发展的基础，而其研制、生产、改进都离不开科技档案的支撑。另外，科技档案对改善和拓展劳动对象具有重要作用，人们利用科学技术不断地开展、开发和拓展劳动对象，在这个过程中科技档案作为存储有科学技术和自然资源相关信息的重要资源发挥重要作用。

管好、用好科技档案可以降低或节约劳动消耗、节约工时、避免重复劳动，从而提高经济效益，如使新产品提前投产、设备大修提前完成、挖掘生产潜力、开发新产品等。复用科技档案能够极大地节约设计工时，提高经济效益，在工程设计和产品设计等活动中，新的设计常常要复用已有的设计档案，也就是说在新设计中直接采用或套用某项设计的科技档案，不用重复设计，也不用重新制图，从而使设计活动节约了大量的劳动支付，提高了其经济效益。此外，科技档案作为组织机构的重要知识资产，还可以在项目合作、维护权益中发挥依据凭证作用，在企业挖掘生产潜力进行扩大再生产中取得相应经济效益。例如，1992年上海海洋地质调查局在参与组建"上海石油天然气公司"时，以其东湖油气田勘探阶段所获得的档案资料作价1.2亿元，作为注册资本认缴。1994年，国家档案局发布的《开发利用科技档案所创经济效益计算方法的规定》，事实上就是对科技档案资产进行价值评估的一种尝试。

科技档案存在以上功能，但是这些功能能否充分发挥作用取决于许多主客观方面的因素，既有宏观的政策因素，也有微观的管理因素，既受到档案人员社会意识和水平的影响，也受业务人员档案意识的影响，是诸要素综合作用的结果。

课后思考题

1. 简述科技档案的特点。
2. 如何理解科技档案价值的客观性、绝对性和相对性？
3. 简述科技档案的价值形态。
4. 简述科技档案的功能。

第五章

科技档案工作

本章内容概要： 围绕科技档案工作，从宏观和微观层次进行阐述，在此基础上厘清了科技档案工作的专业性、管理性、服务性和机要性等性质，并对科技档案工作的基本原则进行解释。

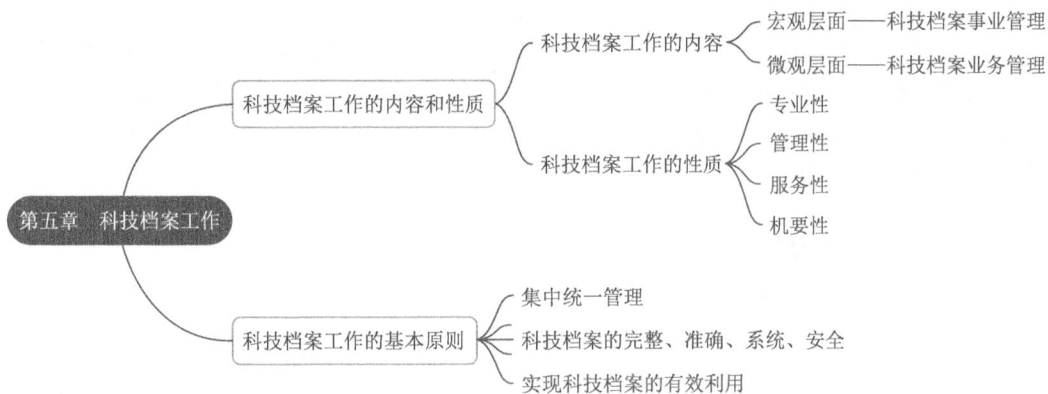

```
                                                            宏观层面——科技档案事业管理
                                        科技档案工作的内容
                                                            微观层面——科技档案业务管理
                  科技档案工作的内容和性质
                                                            专业性
                                        科技档案工作的性质      管理性
                                                            服务性
第五章　科技档案工作                                           机要性

                                                            集中统一管理
                  科技档案工作的基本原则 ———— 科技档案的完整、准确、系统、安全
                                                            实现科技档案的有效利用
```

■ 第一节　科技档案工作的内容和性质

科技档案是科技人员科技思想的显性化，包含了大量的科技信息和知识，是国家重要的信息资源和知识资产，应该从国家、组织机构、科技人员等角度科学开展科技档案工作，以充分实现科技档案的价值。

一、科技档案工作的内容

科技档案工作是国家科技工作的重要组成部分，也是国家档案工作的组成部分，因此科技档案工作是以完整保存和科学管理科技档案，充分发挥科技档案作用为目的的各项管理活动的总称。总体上看，科技档案工作包括宏观和微观两个层次，两个层次在主体、内容和任务上各不相同且又互相关联，成为有机整体。

1. 宏观层面——科技档案事业管理

科技档案事业管理是从宏观层面对国家科技档案工作进行计划、组织、控制、指挥和协调，承担任务的主体是国家和地方档案主管部门和各级专业主管机关，主要工作内容是建立和完善科技档案管理体制，规定各级各类科技档案机构的设置与职权范围，建设科技档案工作者队伍，对科技档案工作实行法治管理、规划管理和标准化管理。其任务是制定科技档案工作方针政策、协调科技档案工作的各种因素和关系，从总体上优化科技档案工作。

2. 微观层面——科技档案业务管理

科技档案业务管理是从微观层面对科技档案管理的一项工作，承担该任务的主体是基层科技档案管理机构和科技专业档案馆，主要内容是对科技档案收集、整理、鉴定、保管、统计和开发利用等。其任务是对科技专业档案馆和基层科技档案管理机构的各项业务建设进行组织协调，制定科技档案管理的业务原则和标准，选择和使用管理技术与措施，实现科技档案的科学管理和有效利用。

科技档案事业管理和业务管理共同构成国家科技档案工作的有机整体，其中，业务管理工作是整个科技档案事业的基础，对国家科技档案事业的巩固和发展起着决定性作用，科技档案事业管理对科技档案工作起着协调、控制、优化的作用，促使全国档案事业保持"一盘棋"，实现整体优化。

二、科技档案工作的性质

科技档案工作的性质是由科技档案工作的内容、任务和特点决定的，厘清科技档案工作的性质，有利于把握科技档案工作的方向，协调科技档案工作与其他方面工作的关系，以便更好地完成科技档案工作的任务。总体而言，科技档案工作的性质主要体现为专业性、管理性、服务性和机要性。

1. 专业性

专业性是科技档案工作独立和逐渐走向成熟的标志之一，相较于一般档案工作或一般文献管理工作而言，科技档案工作有其专门的工作对象、工作内容、工作方法和理论体系。首先，科技档案工作有其特有的、专业性较强的工作对象——科技档案，科技档案是在各个行业领域科技、生产活动中产生的，其内容为科技人员科技思想的显性化，具有一定的专业性，不同领域的科技档案在内容上有着很大的区别，即便同是设计档案，基本建设活动中的设计档案与产品研发中的设计档案在内容上也是完全不同的。其次，科技档案工作内容和工作方法具有专业性，一方面科技档案与文书档案的内容和形成领域不同，另一方面不同领域科技档案的内容也不同，因此从微观上要求科技档案的收、管、存、用的方法必须要符合科技档案的形成规律和内容特点，从宏观上科技档案的管理体制机制的设计应与科技档案的管理需求和利用需求相吻合，因而工作内容和工作方法具有较强的专业性。最后，科技档案工作经过多年的实践探索和理论研究，形成了包括基础理论和应用理论在内的完整的理论体系，如基于科技档案管理需求，探索出科技档案的"三纳入、四参加、四同步"等行之有效的管理制度，科技档案的价值论，科技档案的分类、鉴定、保管等理论，以指导实践的发展。

2. 管理性

科技档案工作的管理性主要来源于以下几个方面。一是科技档案本身是组织机构科技管理的对象。科技管理是对科技生产活动中的各个要素进行管理的活动，其中各个要素包括人、财、物、时、事等。科技档案是科技生产活动的产物，也是科技生产活动持续性开展的基础，科技档案的科学管理对于提高组织机构科技管理水平，提高科技生产活动的质量起着举足轻重的作用，因此，无论是专业主管机关制定的有关科技管理的法律、规范、制度，还是组织机构的业务流程设计、人员考核，都将科技档案管理纳入其中。二是科技档案管理本身也是对科技成果、科技资源的管理。科技活动除形成物质形态的科技成果，还会形成一套科技档案以将科技活动的过程和结果记录下来，当然记录的成果就是科技档案。科技档案不仅是当前科技活动的指导和依据，也同科技图书、科技情报一样，为其他科技活动提供参考和支撑，是科技创新"站在巨人肩膀上"的前提和保障。因而科技档案管理事实上就是一项管理活动，通过计划、组织、协调、指挥等开展其收、管、存、用。科技档案管理是一项基础性管理活动，组织机构的计划制订、生产决策、任务分配、绩效考核等各项工作的开展，都需要以科技档案的有效管理为基础。

3. 服务性

完整地保存、科学地管理科技档案，是为了通过向国家、组织机构提供服务以充分发挥科技档案的作用。科技档案工作的服务性从微观上体现在服务于组织机构的科技生产活动，为科技生产活动提供依据、参考和凭证，从宏观上体现在为国家科技档案事业的计划、组织、控制、指挥、协调提供支撑，为国家现代化建设提供引导和支持，因此可以看出科技档案工作只有在宏观和微观的服务中才能真正体现出其价值和意义。

4. 机要性

科技档案工作的机要性主要源自科技档案的内容，科技档案是科技活动过程和结果的映射，是国家、组织机构重要的知识资产和战略资源，不少档案中蕴含着国家机密、商业秘密、个人隐私，由于任何主观因素或客观因素导致科技档案资源的意外散失或传播，都可能会造成个人利益、组织机构利益、国家利益甚至国家和人民安全受到威胁。《中华人民共和国档案法》第二十条、第二十二条、第四十三条等多个条款针对涉密档案的管理、利用等进行了规定。《科学技术档案工作条例》第十四条规定：各单位应当定期对科技档案的密级进行审查，根据上级的规定，及时调整密级，扩大利用与交流的范围。该条规定既体现了科技档案利用的重要性，也在考虑科技档案机密性的基础之上，针对科技档案干部提出应进行"保守国家机密的教育",并对科技档案干部"遵守保密制度的情况"进行检查。科技档案工作具有一定的机密性,要求档案工作者遵守国家法律、职业道德、行业规范、组织机构纪律,眼要宽、嘴要严、手要紧,不得因一时疏忽、一己私利而因小失大。

第二节　科技档案工作的基本原则

科技档案工作的基本原则是在科技档案工作实践中提出并逐渐完善的,是符合实践规律及《中华人民共和国档案法》要求的基本原则,反过来又指导实践的开展。《科学技术档案工作条例》明确提出科技档案工作的基本原则是:按照集中统一管理科技档案的基本原则,建立、健全科技档案工作,达到科技档案的完整、准确、系统、安全和有效利用的要求。该基本原则与2020年修订公布的《中华人民共和国档案法》第四条"档案工作实行统一领导、分级管理的原则,维护档案完整与安全,便于社会各方面的利用"一致。理解这一基本原则可以从以下三个方面入手。

一、集中统一管理

集中统一管理是科技档案工作基本原则的核心,规定了科技档案工作的组织原则和管理方式。集中统一管理的内容主要包括三个方面:一是国家对科技档案资源的统一控制,这种控制既包括实体控制,也包括信息控制,既包括对国有科技档案的控制,也包括对非国有科技档案的控制(指个人和集体所有的对国家或社会具有保存价值的科技档案,或者应当保密的科技档案,如果所有者保管不善,应由档案主管部门代管或向国家档案部门寄存或出售)。二是对科技档案按专业实行统一管理,即除了档案主管部门分级对档案工作监督、指导和检查,各级专业主管机关也要加强对所属企事业单位和本专业系统科技档案工作的领导和指导,这是由科技档案的形成规律和内容特点决定的,在企事业单位内部,由科技档案部门对本单位的科技档案工作实行集中统一管理,重要的、需要长久保存的科技档案须按有关规定集中在科技专业档案馆。三是科技档案工作要遵循统一的标准规范,各组织机构科技档案工作应以国家档案主管部门和专业主管机关制定的标准规范为依据,从而保证整体上科技档案工作的管理制度和工作方法的统一。

我国实行的科技档案集中统一管理具有以下几个特点。一是科技档案按专业实行分级管理。科技档案是科技活动的伴生物,不同专业领域形成的科技档案在内容及利用要求等方面存在着各自不同的特点,因此所称的"统一管理"并非要求全国各领域采用"大一统""一刀切"的方式来进行管理,而是要根据各行业领域科技档案的特点总结管理经验,实行分级管理。二是从组织建设以及制度建设上,应将科技档案工作纳入本单位的科技生产指挥系统。科技档案具有很强的现实性,同本单位科技生产活动联系错综复杂,为了实现科技档案的科学管理,应从组织系统上理顺关系,把科技档案机构纳入科技生产指挥系统,将科技档案工作纳入企事业单位科研生产负责人或总工程师的直接领导之下,是实行集中统一管理的组织保证。三是科技档案的集中统一管理强调档案法规标准的作用。2014 年党的十八届四中全会通过了《中共中央关于全面推进依法治国若干重大问题的决定》，指出依法治国是实现国家治理体系和治理能力现代化的必然要求，2020 年 6 月《中华人民共和国档案法》的成功修订更是标志着档案法治进入新的发展阶段。现代企业或其他类型的组织机构在运营中的一切行为必须要受到法律法规的约束，科技档案工作也必须依靠档案法律和法规的约束性，保证科技档案工作的健康发展。

实行科技档案的集中统一管理，有利于保护科技档案的实体安全和信息安全，相对于分散保管而言，集中统一管理将有保存价值的科技档案集中到本组织机构的档案部门或专业档案馆，相对而言具有更好的保护条件、健全的管理制度和科学的管理方法，有利于保护科技档案的实体安全，减少或避免对科技档案的损害，有利于保护科技档案的信息安全，减少或避免泄密、泄露个人隐私、知识产权被侵犯等问题的发生。

按专业实行集中统一管理，有利于形成更大的科技资源储备中心和交流中心。尤其是科技专业档案馆，汇集了整个系统中具有长久保存价值的科技档案，也就意味着将本专业范围内重要的科技活动的精华进行了汇聚，形成了档案资源的集合，因而成为国家以及专业系统科技资源的保管基地。

按专业实行集中统一管理，能够及时、直接地为科技管理工作提供各种决策信息，为科技管理从经验管理向科学管理和现代化管理转变提供信息保证，减少科技活动中人力、物力、财力的消耗，从而提高组织机构科技活动的现代化水平。

二、科技档案的完整、准确、系统、安全

科技档案的完整、准确、系统、安全是对科技档案的质量要求和管理要求。

完整是科技档案准确和系统的前提，即科技档案齐全成套，种类完备。完整性的要求体现在三个方面。一是就一份科技档案而言，其内容、结构和要素应该是齐全完整的，如科技档案的附件，应包含的签字、签章等应该是一应俱全的；二是就一项科技活动而言，该活动中形成的所有具有保存价值的科技文件应按成套性的要求做到齐全完备；三是就一定的库藏范围而言，科技档案的套数应该与单位科技活动范围一致，进而从个体到整体保证了科技档案的完整和不可分散。

准确是要求科技档案必须是真实的历史记录，在内容上始终与它所反映的科技对象一致。由于科技活动一般历时较长，科技档案具有较强的现实性，科技活动中的主观、客观原因导致科技档案归档后仍有可能更改，因此科技档案的准确性一方面要求科技文件、科技档案是科技活动过程中形成的真实的历史记录，如实地记录和反映科技对象的历史过程，另一方面要求动态地把握科技档案的准确性，动态地反映科技对象发展变化情况，使科技档案为历史研究和现实使用提供可靠的依据与凭证。

系统要求保持科技档案之间的内在有机联系，既包括套内科技档案的系统性，也包括一定的库藏范围内，科技档案是序化的整体。

安全包括科技档案的实体安全和信息安全，一方面尽可能延长科技档案的自然寿命，选择合适的载体形式，另一方面保护科技档案的信息安全，保护科技机密，保护知识产权。

科技档案质量要求和管理要求的提出是基于科技活动的规律、要求及科技档案的形成和特点，反映科技生产活动的客观需要，是对科技档案工作的经验总结，对科技档案工作具有指导意义。

首先，质量要求反映了科技档案成套性的特点，套是科技档案所特有的保管单元，成套性是科技档案的重要特点，也是科技档案质量的基础保障。科技档案的完整，首先是以项目内成套档案的完整体现出来的。科技活动具有较强的综合性和复杂性，会涉及很多的主体和专业，由此一项科技活动所形成的科技档案数量十分可观，仅以案卷为保管单元，会因项目内案卷数量庞大降低管理效率，也会因案卷内容复杂及管理不当发生不同项目档案的混淆，这都会极大地降低科技档案的总体质量和价值。为此，通过"套"这一管理级别的加入，可将不同项目的案卷相区别，也可将套内档案通过科学分类、排序进行优化管理。例如，一套建设项目档案，应包括可行性研究、任务书、设计基础文件、设计文件、项目管理文件、施工文件、监理文件、工艺设备文件、生产技术准备、试生产文件、器材管理文件、竣工验收文件等，以记述和反映建设项目的规划、设计、施工及竣工验收的全过程。

其次，质量要求和管理要求与科技档案持续形成和现实性强的特点相吻合。科技活动的持续性对科技档案的质量提出了更高的要求，科技档案不但要齐全成套，而且其内容必须是动态准确的，必须保持与科技对象动态一致。动态地反映科技生产活动的面貌，才能保证其现实作用的发挥，这一点与其他门类的档案不同，因此准确性对科技档案而言有其特殊含义，对科技档案的质量起到了重要的保障作用。

再次，质量要求和管理要求反映了科技档案管理的实质性要求，科技档案的系统性是维护科技档案内容联系和有序化的基本要求，由于科技档案成分多、内容复杂，其系统化的任务比较艰巨，加之各方面对科技档案的需求非常广泛，其实体和信息的系统化是满足利用需求的重要基础，在科技档案业务管理中占有重要的地位。

最后，科技档案的质量要求与科技文件管理的质量目标一脉相承。在科技文件工作中，通过积累、分类、立卷、编目、更改与版本管理等措施，使科技文件完整、准确、系统、真实、可用，以发挥其在科技活动中的现实指导作用。科技档案的质量要求与管理要求同科技文件的质量目标是一脉相承的。二者在生命周期中是前后继承的关系，较高质量的科技文件为科技档案的管理奠定基础，同时科技档案经过鉴定有更长远、更广泛的利用和保存价值，因而在继承科技文件质量要求的基础上提出更高的要求，如除考虑本项科技活动的完整、系统，还会考虑在更大范围内完整性和系统性的维护。

科技档案质量要求和管理要求的内涵是不断发展变化的。这种发展变化一方面来自科技活动对档案要求的客观需要，如企业战略定位和运营方向的调整，对科技档案质量会提出新的要求，可能导致此时完整性的标准未必符合彼时完整性的要求。另一方面来自科技档案工作本身，随着科技档案工作科学性的不断提高，尤其是云计算、大数据、物联网等为代表的信息技术在科技档案工作中的广泛应用，档案加工存储的方式、组织手段及信息颗粒度的变化，科技档案工作者对档案的质量要求也在不断提高，如传统科技档案工作比较重视科技生产、管理中依据性文件和结果性文件的收集归档，而忽视中间过程性文件的收集归档。在信息技术的支持下，科技文件转化科技档案的广度可适当扩展，科技档案的组织和序化可达到数据级，其颗粒度更加细化，对科技档案的完整和系统会提出更高的要求。

三、实现科技档案的有效利用

实现科技档案的有效利用是科技档案工作的目的。科技档案的价值是客观存在的，但只有在实践中满足主体需求才能得以显性化。科技档案是科技人员智慧的结晶，是重要资源，具有较高的使用价值，科技档案工作应以是否有效地发挥科技档案作用作为检验和衡量工作质量的重要标准，因此科技档案工作应该创造条件，将科技档案这一客体与利用者这一主体有效衔接，使科技档案的潜在价值显性化。

有效利用是指通过科技档案的利用获得一定的经济效益或社会效益，强调的是利用的实际效果，而不仅是提供利用这一行为，不能仅用提供利用的人数、次数来衡量，更要强调的是利用的有效性，是否真正满足了客观需要及其满足的程度。为此科技档案工作者必须研究科技活动的规律，掌握各种需求及特点，积极开发科技档案资源，使科技档案部门真正成为科技管理的决策支持系统或科技生产的信息保障系统。

衡量科技档案的利用效果通常有以下两个指标。其一是满意度指标，由于利用者对科技档案的利用需求是多种多样的，并且随着科学技术的发展与政策、计划的调整，这些需求是不断变化的，科技档案部门需要研究利用者需求，按利用者需求提供服务以提高满意度。其二是快捷度和准确度指标，为保证档案利用的有效性，应该迅速准确地满足利用者要求，将合适的档案资源以合适的方式、在合适的时间提供给合适的人，实现科技档案的价值。但以上指标是从利用者的视角提出的，在档案提供利用实践中，可能会因一些客观原因（如档案因保密或管理的需要、档案实体本身暂不具备提供利用的条件等）导致未能达到利用者理想的预期，仅从利用者角度来评判档案利用效果未必完全客观。这就需要档案工作者、档案研究者了解利用者需求，研究档案利用的现象和规律。

科技档案工作的基本原则具有丰富的内涵，是相互联系的有机整体。其中，集中统一管理是基本原则的核心，体现了社会主义国家的优越性，是档案资源完整、准确、系统、安全和有效利用的保障，完整、准确、系统、安全是科技档案管理要求和质量要求的集中体现，是有效利用的前提，有效利用是科技档案工作的最终目的，同时也不断推动科技档案工作质量。

课后思考题

1. 简述科技档案工作的内容。
2. 说明科技档案工作的性质。
3. 如何理解科技档案工作的基本原则？

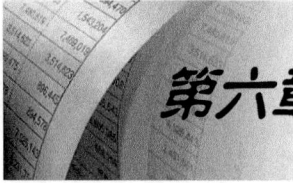

第六章

科技档案事业的产生与发展

本章内容概要： 主要介绍科技档案事业从无到有、从雏形到繁荣的发展历程，探讨萌芽期我国科技档案事业的主要表现，阐述初步建立时期我国在科技档案工作制度建设、管理体制、业务实践和理论研究等各方面取得的成就，分析经历"文化大革命"暂时停滞后我国科技档案事业的重大活动及特点，讨论调整转型期科技档案事业的重要成果，总结当今科技档案事业的发展动态。

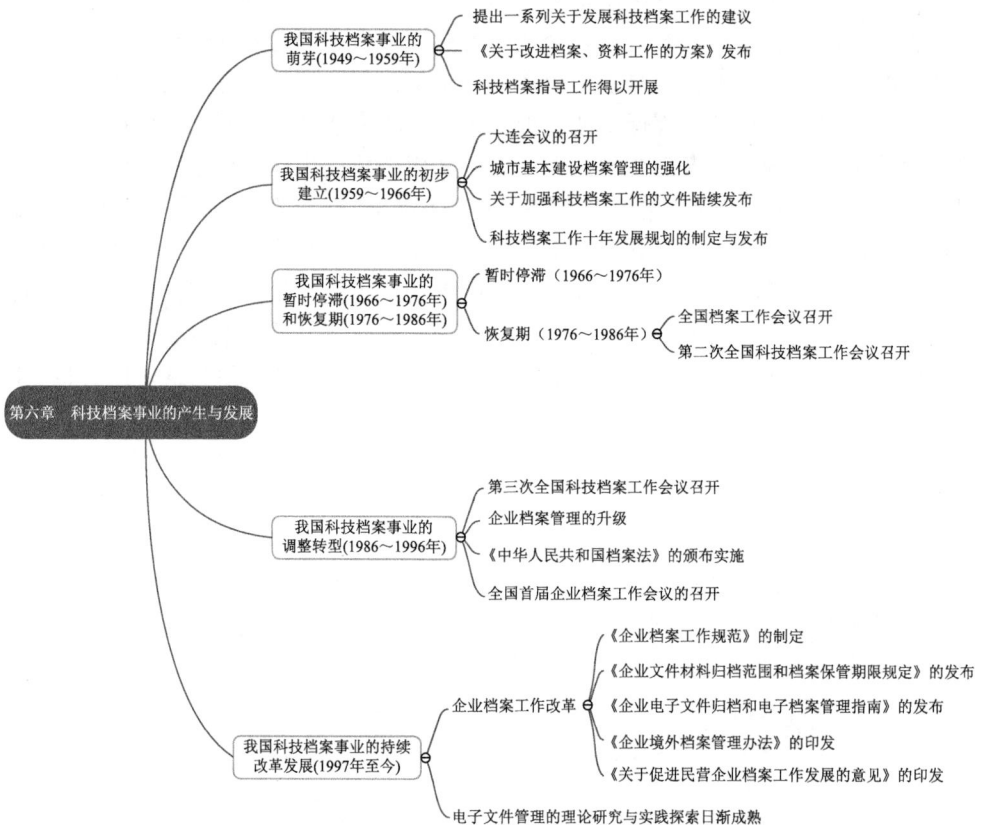

从历史上看，我国是科技活动开展最早、成果最多的国家，在古代档案（如甲骨档案、金石档案等）以及一些近代档案中都能找到以科技活动为主要内容的科技档案，但真正意义上的科技档案事业是在中华人民共和国成立后才得以形成的。一方面得益于各行各业科技活动大规模、高质量发展，另一方面科技档案资源在国民经济与社会发展中的价值日渐突出，我国科技档案事业经历了从无到有、从雏形到繁荣的发展历程。

■ 第一节　我国科技档案事业的萌芽（1949～1959 年）

我国科技档案事业的萌芽源于国民经济的初步发展。中华人民共和国成立初期，国民经济开始恢复，并在完成三大改造（农业、手工业、资本主义工商业的社会主义改造）的基础上，于 1953 年开始了我国的第一个五年计划。在此期间，我国开始了大规模、有计划的社会主义经济建设活动。发展以重工业为主的工业基本建设是第一个五年计划的中心，从此我国有了自己的飞机制造业、汽车制造业、机床制造业、电力设备制造业等。经济建设活动大力开展，科技档案也大量形成，并成为经济活动持续发展的基础条件，在此期间如何科学管理这些科技档案引起了党和国家领导的高度重视。1956 年 1 月，党中央召开关于知识分子问题的会议，发出"向科学进军"的号召，周恩来总理在会议中强调"要为发展科学研究准备档案资料、技术资料等必要的工作条件"。1956 年 3 月，国务院成立科学规划委员会，制定了《一九五六～一九七六年科学技术发展远景规划纲要（修正草案）》，为我国科学技术工作指出明确的奋斗目标。此时，我国的科技档案事业开始萌芽，主要表现在以下几点。

一、提出一系列关于发展科技档案工作的建议

20 世纪 50 年代初期，周恩来总理针对引进技术的档案资料在管理和使用上的混乱现象，曾要求"建立一个技术资料管理机构"，鉴于城市基本建设在社会主义经济建设中的重要地位和作用，毛泽东主席于 1956 年 2 月发出指示，"一个城市的设计资料，应统一由城市建设总局管"。1956 年 4 月，国家档案局的《关于目前档案工作情况和今后工作安排的报告》（该文件由国务院常务会议批准，转发中央各部、委、国务院直属机构和各省、自治区、直辖市研究执行）提出：为迎头赶上国家社会主义建设的需要，"关于技术档案的管理应当重点摸底，迅速制定办法，建立管理工作"，拟建的中央国家档案馆，应有"技术图纸档案馆"。1955 年在第一届全国人民代表大会第二次会议上，有代表提出"请在适当部门领导下，建立全国性的技术资料馆"的提案。1957 年，第一届全国人民代表大会第四次会议上，大会代表、国家档案局局长曾三提出"各工厂、矿山和其他企业有关安装工程的设计资料和图纸都是宝贵档案资料，把它们科学的整理和保管起来，对于今后社会主义建设是非常重要的"，"必须分系统进行统一管理"。20 世纪 50 年代，国家领导人和大量有识之士提出的关于发展、促进科技档案工作的建议对促进当时社会档案意识、推动国家科技档案事业萌芽至关重要，也为保护、保管国家科技档案资源奠定了基础。

二、《关于改进档案、资料工作的方案》发布

《关于改进档案、资料工作的方案》（以下简称为《方案》），是由国务院科学规划委员会第四次扩大会议通过，1957 年 9 月国务院全体会议第 57 次会议批准发布的，是党和国家为建立和加强科技档案工作而发布的第一个文件，该文件对科技档案工作的意义、管理制度、利用和交流、保密等有关内容做了全面的阐述。

首先，《方案》对科技档案工作的意义和状况进行了全面分析，强调加强科技档案工作"必须提起各方面的重视"，"档案和资料是进行各方面工作和进行科学研究工作的依据"。《方案》在肯定科技档案工作已经取得初步成绩的同时，也指出当时档案、资料没有统一管理，未经整理无从利用，档案、资料保密范围仍显过宽，同时也存在泄密现象等问题。

其次，针对存在的问题提出了改进方法，其一是建立统一的科技档案管理制度，集中和整理科技档案，《方案》指出，"国家档案局对建立国家档案馆和各个专业档案馆、资料馆的工作，应该进行督促和检查"，要求国家技术委员会、国家建设委员会、地质部、农业部和国家统计局，分别对工业交通、基本建设、地质、农业、经济等方面着手建立统一的资料管理工作，《方案》还要求凡是尚未整理的档案、资料，"各部门必须着手集中和整理"。国家档案局应该协同有关单位组成技术资料编目的专家小组，研究技术资料的分类编目和登记卡片等问题。其二是提出开展科技档案的利用和交流，《方案》提出，整理后的科技档案，凡属于可以公开而需要量较大的，可以公开出版，可以编印年鉴和资料汇编，有些资料可作为内部资料印发。机关、企事业单位之间可以本着互助互利的原则，订立合同，相互交换科技档案及资料。其三是规范科技档案利用中的保密工作，《方案》提出，本单位内的工作人员可以借阅在他工作范围内所需要的档案、资料，工作人员在调查研究、技术设计等工作中形成的科技档案，交由资料管理部门以后，本人随时可以借阅，而借阅机密性的科技档案，应履行批准手续，但"应该适当改进，以利工作"，借阅人员也有"负有保密的完全责任"。

《方案》在我国科技档案事业发展史上有着重要的地位，勾勒出了我国科技档案事业的基本轮廓，给出了解决关键问题的基本思路，对当前科技档案工作仍具有一定的参考借鉴作用。

三、科技档案指导工作得以开展

在《关于改进档案、资料工作的方案》制定的同时，国务院科学规划委员会设立了资料组，资料组由国家档案局及有关单位负责人、专家和学者组成，在国务院科学规划委员会直接领导下，负责研究、规划关于科学研究工作所需要的档案、资料条件并提出建议，以及负责组织规划档案科学研究工作和提出建议。资料组成立后，协同国家档案局组织了技术档案资料分类编目小组，并草拟了《国家机关、企业、事业技术档案资料工作暂行通则（草案）》，印发全国征求意见。资料组的成立及其进行的工作，对我国科技档案事业的建设和发展有着积极的指导作用。

国家档案局为推动科技档案工作的开展，于 1958 年 6 月召开了座谈会，邀请 17 个中央工业、交通、建筑等部门就加强科技档案管理问题进行研究。与此同时，在北京、上海两地举办了小型的科技档案展览会。8 月，开始编印不定期刊物《技术资料工作通讯》。10 月，中国人民大学历史档案系和第三机械工业部合作出版《技术档案资料研究》双月刊。这两个刊物为促进科技档案工作的宣传、交流和理论研究提供了广阔的平台。

1958 年 9 月，中国人民大学档案系开办了技术档案专修科，开始培养科技档案工作的专门人才。

1949～1959 年，虽然我国的科技档案事业处于萌芽期，但是已经取得了一定的进展，如适应国家经济建设和科技文化事业发展的需要，从国家领导到各行各业已经认识到妥善储存、保管好科技档案的重要性，客观上具备了国家档案事业发展的基础。科技档案专业人才的培养，不仅提高了科技档案实践的水平，也对科技档案及相关事务、科技档案的管理方式、管理体制等进行了初步的理论研究，实践与理论形成了良好的互动。但由于对科技档案缺乏充分的认识，科技档案与科技资料尚未明确区分，二者的管理与利用也没有明确区分，影响到科技档案管理的效率和安全利用。在实践中科技档案管理尚处于分散状态，没有实现集中统一管理，也没有形成国家规模的科技档案事业。

第二节　我国科技档案事业的初步建立（1959～1966 年）

随着社会主义建设的全面开展，科技档案事业也得以初步建立，科技档案工作的制度建设、管理体制、业务实践和理论研究等各方面均取得了一定的进展，为今后科技档案事业的发展奠定了坚实的基础。此阶段取得的重要成果主要有以下几项。

一、大连会议的召开

1959 年 12 月，在辽宁省大连市召开了技术档案工作大连现场会议（简称"大连会议"）。本次会议以《技术档案室工作暂行通则（草案）》研究为中心，在已有科技档案工作经验、教训的基础上讨论了关于科技档案室工作的多个重大问题。

（1）明确界定科技档案与科技资料。科技档案是记述和反映一个单位的基本建设、生产技术和自然科学研究等活动，具有保存价值，并且按照一定的归档制度作为真实的历史记录集中保管起来的科技文件。虽然这个定义在今天看来有一定的不足之处，但这是我国第一次明确、清晰地提出科技档案的定义。科技资料是一个单位为了给科技活动提供参考收集而来的，并不是对本单位科技活动的直接记述和反映。科技档案与科技资料虽然内容上均有科技的成分，但在来源、价值、使用目的上均有不同，明确二者的区别和联系，有利于对二者的科学管理和安全利用。

（2）提出建立、健全归档制度。归档制度是科技档案工作开展的制度保障，建立、健全归档制度是科技档案工作制度建设的重要组成部分。

（3）明确集中统一管理的基本要求。科技档案是国家的重要财富，应实行集中统一管理。为此各单位应建立、完善档案工作机构，对本单位的科技档案和科技档案工作进行集中统一管理。中央各专业主管机关也应加强对本系统科技档案工作的领导。

（4）维护国家秘密，保护科技档案安全。科技档案的保密和利用是对立统一的，要正确处理好保密与利用的关系，既要维护国家秘密，又要在合理范围内提供利用，不能因噎废食。

大连会议是我国科技档案事业发展中一个重要的里程碑，会议讨论通过的《技术档案室工作暂行通则》是我国科技档案工作中第一个较为完备的法规性文件，该文件使我国的科技档案工作由分散开始走向统一，并逐渐纳入具有国家规模的集中统一管理体系之中，成为与国家经济建设和科技工作紧密相连的一项专门事业。《技术档案室工作暂行通则》于1960年2月经国务院批准试行，同时国务院还转发了《国家档案局关于技术档案工作大连现场会议的报告》。

二、城市基本建设档案管理的强化

大连会议提出了对主要城市和矿区的基建档案应进行一次普查并统一管理的意见。1960年10月，在黑龙江省哈尔滨市召开了城市基本建设档案会议，会议结合实际工作情况和存在的问题讨论了国家档案局拟定的《关于加强管理城市基本建设档案的初步意见草案》。1961年1月，国务院转发了国家档案局《关于加强管理城市基本建设档案的意见》和《关于如何加强管理城市基本建设档案的报告》。国务院于1962年6月和1964年4月，先后批转了国家档案局《关于加强管理城市基本建设档案试行情况的报告》和北京市人民委员会《关于人民大会堂基建工程档案整理工作情况和加强基建工程档案工作意见的报告》。

哈尔滨城市基本建设档案会议和一系列有关加强管理城市基建档案工作的文件，主要包括以下四个方面的内容。

（1）明确城市基本建设档案的概念及其作用。城市基本建设档案是城市各项基本建设的真实记录和实际反映，是城市每一项基建工程进行管理、维修、鉴定、扩建、改造、恢复等工作不可缺少的依据，是现代化城市建设的必要条件，城市基本建设档案的科学管理还具有国防的战略意义。

（2）加强城市基本建设档案管理的要求。除了各建设单位、城市规划和建设管理部门以及各主管机关要把自己收到的基本建设档案管理好外，各大、中城市还应分别指定城市建设或城市规划管理部门统一管理全市重要工程的基本建设档案，并由建筑工程部门负责按专业统一管理，各级档案部门应加强监督、检查和指导。

（3）明确竣工图的形成与管理。竣工图记录、反映了工程施工的真实过程和面貌，竣工图验收是工程竣工验收的组成部分。在申请竣工验收的工程项目中，竣工图不合格是不能通过竣工验收的。对于已经建成的工程项目，凡是没有竣工图或竣工图不准确、不合格的，应该有计划、分批次地补充绘制。

（4）强调基本建设档案的保密性和干部问题。城市基本建设档案具有较强的保密性，尤其是重要部门形成的基本建设档案以及重要工程项目的档案，需要妥善管理。应适当调整和充实城市基本建设档案管理机构和干部，严格执行国家的保密制度和规定。

在国家经济建设大规模开展之际，提出城市基本建设档案科学管理这一重要命题，不仅巩固了当时经济建设成果，为之后城市的现代化建设提供了重要的依据和基础，也为城市基建档案的持续性、科学化管理提供了借鉴。

三、关于加强科技档案工作的文件陆续发布

1961 年中共中央批准了《关于自然科学研究机构当前工作的十四条意见（草案）》（简称《科研十四条》）、《国营工业企业工作条例（草案）》（简称《工业七十条》）。虽然这两个条例都不是针对科技档案工作而制定的，但都将科技档案工作纳入其中，成为两个文件的有机组成部分。其中《科研十四条》中明确提出要建立专题技术档案，包括提出研究项目的过程、本项工作的各项调查资料、原始实验数据、工作记录、讲座记录、论文报告、推广经过及鉴定资料、标本、样品等。《工业七十条》关于技术管理的规定中也明确提出"企业要加强技术档案、技术资料的管理工作"。

与此同时，国务院批转了国家档案局《关于加强科学研究机构中技术档案工作报告》和《关于工业企业技术档案工作的报告》。1962 年 11 月国务院批转了国家档案局《关于加强对"下马"企业和"下马"工程的档案管理工作的报告》，1963 年 11 月批转了国家档案局《关于切实改善图纸质量和图纸复制技术的报告》。1964 年 3 月，中共中央、国务院批转的国家档案局《关于进一步加强技术档案工作的报告》，全面阐述了科技档案工作的工作性质、机构设置、干部配备、制度建设、管理体制、保管条件等各个重大问题。

党中央和国务院先后批转的关于科技档案工作的文件，涉及工业、科研、基建等国民经济的重要领域以及科技档案工作中的重要问题，对于提升科技档案工作水平，形成并发展国家的科技档案事业具有关键性作用。

四、科技档案工作十年发展规划的制定与发布

1964 年 4 月，国家科委、文化部、国家档案局下达的档案资料规划，是经党中央、国务院原则批准的《1963—1972 年科学技术发展规划》的一个组成部分，国家科委、文化部、国家档案局在下达规划的通知中指出："科学技术情报、图书、档案资料工作，既是十年科学技术发展规划中的一个组成部分，又是保证实现其他各专业、各学科规划的重要措施，必须大力加强。"档案资料十年发展规划的内容包括：建立、健全各单位科技档案室工作，逐步建立一批科技专业档案馆，加强科技档案工作理论与方法的研究，加强对科技档案保管技术、修复和复制技术的研究等，并且提出了完成这些任务的具体措施。该规划的内容覆盖到了科技档案工作的方方面面，共包括 5 类 27 项。

1959～1966 年，国家规模的科技档案事业得到了初步建立，从理论研究到实践取得了全面的进展，该阶段取得的成就主要体现在以下几个方面。

（1）我国科技档案工作的原则、体制、方针、政策、规章制度等得到了初步确立。

（2）各类科技档案机构及其工作得以建立或加强。工业、交通、科学技术等专业主

管机关，加强了对本专业系统科技档案工作的领导，各级档案行政管理部门加强了对科技档案工作的指导、监督和检查，大中型企业及事业单位大都建立、健全了科技档案工作机构，一些中央专业主管机关建立了科技专业档案馆。

（3）科技档案业务工作得到发展，企事业单位的科技档案室和科技专业档案馆大力开展各项业务建设，为经济建设和科技活动的开展提供服务。

（4）科技档案理论研究取得进展，为推动科技档案事业的建设和发展，为建设有中国特色的科技档案管理的理论体系奠定了基础，1962 年中国人民大学历史档案系技术档案管理学教研室在学习外国先进经验和本国实践发展相结合的基础上编写出版了《技术档案管理学》一书，是较为完整和系统的一项成果。

■ 第三节 我国科技档案事业的暂时停滞（1966~1976 年）和恢复期（1976~1986 年）

一、暂时停滞（1966~1976 年）

1966~1976 年的"文化大革命"期间，与其他各项事业的遭遇相同，科技档案事业也被迫停滞，甚至丧失了已取得的成果，从理论、体制到工作实践均遭受了极大损失。

二、恢复期（1976~1986 年）

1976 年 10 月，"文化大革命"结束，1978 年 12 月党的十一届三中全会召开，会议提出党和国家的工作重点应该转移到社会主义现代化建设中来，全国各行各业开始了恢复、整顿工作，科技档案事业也进入了恢复、发展的新时期。在此期间的重大行动主要有以下几个方面。

（一）全国档案工作会议召开

1979 年 4 月，国家档案局恢复，同年 8 月组织召开了全国档案工作会议。这次会议确定了档案工作"恢复、整顿、总结、提高"的具体任务，并要求尽快把各级党政机关、人民团体、企事业单位的档案工作恢复并健全起来，重建被破坏的各级档案机构及其各项规章制度和工作内容，并强调在社会主义现代化建设过程中，科技档案和科技档案工作具有十分重要的意义，应大力加强科技档案工作。

（二）第二次全国科技档案工作会议召开

1980 年 7 月，由国家经委、国家建委、国家科委和国家档案局联合召开了第二次全国科技档案工作会议，该会议是继大连会议以后第二次召开全国科技档案工作会议，该会议主要有三项任务：讨论《科学技术档案工作条例（讨论稿）》，讨论当前科技档案工作情况和面临的问题以加速科技档案工作的恢复与整顿，交流科技档案工作经验。本次会议认为当时科技档案工作中亟须解决的问题主要有以下几个。

（1）提高对科技档案工作的认识，加强领导。要搞好社会主义现代化建设，提高企业、事业单位的管理水平，必须把科技档案工作放在应有的位置上，各级人民政府要加强对科技档案工作的领导。国务院在批转这次会议报告的批文中也指出："在全国工作重点转移到社会主义现代化建设的新时期，搞好科技档案工作极为重要。国务院和省、市、自治区人民政府的工业、交通、科研、农林、地质、测绘、水文、气象、教育、卫生以及军事等专业主管机关，都要加强这方面的工作，把所属单位的科技档案管理工作，切实地领导起来。"

（2）科技档案工作应按专业实行统一管理，并将其纳入各项业务的管理范围。科技档案工作必须按专业实行统一管理，必须要纳入科研管理、生产技术管理、城市建设管理的范围。中央各专业主管机关，在制定有关法规性文件、专业技术规章、规范、制度时，应将科技档案管理的有关内容纳入其中，应将科技档案管理制度纳入到生产、科研、城市建设等管理制度之中，应将科技档案工作纳入到科研、生产计划之中。

（3）整顿、加强科技档案工作。要在企业、事业的恢复、整顿中整顿、加强科技档案工作。中央各专业主管机关可根据需要设立专业档案馆，大、中城市要建立城建档案馆，要逐步采用现代化技术管理科技档案，提高科技档案的管理水平，适应现代化建设的需要。

（4）科技档案人才队伍建设。会议希望中央和省级专业主管机关在其所属院校设立科技档案系（班），或设立中等档案专业学校，各单位都要配备一定数量的技术人员从事科技档案工作，对科技档案干部队伍要实行考核制度并评定和晋升职称。

本次会议的报告《关于全国科技档案工作会议的报告》于1980年9月被国务院批转，12月《科学技术档案工作条例》被国务院批转并由国家经济委员会、国家基本建设委员会、国家科学技术委员会、国家档案局公布施行，在科技档案法规体系中处于较高的地位。

本次全国科技档案工作会议的召开，具有重要意义。

首先，这是一次由党中央、国务院批准，由三委一局联合召开的全国科技档案工作会议，在当时我国还是第一次，充分说明了党中央、国务院对科技档案工作的重视和支持，也说明科技档案在社会主义现代化建设中的重要作用得到了认可。

其次，此次会议是继大连会议20年后再次召开的全国科技档案工作会议，会议中总结了相关的经验教训，对加速新时期科技档案事业的发展，更好地服务于社会主义现代化建设具有重要意义。

最后，本次会议讨论制定的《科学技术档案工作条例》是在《技术档案室工作暂行通则》基础上的发展和提高，是更加完备的科技档案工作法规，对当时科技档案工作的恢复、整顿和之后科技档案事业的发展、提高起到了积极的推动作用。

1976~1986年，我国科技档案事业进行了全面恢复，取得了较大成就，主要表现在以下几个方面。

（1）基层科技档案工作得到普遍恢复。在企事业单位的恢复整顿中，科技档案工作作为基础工作也同时被恢复整顿，并被纳入生产技术管理、科研管理、基本建设管理等各项管理工作之中，成为科技管理中必不可少的组成部分。

（2）城建档案馆工作得到恢复与发展。到1986年，全国146个大中城市中已有112个建立了城建档案馆，占大中城市的77%。各市政府颁布了城建档案管理办法或条例，城建档案馆集中保存了部分城建档案，对基建工作编制和验收竣工图普遍开展了监督和检查等。1982年3月，国家档案局、国家建委、国家农委联合发布了《关于建立村镇建设档案的通知》，为城建档案工作增添了新的内容。以城建档案为中心的城乡建设档案工作的内容和范围得到了一定的扩展。

（3）农业科技档案工作发展。1984年1月，农牧渔业部召开全国农业科技档案工作座谈会，随后颁布了《农牧渔业科学技术档案管理办法》，农业科技档案工作在全国开展起来，结合农业科学技术和各地区不同条件与特点，农业科技档案工作在实践中进行了创新，尤其是为农村专业户建立档案工作，更是作为一种新生事物，得到普遍的重视和推广。

（4）科研档案管理逐步走向制度化、规范化。自从实行科技体制改革，科研档案管理与各项科研管理，如计划管理、成果管理、课题管理等结合得更加紧密。1985年年底，根据国家科委、国家档案局联合通知的要求，对科研项目文件归档工作进行了检查，促使科研档案管理走向制度化、规范化。

（5）各种专业科技档案工作逐步建立。例如，在各类自然资源调查中，在国家重点建设工作中，在轻纺和传统工艺行业生产中，以及在气象、水文、地质、地震、测绘、海洋环境保护等专业性非常强的部门中，逐渐建立、健全了各专业的科技档案工作。

（6）经济特区、沿海开放城市和合资、合作企业的科技档案工作以及对外经济技术的贸易、交流和合作中的科技档案管理都得到了一定的发展，为生产、科研活动提供了依据和条件，提高了经济效益和社会效益。

这一时期，全国科技档案事业从微观到宏观、从理论到实践，得到了普遍的恢复和全面发展，表现出以下特点。

首先，科技档案工作的地位和作用逐渐被人们熟知和认可。企业、事业单位的科技档案工作与各项管理工作紧密结合，在积极参与企事业单位科技活动的同时，提高了管理水平，取得了社会效益和经济效益，引起了人们的广泛关注和认可。

其次，科技档案工作为现代化建设服务的方向更加明确。随着党和国家工作重点向现代化建设的转移，科技档案工作也应积极服务于现代化建设，作为一种科技成果和科技资源，需要档案部门将其完整、准确、系统地保存，并为科技活动提供参考、依据，科技档案部门在提供服务中也在不断创新。

再次，科技档案工作的作用范围不断扩展。与以往科技档案工作主要存在于大中城市和大中型企事业单位以及重要的科技领域不同，该阶段科技档案工作向中小城市、中小企业、事业单位以及农业、轻纺工业等领域广泛扩展。

最后，科技档案的学术研究水平不断提高。除了对基础理论的持续研究，该阶段还进行了若干新问题的探讨，如科技档案同生产力的关系，科技档案同物质文明和精神文明建设的关系，科技档案现代化管理等问题，不断提高的学术研究为实践快速健康发展提供了理论指导。

第四节　我国科技档案事业的调整转型（1986～1996年）

1986年以后，我国经济体制改革逐步进入了实质性阶段，特别是1992年以后，社会主义市场经济体制逐步建立和完善，国民经济建设呈现出突飞猛进的发展势头。在此期间，科技档案事业也进行了深刻的调整和探索。在已有基础上取得了以下几个方面的成果。

（一）第三次全国科技档案工作会议召开

经过恢复、整顿，各级科技档案机构得到充实与加强，但在新的时代背景下，如何管好、用好在计划统计、经营销售、物资供应、财务管理、劳动人事等活动中形成的大量档案，如何更好地开展科技档案工作是科技档案工作者面临的一个难题，为了总结恢复期的工作经验，解决新问题，1986年12月国家档案局、国家经委、国家科委、国家计委联合组织召开了全国科技档案工作会议，会议的中心议题是基层企事业单位档案的综合管理及科技档案资源的开发利用。本次会议讨论通过了四个文件，分别为《国营企业档案管理暂行规定》《科学技术研究档案管理暂行规定》《基本建设工程项目文件归档范围》《开发利用科技档案信息资源暂行办法》，这四个文件都由国家档案局会同有关主管机关联名正式颁发，如《国营企业档案管理暂行规定》是由国家档案局与国家经委、国家计委印发的，《科学技术研究档案管理暂行规定》是由国家科委和国家档案局印发的。

第三次全国性科技档案工作会议是我国科技档案事业发展史上的一个转折点，它标志着我国的科技档案工作为适应国家经济体制改革的需要，由原来单一门类档案的管理，拓展为以科技档案为主体的多门类档案综合管理，从而实现档案信息资源的综合开发利用；标志着基层单位的科技档案工作，在恢复、整顿的基础上，向着规范化、现代化管理方向迈进；标志着科技档案资源的开发利用工作进入了一个更高的层次，并开始与技术商品和技术市场的管理要求逐渐接轨。《国营企业档案管理暂行规定》是我国第一个专门以企业档案工作整体为规范内容的法规性文件，第一次提出了企业档案和企业档案工作的概念，规定了企业档案管理和企业档案信息开发利用等问题，对于规范企业档案工作，提高企业档案工作者素质起到了积极的推动作用，具有重要的现实意义。

（二）企业档案管理的升级

1986年7月颁发了《国务院关于加强工业企业管理若干问题的决定》，制定出"抓管理、上等级、全面提高素质"的规划。根据这一部署，国家档案局于1987～1992年，在全国范围内开展了企业档案管理升级活动。1987年6月，国家档案局与国家经委、国家计委、国家科委联合印发了经国务院批准的《关于加强科学技术档案工作的意见》（以下简称《意见》），并指出在企业管理升级工作中，要把企业档案管理列入企业基础管理工作予以加强，同企业管理升级工作紧密衔接，纳入计划，完善管理，全面提高企业素质。《意见》明确提出了应将企业档案工作纳入到企业管理升级中，这为企业开展档案管理升级活动提供了基本依据。国家档案局于 1987 年 7 月制订了《企业档案管理升级试行办法》，随后又颁布了《企业档案管理升级评审工作程序》等一系列相关的指导性文件和工作标准，保证了企业档案管理升级工作的顺利进行。企业档案管理升级工作是以企业科技档案为主体，包括管理、经营、财务、劳动人事等档案在内的综合性升级达标活动，其目的是通过升级强化企业档案工作的整体素质，使企业档案工作更有效地服务于企业的发展需要。

企业档案管理升级工作取得了一系列重要成果。

（1）强化了企业的档案意识，进一步明确了企业档案工作的领导关系，使企业档案工作纳入领导的议事日程，纳入企业发展规划和企业计划。

（2）实现了企业档案的综合管理，绝大部分企业都建立了档案综合管理机构，对企业的各种档案资源实行集中统一管理和综合开发利用。

（3）完善了企业档案工作的基础建设，在升级过程中企业为档案部门解决了库房、设备、档案装具等基础问题，部分企业提升了档案现代化管理水平，提升了归档、收集、分类、著录等业务工作水平，健全了管理制度的建设。

（4）提高了企业档案人员的专业水平，各级专业主管部门和档案教育培训部门对档案人员进行了多次培训，企业档案人员也在实践中不断提高自己的业务水平和思想水平。

（5）提高了企业档案开发利用工作水平，普遍开展了档案编研工作，增强了利用工作的实效性，对档案利用反馈信息和利用效果信息进行了收集，优化了档案提供利用工作。

（6）促进了全国科技档案事业的发展，城建档案馆大批涌现，国家重点建设工程档案管理纳入了基建程序，大型科学考察项目的科研成果信息进入技术市场，农林、气象、地质、测绘和医疗卫生等行业的科技档案工作也取得了长足的进展。

总之，全国范围的企业档案管理升级工作积极地配合了国家加强企业管理和提高企业素质的统一部署，全面增强了企业档案工作的实力，推动了整个国家科技档案事业的发展。

（三）《中华人民共和国档案法》的颁布实施

1988 年 1 月 1 日，《中华人民共和国档案法》正式施行，这是我国档案事业发展进程的重要的里程碑，标志着我国的档案工作从此走向了法制化轨道。《中华人民共和国档案法》是根据我国国情，把党和国家关于档案工作的方针、政策以及档案工作多年积累的实践经验以法律的形式固定下来，是档案工作（包括科技档案工作）的基本法律依据。1990 年 10 月 24 日，经国务院批准、国家档案局发布了《中华人民共和国档案法实施办法》，对贯彻执行《中华人民共和国档案法》做出了更加明确、具体的规定。《中华人民共和国档案法》和《中华人民共和国档案法实施办法》对我国科技档案事业的发展产生了重大影响。

（四）全国首届企业档案工作会议的召开

20世纪90年代，特别是党的十四大和第八届全国人民代表大会以后，我国的经济体制进入了转换经营机制、建立现代企业制度和实行社会主义市场经济体制的新时期。为了研究新形势下企业档案工作的任务和特点，使企业档案工作适应国家经济体制的变化，国家档案局和国家经贸委于1995年7月联合召开了全国首届企业档案工作会议，并重点讨论了以下问题。

（1）明确了企业档案工作管理体制。企业档案工作在档案行政管理部门的宏观管理下，依靠现有企业主管部门，形成档案行政管理部门与企业管理部门密切配合、分级管理与属地管理相结合的管理体制。企业内部的档案管理体制应坚持集中统一管理和分级负责的原则，并且应在便于保管和便于利用的前提下具体执行。

（2）关于开展企业档案工作目标管理活动。决定在全国开展企业档案工作目标管理活动，目的是进一步提高企业档案工作的整体素质和水平，更好地为企业服务。与会代表对国家档案局拟定的"企业档案工作目标"进行了讨论并提出进一步完善的意见。

（3）关于建设企业档案馆的问题。应从建馆条件和标准等方面调控、引导企业档案馆的建设，鼓励具备条件的企业建设企业档案馆，控制不具备条件的企业建馆。对企业档案馆的职能、条件、标准和登记审批制度进行了研究。

（4）关于做好档案业务基础工作和积极开发档案信息资源为企业提供利用的问题。确定了企业档案业务基础工作和开发利用工作的内容范围，明确了企业档案工作人员做好上述两方面工作的基本要求。

（5）关于经济体制改革和企业改革中企业档案工作面临的新情况、新问题的研究，包括企业档案与企业资产的关系，兼并、破产后企业档案的归属流向，企业集团和股份制企业档案工作的管理问题等。

1986～1996年，我国经济改革持续进行，经济体制发生重大变革，为配合国家各项政策和措施，根据科技档案事业发展的具体情况，统一部署了工作任务和实施办法，使科技档案事业在适应改革开放新形势的前提下为国家经济建设服务，并获得自身的进一步发展。同时以企业档案工作的改革与发展为龙头，初步实现了企业档案管理的综合化、规范化、标准化和现代化，深化了科技档案资源的开发利用，为科技档案资源的社会化服务创造了必要条件，推动档案事业的总体进步。《中华人民共和国档案法》《中华人民共和国档案法实施办法》《国营企业档案管理暂行规定》《科学技术研究档案管理暂行规定》等一系列法律法规的发布，标志着我国的科技档案事业开始走上法制化轨道。新技术、新理论在科技档案工作实践中得到应用，科技档案的理论研究得到突破，科技档案专业教育层次日趋完善，科技档案工作人员的素质进一步提高。

第五节　我国科技档案事业的持续改革发展（1997年至今）

20世纪90年代中后期，我国的经济体制改革和政治体制改革持续进行，现代企业制度的建设、全球一体化加剧以及快速发展的信息技术等，对已经建立起来的科技档案事业产生重要影响，需要科技档案的管理思维、管理体制、管理机制、管理手段等持续改进，以适应、融入企业制度和科技制度的建设，与国家的经济体制和政治体制改革同步、同向发展。

（一）企业档案工作改革

20 世纪 90 年代后期，为深化社会主义市场经济体制，逐渐建立并完善了现代企业制度，一方面国有企业仍然是国民经济发展的中坚力量，是中国特色社会主义现代化建设的支柱，另一方面，集体所有制企业、民营企业、三资企业等多种所有制形式的企业也成为社会生产力发展的重要力量，对于全面建设小康社会和加快社会主义现代化进程具有重大的战略意义。为适应改革发展的需要，国家档案局及有关主管部门不断研究新形势、新问题，对国有企业等主体的档案工作进行引导和规范，进一步完善了制度体系建设。

1. 《企业档案工作规范》的制定

《企业档案工作规范》（DA/T 42—2009）是国家档案局于 2009 年 11 月发布，2010 年开始实施的行业性标准。该标准是在大量调查研究的基础上，充分尊重企业的内外部环境，并充分考虑新技术、新理念在企业及企业档案工作中的运用情况，对各类型企业档案工作都具有较强的指导意义。该标准主要包括档案工作总则、档案工作组织、档案工作制度、档案业务工作、档案信息化建设、档案工作设备设施等几大部分，覆盖了企业档案工作的各个方面。

2. 《企业文件材料归档范围和档案保管期限规定》的发布

《企业文件材料归档范围和档案保管期限规定》于 2013 年开始施行，该规定为企业界定文件材料归档范围，准确划分档案保管期限，促进企业依法经营和规范管理提供指导，着眼于归档范围和保管期限这两个基础问题、关键业务进行了系统的规定。本规定共包括 21 条，在对企业文件材料外延进行限定的基础上，明确了需归档的范围和不可归档的范围，对企业中应该永久保管和定期保管的企业档案进行了系统的梳理，并附有企业管理类档案保管期限表，具有较强的现实操作性。

3. 《企业电子文件归档和电子档案管理指南》的发布

随着企业信息化水平的提高，信息技术在企业生产、运作中日益普遍、深入，作为新型的社会记录——电子文件大量产生，而如何管理、利用好企业电子文件便成为 21 世纪档案工作者必须要面临的挑战。为加强企业电子文件归档和电子档案管理工作，国家档案局于 2015 年印发了《企业电子文件归档和电子档案管理指南》，该指南总结了部分企业开展电子文件归档和电子档案管理的经验，为各企业的实践提供参考。指南以电子文件归档和电子档案管理流程为主线，共包括总则，管理机制，电子文件归档范围与电子档案保管期限表，电子档案管理系统建设与运行维护，电子文件归档管理的前端控制与归档接口，电子文件收集、鉴定与整理，电子档案存储、保管、利用、处置，电子档案管理过程中真实性和长期可用性保障，元数据管理，电子档案管理过程中的安全与保密，电子文件归档和电子档案管理策划等。该指南就企业开展电子文件归档和电子档案管理工作的要求、步骤和方法进行了全面、系统的阐述，具有较强的现实操作性，对企业实践具有指导和参考意义。

4.《企业境外档案管理办法》的印发

随着全球经济一体化的纵深发展，跨国经营成为当今企业发展的重要战略。企业跨国经营是指企业以国际市场为导向，直接对外投资，在国外设立分支机构，广泛利用国内外资源，在一个或多个领域从事生产经营活动。跨国经营使企业摆脱了地域限制，成为面向整个世界的国际企业。而境外企业的档案工作对于维护国家利益和企业合法权益，应对突发事件，保守国家机密、企业机密都有重要意义。为此，国家档案局于 2018 年印发了《企业境外档案管理办法》，以规范企业境外档案管理。办法共包括六章三十四条，包括总则、管理职责与人员、文件材料的形成与归档、境外档案管理、奖励与责任追究、附则等内容。

5.《关于促进民营企业档案工作发展的意见》的印发

民营企业档案工作是国家档案事业的重要组成部分，做好民营企业档案工作是民营企业自身持续性发展、国民经济健康稳步发展的客观需要。2006 年，国家档案局、国家发展和改革委员会、中华全国工商业联合会共同制定了《关于促进民营企业档案工作发展的意见》，从充分认识做好民营企业档案工作的重要意义、鼓励支持和引导民营企业建立健全档案工作、促进民营企业档案管理水平不断提高等方面为推动和引导民营企业档案工作的健康发展，为非公有制经济持续健康发展，促进民营企业档案工作发展提出意见。

除了要不断研究新形势、新问题，科技档案管理中的"老问题"也会有新的表现，为此，国家档案局以及相关主管部门已经出台的一些法律、法规、标准、政策也在不断更新，如《中华人民共和国档案法》于 1987 年颁布以来，经历了 1996 年修正、2006 年修正和 2020 年的修订，并于 2021 年 1 月 1 日开始施行新修订的《中华人民共和国档案法》。《科学技术研究档案管理规定》于 2020 年 11 月开始施行，同时由国家科学技术委员会、国家档案局于 1987 年发布的《科学技术研究档案管理暂行规定》被废止。自 1989 年《科学技术档案案卷构成的一般要求》（GB/T 11822—1989）首次发布后，分别在 2000 年、2008 年进行了修改，目前正在施行的《科学技术档案案卷构成的一般要求》（GB/T 11822—2008）对案卷规范化管理的概念、原则、方法、规格、工作流程进行了更为科学的规定。

1997 年，国家档案局会同国家计委颁布了国家重点建设项目档案管理登记办法，以促进国家重点建设项目档案管理的规范化和标准化，保障国家重点建设项目档案的完整、准确和系统，为实现重点项目档案的科学管理，保证建设项目在投产后拥有高质量的生产运作和项目管理依据，奠定了制度基础。2002 年，经国家档案局提出和组织起草，国家质量技术监督局发布了《国家重大建设项目文件归档要求与档案整理规范》（DA/T 28—

2002），该标准对国家重大建设项目文件归档和档案整理提出了要求与方法，为国家重大建设项目的新建、扩建、改建和技术改造的竣工文件编制、档案整理及竣工档案验收提供了依据。

（二）电子文件管理的理论研究与实践探索日渐成熟

电子文件作为计算机环境下的"新事物"，随着云计算、大数据技术、物联网、人工智能等技术在各个行业领域运用日渐深入，逐渐成为记录科技活动的主要趋势，以电子文件为对象的理论研究和实践探索在经历了电子文件认知、电子文件与纸质文件双套制、双轨制、单套制等阶段探索逐渐成熟，并取得了与纸质文件相同的法律效力。中国人民大学电子文件管理研究中心自 2010 年成立以来，已经连续多年主办中国电子文件管理论坛，会议召开的情况汇总如表 6-1 所示。

表 6-1　中国电子文件管理论坛会议情况

届次（时间）	会议主题	地点
首届中国电子文件管理论坛（2010 年）	中国人民大学电子文件管理研究中心成立	北京
第二届中国电子文件管理论坛（2011 年）	电子文件管理的制度建设	北京
第三届中国电子文件管理论坛（2012 年）	世界经验和中国路径——电子文件管理的新发展	常州
第四届中国电子文件管理论坛（2013 年）	电子文件管理的长期保存	北京
第五届中国电子文件管理论坛（2014 年）	信息系统环境中的文件与档案管理	北京
第六届中国电子文件管理论坛（2015 年）	数字记忆：构建、认同与传承	北京
第七届中国电子文件管理论坛（2016 年）	电子文件管理十年：回顾与展望	北京
第八届中国电子文件管理论坛（2017 年）	新技术环境下的电子文件管理创新	北京
第九届中国电子文件管理论坛（2018 年）	从双轨到单轨——国家信息化战略背景下的电子文件管理	北京
第十届中国电子文件管理论坛（2019 年）	从数字化到数据化：电子文件管理的纵深发展	北京
第十一届中国电子文件管理论坛（2020 年）	数据管理深度融合下的电子文件管理	北京
第十二届中国电子文件管理论坛（2022 年）	深耕内容——电子文件管理深化与服务升级	腾讯网络研讨会在线会议

信息来源：电子文件管理公众号

由表 6-1 可以看出，电子文件管理得到了持续的关注，各届会议的主题反映出理论研究与实践探索的齐头并进，对电子文件及其管理从最初的困惑、认知到实践摸索探寻再到当前的信任与拥抱。在每一届的中国电子文件管理论坛中，针对当时电子文件管理中的棘手问题、重大挑战、典型现象，国内与国外、学术与实践都会展开多视角、多维度的讨论、交流，进而推动电子文件管理的巨大进步。

20 世纪 90 年代中后期，我国的经济体制改革和政治体制改革的持续深入也要求国家的科技档案事业持续改革，一方面，正在从整体上融入现代企业制度和科技制度的大环境中，改革与当代管理思维和管理手段不一致之处，另一方面，充分发挥国家对科技档案事业的宏观调控作用，充分运用法律法规、标准等手段，实现依法治档。另外，科学技术发展日新月异，科技档案的内容、科技档案的产生与管理也与以往有很大不同，尤其是电子文件作为科技活动记录的主要手段，档案工作实践面临许多前所未有的问题和挑战，因此，档案学会、档案科研机构、档案实践部门等针对科技档案工作中的新问题和新现象，以科研项目、出版专著、论文发表等多种形式进行了科学研究，以促进实践的规范性、科学性，理论与实践互相促进，紧密结合。

课后思考题

1. 简述我国科技档案事业萌芽期的主要表现。

2. 我国科技档案事业初步建立时期取得的成就主要体现在哪些方面？

3. 1976～1986 年，我国科技档案事业取得的较大成就是什么？这一时期全国科技档案事业有什么特点？

4. 简述 1986～1996 年我国科技档案事业取得的成果。

5. 如何看待 1997 年至今我国科技档案事业的发展？

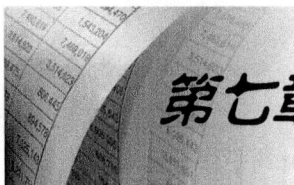

第七章

科技档案事业的组织与管理

本章内容概要： 介绍科技档案事业管理体制的演变与发展，探讨科技档案事业组织系统的构成以及科技档案工作者队伍的建设，详细阐述了如何通过依法治理、规划管理和标准化管理加大对科技档案事业的科学管理以促进科技档案事业的健康发展。

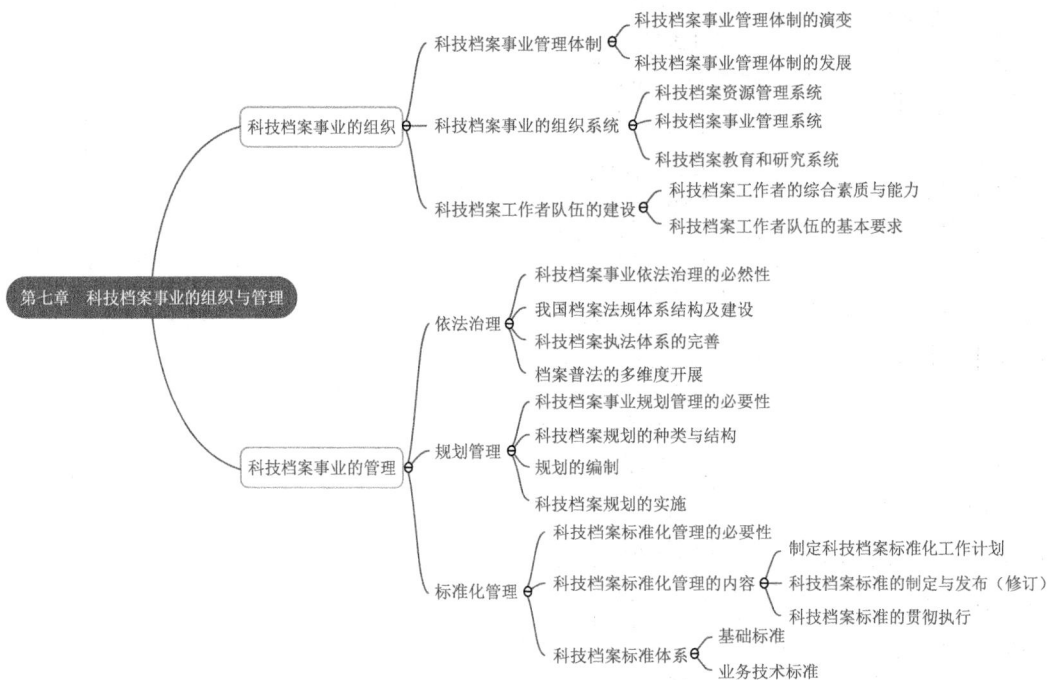

```
                                                            ┌─ 科技档案事业管理体制的演变
                                          ┌─ 科技档案事业管理体制 ─┤
                                          │                  └─ 科技档案事业管理体制的发展
                                          │                  ┌─ 科技档案资源管理系统
                         ┌─ 科技档案事业的组织 ─┼─ 科技档案事业的组织系统 ─┼─ 科技档案事业管理系统
                         │                │                  └─ 科技档案教育和研究系统
                         │                │                  ┌─ 科技档案工作者的综合素质与能力
                         │                └─ 科技档案工作者队伍的建设 ─┤
                         │                                   └─ 科技档案工作者队伍的基本要求
                         │                                   ┌─ 科技档案事业依法治理的必然性
                         │                           ┌─ 依法治理 ─┼─ 我国档案法规体系结构及建设
第七章 科技档案事业的组织与管理 ─┤                           │       ├─ 科技档案执法体系的完善
                         │                           │       └─ 档案普法的多维度开展
                         │                           │       ┌─ 科技档案事业规划管理的必要性
                         │                           ├─ 规划管理 ─┼─ 科技档案规划的种类与结构
                         └─ 科技档案事业的管理 ─┤           │       ├─ 规划的编制
                                              │           │       └─ 科技档案规划的实施
                                              │           │                  ┌─ 制定科技档案标准化工作计划
                                              │           │       ┌─ 科技档案标准化管理的必要性
                                              │           └─ 标准化管理 ─┼─ 科技档案标准化管理的内容 ─┼─ 科技档案标准的制定与发布（修订）
                                              │                   │                  └─ 科技档案标准的贯彻执行
                                              │                   │       ┌─ 基础标准
                                              │                   └─ 科技档案标准体系 ─┤
                                              │                           └─ 业务技术标准
```

第一节　科技档案事业的组织

科技档案事业是以管理和开发科技档案信息资源、服务国家经济建设及其他各项事业为宗旨，由科技档案事业管理工作、基层科技档案工作、科技专业档案馆工作、科技档案专业教育、科技档案科学技术研究等各个部分组成的一项事业系统。科技档案事业的组织，就是按照科技档案工作的目的、任务，把科技档案事业的各个组成要素、环节、方面科学合理地组织起来，使之成为一个有机整体的过程。

一、科技档案事业管理体制

科技档案事业管理体制主要是指科技档案工作的组织体系、运行机制和管理形式。我国科技档案事业的管理体制，包括宏观和微观两个层面，其中宏观层面是从国家、地区和专业系统的角度确立对科技档案事业的宏观管理职能、组织原则和运行机制，主要表现在档案主管部门和专业主管机关对科技档案工作的统筹规划、组织协调、统一制度以及监督指导。微观层面是从组织机构自身的角度确定本单位科技档案工作的微观管理模式、组织体系、运行机制和基本管理形式，表现在科技档案管理职能定位、隶属关系、组织体系框架、管理方式等方面。

（一）科技档案事业管理体制的演变

我国科技档案事业管理体制受到国家经济体制、政治体制改革的影响和制约，也就是说科技档案事业管理体制需要与国家政治、经济、文化环境相适应，随着我国经济体制改革和政治体制改革逐渐深入，科技档案事业管理体制也不断地发展演化，逐渐形成具有中国特色的科技档案管理体制。

1949～1953 年国民经济恢复的任务完成后，我国进入了第一个五年计划时期。1954～1965 年，国务院和国家档案局发布了一系列有关建立和加强技术档案资料管理的文件，初步形成了我国科技档案工作的管理体制。在 1957 年 9 月国务院全体会议第 57 次会议批准发布的《关于改进档案、资料工作的方案》中，在周恩来总理签发的《国务院关于改进企业、事业、机关等单位接受学校师生前往参观、学习、进修等工作和为科学研究提供资料工作的指示》中，在 1961 年 9 月颁布的《国营工业企业工作条例（草案）》中，在 1962 年 6 月 15 日国务院批转的国家档案局《关于工业企业技术档案工作的报告》中，都不同程度地提出了档案事业管理机关和专业主管机关应加强对技术档案资料工作的指导和领导问题。

1960 年 2 月国务院在批准的《技术档案室工作暂行通则》和 1964 年 3 月中共中央、国务院批转的国家档案局《关于进一步加强技术档案工作的报告》中对企业内部技术档案管理的领导、隶属关系和管理形式，以及企业外部对技术档案管理的领导和指导关系作了更具体、更明确的规定，基本确立了"条块"结合，以"条"为主的科技档案宏观管理体制（其中"条"指专业系统，"块"指区划）。《关于进一步加强技术档案工作的报告》明确要求各工业、交通和科学技术主管机关应当切实加强对技术档案工作的领导。由于技术档案的主要特点是专业性强、数量大，与生产、建设和科学技术研究工作联系很密切，因此必须实行按专业统一管理的办法。

党的十一届三中全会以来，党中央、国务院和有关部门作出了一系列关于恢复档案工作的决定，1980 年 12 月，国务院批准国家经委、国家建委、国家科委和国家档案局发布实施《科学技术档案工作条例》，国家以档案法规的形式全面规定了科技档案工作管理体制。《科学技术档案工作条例》专设"科技档案工作管理体制"一章，其中第二十六条规定："国家档案局和各级档案管理机关应当加强对科技档案工作的指导、监督和检查。"第二十七条规定："科技档案工作必须按专业实行统一管理。国务院所属的各专业主管机关和省、自治区、直辖市人民政府所属的各专业主管机关，应当建立相应的档案机构，加强对所属企业、事业单位科技档案工作的领导。"由此，"条块结合"的科技档案管理体制确立，即在国家档案局的统一掌管下，按专业实行统一管理，中央和地方各级专业主管机关对所属系统的科技档案工作实行领导和指导，国家各级档案行政管理部门实行指导、监督和检查的管理体制。这一体制的确立是在充分认识科技档案和当时国家发展背景的基础上形成的，是非常必要和科学的，对于促进国家科技档案事业的发展有着重要意义。

自 20 世纪 90 年代中后期以来，国家为深化社会主义市场经济体制，建设现代企业制度，调整政府与企业的关系，进行了重大的体制改革和机构调整，原有主管各工业行业的大部委，均被撤销或调整。随着国家经济体制和科技体制改革的深入发展，科技档案管理出现了以下两个明显的变化。

（1）城市和地方档案行政管理部门的监管权力加大。城市和地方档案行政管理部门的监管权力加大，原因主要有以下四点：一是原来直属于中央各专业主管部门的企事业单位已经部分或全部下放到地方，进一步密切了这些单位与所在城市和地方的联系，城市和地方档案行政管理部门必然强化对它们的科技档案工作的监督和指导。二是随着国家工作重点的转移，发展经济与繁荣科学技术成为城市和各级地方政府的主要任务，由此形成了大量反映城市和地方技术经济活动的基建档案、设备档案、科研档案以及其他科技档案，城市和各级地方政府必然要加强对本城市和本地区科技档案工作的领导与指导。三是改革开放以来，中外合资及外商独资企业明显增加，《中华人民共和国中外合资经营企业法》规定："合资企业一切活动应遵守中华人民共和国法律、法令和有关条例规定。"《中华人民共和国中外合资经营企业法实施条例》进一步明确："中国合营者的政府主管部门就是合营企业的主管部门"，"企业主管部门对合营企业负指导、帮助和监督的责任"，合资企业结束或解散后，其"各项账册及文件应由原中国合营者保存"，因此加强对合资企业档案工作的指导、监督和检查也成为城市和地方档案行政管理的重要内容。四是经济体制改革使我国所有制形式呈现出多样性的特点，涌现出一批从事科研、设计、技术咨询的民营或私营企业，特别是实行现代企业制度以后，根据属地原则，城市和各级地方档案行政管理部门对原有的一批国有企业也负有指导、监督的职责。

（2）由于科技档案的专业性较强，投资主管部门和专业（行业）主管部门仍然承担着比较繁重的监督和管理任务。面对新的环境和形势，科技档案管理体制也发生了新的变化。

（二）科技档案事业管理体制的发展

当前我国的科技档案管理体制是：在国家各级档案主管部门的监督、指导下，以法律法规为依据，投资主管部门和专业（行业）主管部门加强对核准投资项目或所属企事业单位科技档案工作的监督、指导、协助和咨询，企事业单位或投资主体对科技档案实行集中或分级管理。

相对于以往的科技档案管理体制，新的管理体制更加灵活，更加适应不断改革的经济体制和科技体制，其内容主要包括以下几个部分。

（1）国家各级档案主管部门对科技档案工作实行监督和指导，强化"属地管理"。国家档案局是我国档案事业的最高管理机关，根据国家法律处理我国档案事业建设和发展中的一切重大问题。科技档案是档案的一个重要门类，科技档案工作是我国档案事业的重要组成部分，因此，我国的科技档案工作由国家档案局统一掌管。

国家档案局对科技档案事业的管理主要体现在"统筹规划，组织协调，统一制度，监督和指导"几个方面，通过制定和完善有关科技档案工作法规制度、标准，使科技档案工作在国家档案事业发展的方针、政策、计划的指导下，协调、健康发展。除此之外，国家档案局还要对中央所属企业的科技档案工作进行直接监督和指导。

《中华人民共和国档案法》第八条规定："县级以上地方档案主管部门主管本行政区域内的档案工作，对本行政区域内机关、团体、企事业单位和其他组织的档案工作实行监督和指导。"这是科技档案管理体制的重要组成部分。随着国家经济体制的改革，以城市为依托的地方经济与技术有了很大的发展，城市和地方的科技档案与科技档案工作出现了新情况，进一步显示了"属地管理"科技档案工作的重要性。

（2）强化科技档案依法治理。在社会主义市场经济逐步纳入法治化轨道后，依法行政成为国家各级政府机关实施行政权力的主要形式。科技档案依法治理强调的是在科技档案工作中，以档案法学理论为精神内核，贯彻包括档案法规体系以及中国法律体系中其他有关档案的条款在内的法律法规，并严格执行这些法律法规以及规章制度，进而达到人们的档案权利得到保障，档案诉求得到解决，全民知法懂法守法的和谐状态。国家各级档案主管部门应根据《中华人民共和国档案法》和科技档案工作的有关法律法规，对科技档案工作实行监督、指导和检查，属地内任何企事业单位应依法自觉接受当地档案主管部门的监督、指导和检查。

（3）投资主管部门和专业（行业）主管部门加强对核准投资项目或所属企事业单位科技档案工作的监督、指导和协助、咨询。2004年9月，国家发展和改革委员会颁布《企业投资项目核准暂行办法》，明确国务院投资主管部门是国家发展和改革委员会，地方政府投资主管部门是地方政府发展改革委（计委）和地方政府规定具有投资管理职能的经贸委（经委）。《企业投资项目核准暂行办法》规定："企业投资建设实行核准制的项目，应该按国家有关要求编制项目申请报告，报送项目核准机关。项目核准机关应依法进行核准，并加强监督管理。"各投资主管部门应加强对核准投资项目科技档案工作的监督和指导。

各级国有资产监督管理部门应加强对国有企业档案工作的监督和指导，以防止国有企业档案在资产重组和产权变动过程中流失。各主管部门应加强对所属企事业单位科技档案工作的监督和指导。各行业组织应强化对本行业内相关单位科技档案工作的指导、协助或咨询工作。

投资主管部门和专业（行业）主管部门应该研究市场经济条件下科技档案管理体制

的变化及其特点，积极采用法律、经济、教育等手段实行重点监控与自主管理相结合，进一步发挥行业部门或协会对科技档案工作的宏观调控和指导职能。

（4）企事业单位或投资主体对科技档案实行集中或分级管理。《中华人民共和国档案法》第九条规定："机关、团体、企事业单位和其他组织应当确定档案机构或者档案工作人员负责保管本单位的档案，并对所属单位的档案工作实行监督和指导。"《科学技术档案工作条例》规定各单位应当按照集中统一管理科技档案的基本原则，建立、健全科技档案工作，达到科技档案完整、准确、系统、安全和有效利用的要求，因此各企事业单位应对本单位的科技档案实行集中或分级管理。

在经济体制改革以前，投资基本上属于国家行为，随着市场经济体制的建立，投资主体呈多元化趋势，投资主体是指具有相对独立投资权力的政府机构、经济实体和个人。目前我国的投资主体主要有中央政府、地方政府、企业、个人、外国投资主体。由于投资主体的多元化及投资体系的多样性，企业可以根据自身的具体情况确定科技档案工作的微观管理模式、组织体系、运行机制和基本管理形式，对本企业的科技档案实行集中管理或分级管理。

二、科技档案事业的组织系统

作为国家的一项专门事业，科技档案事业是由承担不同任务的子系统构成的有机整体，各个子系统既因任务不同而相互区别，又因同属于一个整体而互相依存、密切配合，构成了国家科技档案事业的组织系统。主要包括：科技档案资源管理系统、科技档案事业管理系统、科技档案教育和研究系统。其中，科技档案资源管理系统由企事业单位科技档案管理部门和各级各类科技专业档案馆构成，承担着科技档案资源建设和开发利用的职能。科技档案事业管理系统由国家各级档案主管部门和专业主管部门构成，承担着科技档案事业的宏观管理职能。科技档案教育和研究系统由学校教育、研究系统和在职教育、研究系统构成，包括国家、地方和各专业所属的不同层次的科技档案教育机构和档案科学研究机构，承担着培养科技档案专门人才，进行科技档案管理理论与技术方法研究的职能。

（一）科技档案资源管理系统

1. 基层科技档案管理机构

（1）基层科技档案管理机构的性质和定位。

基层科技档案管理机构是我国最基本的档案机构形式，是科技档案事业的基础。首先，基层科技档案管理机构是企事业单位设置的管理科技档案的职能部门，对企事业单位的科技工作和管理工作具有重要意义。科技档案产生于科技生产活动，基层科技档案管理机构通过收集、管理本单位的科技档案并面向企事业单位的利用者提供服务，通过基层科技档案管理机构融通档案的生成端与使用端，发挥科技档案的现实作用。其次，基层科技档案管理机构是企事业单位的科技管理部门，由于科技档案工作科技管理性，这类机构一般都设置于企事业单位负责人或总工程师的直接领导之下，基层科技档案管理机构的水平直接影响企事业单位科技生产活动的质量与经济效益，直接影响企事业单位的科技管理水平。最后，基层科技档案管理机构是国家科技档案工作的基础，对保证科技专业档案馆馆藏的来源和质量具有决定性的作用，是整个国家科技档案事业巩固与发展的基础。

（2）基层科技档案管理机构的类型。

《科学技术档案工作条例》规定："大中型企业、事业单位要设立直属的科技档案机构；小型企业、事业单位可以设立单独的科技档案室，也可以设立文书档案和科技档案统一管理的档案室，或配备专（兼）职人员管理。"随着科技档案事业的发展和科技体制、企业制度的改革，在企事业单位逐渐形成了下列四种科技档案管理机构。

第一为综合性档案机构，是指企事业单位内部设置的统一管理科技档案和其他各门类档案的档案机构，如档案室、档案中心、档案馆等。综合性档案机构的优势在于适应规模发展的需要，便于集中统一地管理一个单位的全部档案资源，实现档案资源的综合管理和综合开发利用，有利于加强对档案工作的领导。

第二为专门的科技档案机构，是指企事业单位设立的专门管理科技档案的机构，由于科技档案是企事业单位档案的主体，与科技、生产及管理工作关系密切，专门的科技档案机构一般都置于科研或生产技术的指挥系统，便于与科技、生产工作相协调，及时为科技、生产提供服务。

第三为信息一体化机构，是指对包括科技档案在内的所有的信息资源实行统一管理的信息机构，一般称为信息中心或信息部，这种机构的优势是有利于各种科技信息的综合利用，便于专业信息的交流，便于对科技信息管理工作的统一领导，适应企事业单位精简机构的要求。

第四为知识管理机构，是指对包括科技档案在内的显性知识和隐性知识实行统一管理的机构，这是适应知识经济发展的一种新型管理机构，其优点是对企业知识资源进行统一管理、挖掘和利用，该机构有多种设置形式，如知识中心、知识管理部、知识资源管理中心等。

（3）基层科技档案管理机构的组织形式。

基层科技档案管理机构的组织形式主要有两种：一种是集中管理的形式，也就是企事业单位内部只设立一个档案机构，将所有档案全部集中起来，实行完全意义上的集中管理，对综合性档案机构而言，就是由一个机构将各种档案集中起来进行管理；对专门的科技档案机构而言就是设一个科技档案机构，将产品档案、设备档案、基建档案等不同种类的科技档案集中起来管理；对知识管理机构而言就是建立统一的知识库系统，构建一个统一的知识管理平台。另一种是集中领导分级管理的形式，是在企事业单位设置两级以上（含两级）的档案机构，除设置总档案室（处、科）或中心档案室外，还下设若干档案分室，在统一领导下按照统一的制度和统一的管理方法，对档案实行多级管理。以专门的科技档案机构为例，可以设总科技档案机构保管重要的或主要的产品档案、科研档案等，将某种使用针对性比较强的科技档案在其利用者比较集中的地方设置诸如工艺档案分室、基建档案分室等。对信息一体化机构而言，则可以在信息中心或信息部之下设置科技档案分室、科技图书分室等。

上述基层科技档案管理机构的类型和组织形式，各具特色，各有所长，企事业单位需要根据科技档案工作的基本原则，从本单位实际情况出发，结合管理体制、规模、科技档案数量、科技档案利用率、科技档案的保密需要、单位驻地的集中与分散情况等多种因素进行选择。

（4）基层科技档案管理机构的任务。

基层科技档案管理机构的基本任务是：统一管理本单位的科技档案，维护科技档案的完整与安全，为本单位科技生产工作服务，在保证本单位利益的前提下为社会提供服务。具体任务主要包括以下四个方面。

第一，制定本单位科技档案管理制度和参与制定有关科技管理制度。基层科技档案管理机构应该根据档案工作的法律法规和方针政策，制定本单位科技档案的各项管理制度，包括科技档案分类、编号制度，科技档案保管、保密检查制度，科技档案借阅、利用制度，科技档案鉴定、销毁制度，科技档案统计工作制度等。

为保证科技档案的质量，发挥科技档案在企事业单位应有的作用，基层科技档案管理机构还要积极参与制定各项有关科技管理制度，把科技文件形成、积累、整理和归档的要求，纳入到相关的科技管理制度之中，纳入到整个科技生产活动之中，以便从来源上保证科技档案的质量，这些科技管理制度主要包括生产管理、设备管理、基建施工管理、科研管理和设计管理等方面的制度。相关主体在开展科技活动及其管理的过程中，不仅要考虑当前科技生产活动的需要，还要考虑科技档案管理的需要。

第二，开展科技档案管理的各项业务工作，包括收集、分类、著录、统计、保管、定期组织对科技档案密级的审查并根据有关规定及时调整密级以扩大利用和交流的范围，定期组织科技档案价值和质量的鉴定，承担科技档案销毁的具体事宜，向科技专业档案馆移交应进馆的科技档案，收集、管理科技资料等。

第三，开展业务指导、监督和检查工作。包括对科技生产部门科技文件的形成、积累、整理和归档、更改、补充等工作进行协助检查和指导；参与产品、工程、科研成果的鉴定和竣工验收，参加引进技术和购置设备的开箱验收，负责对相关科技文件进行评定和验收；对下属单位的科技档案管理机构或科技档案分室进行业务指导，并监督和检查其制度的执行情况与科技档案管理状况。

第四，开发科技档案信息资源，做好利用工作。包括编制必要的检索工具和编研成品，为科技生产工作提供有关科技档案，参与本单位科技成果的推广应用活动，承担相关的技术咨询工作，开展科技资料的交流工作。

2. 科技专业档案馆

《科学技术档案工作条例》规定："国务院所属的各专业主管机关，根据需要建立专业档案馆，收集和保管本专业需要长期和永久保存的科技档案。"因此科技专业档案馆是按照专业系统，以科技档案为馆藏主体而建立的专业档案馆，是保管对国家和社会具有长远保存价值的重要科技档案机构，是科技档案信息资源的储备中心、交流中心和咨询中心。

（1）建立科技专业档案馆的必要性。

建立科技专业档案馆是科技档案事业发展的需要，也是科技档案按专业实行统一管理的重要措施。一方面是为在更大范围内发挥科技档案作用，科技档案的价值不仅局限在其形成单位，对本专业系统乃至国家的经济建设和科学研究活动，都具有广泛的利用价值，科技专业档案馆对本专业系统有价值的科技档案进行集中统一保管，能够满足社会各方面依法利用科技档案的需求，扩大科技档案交流利用的范围。另一方面，科技专业档案馆更有利于保存科技档案精华，作为专门保管和开发科技档案资源的机构，科技专业档案馆拥有更专业的保管条件、技术手段和管理方法，适于长久保存那些具有重要价值的科技档案，能够为国家积累保管珍贵的科技文化资源，为国家科学技术事业的长远发展服务。另外，建立科技专业档案馆是形成专业科技档案信息中心和咨询中心，促进科技交流的必然需求。科技专业档案馆的馆藏来源广泛，内容丰富，能够满足科技档案利用者的需要，保持科技专业档案馆与本专业或本行业的科技档案部门的密切联系，从而形成以科技专业档案馆为中心的科技档案信息交流和传播网络。

例如，国家基础地理信息中心（国家测绘档案资料馆）原属国家测绘地理信息局，2018 年并入自然资源部，是自然资源部主要专业档案管理机构之一，收藏保管着自 1956 年国家测绘总局成立以后，接收和收集的国家等级大地、航测、制图、境界测绘等测绘地理信息专业档案、成果成图及测绘科学书籍（期刊）等专业测绘资料。国家基础地理信息中心的归档范围包括国家级的航空航天遥感影像获取档案、基础测绘项目档案、地理国情监测（普查）档案、应急测绘保障服务档案、测绘成果与地理信息应用档案、测绘科学技术研究项目档案、界线测绘档案、地图制作档案等。负责国家等级测绘地理信息专业档案接收、管理与服务利用，同时担负着重大测绘项目建设所需资料的收集工作。

（2）科技专业档案馆的类型。

科技专业档案馆是国家档案馆网络体系的重要组成部分，目前我国已经建成的科技专业档案馆主要包括以下几类。

第一类是中央级科技专业档案馆。中央级科技专业档案馆是由国务院所属各主管部门建立的保管本系统或本行业重要档案的机构，根据接收范围不同，中央级科技专业档案馆又可分为综合性档案馆和专门性科技专业档案馆。综合性档案馆是同时接收进馆单位的科技档案、文书档案和其他有关各类档案，将各种档案集中保存在一个档案馆，保证了一个单位全部档案的齐全、完整，便于对档案的利用。专门性科技专业档案馆主要接收相关种类的科技档案，如自然资源部的国家基础地理信息中心负责国家测绘地理信息专业档案接收、管理与服务利用，国土资源部的地质资料馆主要接收保管全国各专业系统地质勘探工作的成果档案。

第二类是区域性科技专业档案馆。根据区域划分的标准可分成省市级科技专业档案馆、自然区域性科技专业档案馆和经济区域性科技专业档案馆。其中省市级科技专业档案馆是由省市级专业主管部门按行政区域建立的科技专业档案馆，如省气象档案馆等。这类档案馆的建立，需要根据科技档案的特点、数量和实际工作的需要，不必与中央级科技专业档案馆相对应。自然区域性科技专业档案馆是按照自然区域建立科技专业档案馆，适应了同一区域科技发展及科技档案管理的需要，如水利部门按江河的水系流域建立流域档案馆，集中保存该流域的水利、水电工程中形成的水利勘察、水文观测、流域规划、工程设计、科学研究和基本建设档案，完整地反映了整个流域的开发治理活动，满足了该流域各有关专业科技活动的需要。改革开放以来，在大力发展科技和经济的过程中，自然形成的一些以城市为中心，跨行业、跨区域的经济组织和经济协作区。这些经济组织和经济协作区在科技、经济、生产活动中形成了大量的科技档案，而如果按行政区域或隶属关系将这些档案分开，势必会割裂它们之间的有机联系，因此可根据地区协作发展的需要，建立经济区域性科技专业档案馆，使这些科技档案更好地为地区经济发展服务。

第三类为城市建设档案馆，是保存城市范围内与城市规划、建设、管理有关的活动中形成的有重要价值的档案，本质上属于一种区域性科技专业档案馆。按照《科学技术档案工作条例》要求，我国大中城市应当建立城市建设档案馆，这是我国科技专业档案馆中筹建较早、发展较快的一种科技专业档案馆。例如，北京市城建档案馆于1982年经北京市人民政府批准成立，隶属于北京市规划和自然资源委员会，负责接收、收集、整理、保管全市应当永久和长期保存的城市建设档案，对城市建设档案进行科学管理和利用。广州市城市建设档案馆成立于1982年，隶属于广州市城市规划局，负责管理全市的城建档案工作，是全市城市建设档案的存储、利用和信息服务中心。

（3）科技专业档案馆的性质。

《中华人民共和国档案法》规定，中央和县级以上地方各级各类档案馆，是集中管理档案的文化事业机构，负责收集、整理、保管和提供利用各自分管范围内的档案。由此可以看出科技专业档案馆具有科技文化事业单位的属性，主要体现在以下几点。首先，科技档案是人类社会在一定历史时期内物质文明和精神文明建设的产物，科技专业档案馆长久保存着这些具有重要价值的科技档案，是国家和民族积累与存储科技档案财富的基地。其次，科技档案是进行现代化建设的重要资源，科技专业档案馆的重要任务就是要大力开发科技档案资源，为本专业领域和全社会的科学研究与历史研究提供优质的科技档案信息。最后，科技专业档案馆在发展我国科技档案事业中处于重要地位，在科技信息交流中起着重要的枢纽作用。

（4）科技专业档案馆的任务。

科技专业档案馆的基本任务是进行本专业系统科技档案资源建设并为利用者提供服务，具体来讲，主要包括：收集、征集本专业馆藏范围内或按照有关规定需要长远保存的重要的科技档案，接受委托人的委托，代管其他有关科技档案；运用科学的管理理论和现代化手段，对科技档案进行科学管理；积极开展科技档案利用与咨询工作，为社会各项事业服务；根据实际需要和馆藏科技档案状况，编辑出版有关科技档案编研成品，系统开发本专业科技档案资源；组织建设本专业或行业领域的科技档案中心，促进本专业或行业科技档案信息传递交流；对档案移交单位准备进馆的科技档案，进行业务指导和检查；收集、储存、加工本专业其他有关文献资料，建设本专业科技信息交流咨询中心。

（二）科技档案事业管理系统

我国科技档案事业管理系统由档案主管部门和各专业主管部门组成，负责全国科技档案事业的宏观管理。档案主管部门包括国家档案主管部门和地方档案主管部门，各专业主管部门是指国务院所属的各专业主管部门。

《中华人民共和国档案法》第八条规定，国家档案主管部门主管全国的档案工作，负责全国档案事业的统筹规划和组织协调，建立统一制度，实行监督和指导。县级以上地方档案主管部门主管本行政区域内的档案工作，对本行政区域内机关、团体、企事业单位和其他组织的档案工作实行监督与指导。因此在科技档案事业管理中，档案主管部门的主要职责是依据国家的法律、法规和政策，研究、制定科技档案工作的方针政策，起草科技档案法规，制定科技档案工作的基本规章制度，制定科技档案事业发展规划，组织协调科技档案事业，监督、检查科技档案工作，特别是有关法律、法规和方针政策的实施情况，对同级机关的科技档案工作以及下级科技档案主管部门实行监督和指导，组织并指导科技档案理论与技术的研究、科技档案教育、宣传以及科技档案工作者队伍的培训。

各专业主管部门的主要职责是制定本专业或行业科技档案的管理办法、规章制度以及科技档案业务标准和技术规范，制定本专业或行业科技档案工作的发展规划和计划，组织召开本专业或行业科技档案工作会议进行经验交流，组织并指导本专业或行业科技档案工作理论与实践的学术研究和交流，监督、指导所属企事业单位的科技档案工作，对本专业或行业的科技档案工作者进行专业培训，接受国家档案主管部门的监督和指导。

（三）科技档案教育和研究系统

我国的科技档案教育和研究主要通过学校和在职培训机构完成。一方面，我国已形成了包括专科、本科、硕士研究生、博士研究生在内的各个层次科技档案管理人才培养的教育结构。另一方面，为满足档案工作者专业素养和综合能力全面提高的需要，一些机构以在职培训等继续教育的形式向档案工作者传播有关科技档案管理的新理念、新理论、新技术、新方法，促进档案工作者队伍的整体水平持续提高。

三、科技档案工作者队伍的建设

科技档案事业可持续性发展，离不开科技档案事业中最活跃的要素——科技档案工作者。科技档案工作者队伍建设不仅需要每名科技档案工作者具有较高的专业水平和综合能力，更需要整个科技档案工作者队伍结构科学、层次合理，形成合力。《中华人民共和国档案法》第十一条明确规定："国家加强档案工作人才培养和队伍建设，提高档案工作人员业务素质。档案工作人员应当忠于职守，遵纪守法，具备相应的专业知识与技能，其中档案专业人员可以按照国家有关规定评定专业技术职称。"《科学技术档案工作条例》也提出"建设一支坚持社会主义道路，具有科技档案专业知识和懂得有关的科学技术，有一定工作能力的科技档案干部队伍"，并要求档案工作者"要努力学习马列主义、毛泽东思想，认真执行国家的方针政策，刻苦钻研业务，不断总结经验，提高管理工作水平"。

可以看出，无论从实践工作需要的角度还是从法律法规要求的角度来看，都对科技档案工作者队伍提出了较高的要求。

（一）科技档案工作者的综合素质与能力

首先，要具有较高的政治思想和道德素质。科技档案是国家重要的科技资源，在一定程度上反映了国家科技水平和综合实力，科技档案工作者不仅是科技档案资源的管护者，更是科技档案资源的开发者、科技信息的提供者、科技知识的管理者和贡献者。因此科技档案工作者要努力学习马克思列宁主义、毛泽东思想，要具备较高的政治素质和道德素养，要树立全心全意为人民服务和为社会主义现代化建设服务的思想，同时还应具有较强的事业心和职业道德，遵纪守法，真正做到不忘初心、牢记使命，这是做好科技档案工作的前提。

其次，要具备全面的业务素质。全面的业务素质是做好科技档案本职工作的基本要求。一方面，在思想认识上，要全面、深刻认识科技档案和科技档案工作，既要认识到科技档案在科技活动和现代化建设中的重要作用，科学管理、妥善保管、深入挖掘科技档案资源，积极为科技生产和社会主义现代化建设服务，又要认识到科技档案工作的严肃性和重要性，在科技档案工作中恪守档案工作者的职业操守，具有较强的职业责任感和自豪感。另一方面，在专业素养上，档案工作者要具有系统的专业理论素养，掌握科技档案管理的理论体系，要具有较强的实践素养，掌握科技档案业务工作的原则和方法，熟练掌握、灵活运用科技档案收集、整理、鉴定、保管、利用等业务工作中的原则、理论、技术和方法，能够利用不断发展的信息技术对科技档案资源进行管理、开发并提供利用，了解并将档案工作改革与发展中形成的新理念、新方法运用到实践工作之中。另外，科技档案工作者要具备一定的法律知识，不仅要熟知《中华人民共和国档案法》及其实施办法、《科学技术档案工作条例》以及党和国家关于档案工作的方针、政策、规章制度，还要熟悉科技、经济、知识产权等有关方面的法律知识，维护党和国家以及档案所有者的合法权益。

再次，要掌握科学技术与管理相关的知识。科技档案源自科技活动，其内容记述和反映了一定领域的科技知识，是一定领域科技知识和科技成果的载体。科技档案管理者不仅要精通科技档案工作的理论和方法，也要熟知本领域相关的科技知识及发展动态，掌握本单位科技活动的计划与进程，做到管理理念与方法的与时俱进，才能科学地管好科技档案，将科技档案及其蕴藏的知识挖掘出来，提供科技活动利用。随着云计算、大数据、物联网、人工智能、移动互联网等现代技术的普遍运用，科技活动的流程也会发生较大的变化，同时科技档案管理也需要现代信息技术的支持，科技档案工作者要具有一定的技术水平，主要体现在对技术的了解和运用方面。除此之外，随着经济全球化的发展，我国的对外交流与合作较为频繁，科技档案工作者应具有一定的外语水平，了解不同的国家文化，因为会有一定量的英文科技档案需要管理，在日常工作中也需要与不同国家的工作人员沟通，而语言和文化是有效沟通的必备条件。

在长期工作实践的基础上，档案工作者需要逐渐形成细致的品格、条理的习惯、安全的意识、文化的眼光等专业品格以胜任不断发展的实践需求，例如，某建筑公司对专、兼职档案管理人员提出的素质要求是应具备本科及以上学历或同等学识水平，档案人员应政治可靠、忠于职守、熟悉业务、遵纪守法，严守国家秘密，具有档案专业、计算机及相关专业知识和管理技能等。某汽车制造企业更是将知识、视野、能力、资质、专业等多个维度紧密结合，提出了360°文档人才知识模型。其中能力维度不仅包括基本业务能力，还包括学习、沟通、组织等多个方面的能力。

（二）科技档案工作者队伍的基本要求

第一要合理配备人才，主要是指在科技档案工作者队伍中，人才结构要合理，高级、中级、初级人才应该按照小、中、大的比例配备成金字塔式结构，人才配备合理是充分发挥每个档案工作者积极性与主动性、提高工作者队伍的整体水平的重要措施。

第二要配备一定的科技干部从事科技档案工作，由于科技档案内容具有很强的专业技术性，管好、用好科技档案需要对科技档案内容及相关领域的知识有一定的了解，为此，大中型企事业单位的科技档案部门需要根据实际配备一定数量的科技干部，这一点也体现在《科学技术档案工作条例》之中。科技干部从事科技档案工作，使科技工作和档案工作之间的联系更加密切，保障、提高了科技档案工作及科技档案资源开发的水平，促进了科技档案工作的深入发展。

第三要力求科技档案工作者队伍的相对稳定，科技档案工作是一项专业性极强的工作，做好科技档案工作，需要以专业的知识、素养为保障，而这些知识和素养需要长期的、持续性的积累，因此科技档案工作者队伍不仅要结构合理、数量充足，还要保持相对的稳定。相对稳定的科技档案工作者队伍，有利于从业人员掌握情况、熟悉业务，保证档案工作的稳定发展。

第四要加强对科技档案工作者的教育和培训，随着科学技术以及科技档案事业的发展，科技档案工作者要不断提高自身的专业水平和综合素养，因此需要加强对档案工作者的教育和培训。科技档案工作者的教育和培训有多种形式与层次，不仅包括通过高等院校档案学专业教育，还包括一些相关专业开设有关科技档案管理的课程，以及档案主管部门和一些专门培训机构就某些专题向科技档案工作者提供多种形式的培训，持续的教育和培训有利于档案工作者知识结构不断优化，进而适应科技档案工作的要求。

■ 第二节　科技档案事业的管理

科技档案事业管理是指各级档案主管部门和各专业主管部门，为贯彻落实党和国家关于科技档案事业的方针政策，使科技档案事业与社会主义现代化建设相协调，依照法律对科技档案工作实施的计划、组织、控制、指挥、协调的活动。随着国家改革开放以及"放管服"（简政放权、放管结合、优化服务）改革的不断深入，国家通过依法治理、规划管理和标准化管理加大对科技档案事业的科学管理，促进科技档案事业的健康发展。

一、依法治理

"法者，治之端也。"全面推进依法治国的总目标是建设中国特色社会主义法治体系，建设社会主义法治国家。党的十八大以来，法治成为党中央治国理政的基本方式，法治中国建设深入社会各行各业，社会各领域共同构筑起和谐有序的法治环境，不同行业的法治建设都是法治中国建设的重要组成部分，是我国法治环境完善的重要助推力量。档案事业的依法治理是发展完善国家治理的重要一环。我国档案事业的依法治理，是在法治化的社会进程中，一切档案事务必须以完善的法律为准绳，必须符合国家宪法中的法治原则，在此基础上逐步形成档案事务由法律主治的社会状态（宫晓东，2006）。1987 年《中华人民共和国档案法》的颁布开启了档案事业的法制化进程，依法治档逐渐成为档案行业的工作原则和指导方针。2016 年 4 月《全国档案事业发展"十三五"规划纲要》指出全面推进档案法治建设，实现档案治理法治化也成为档案事业的一项发展目标。2020 年 6 月《中华人民共和国档案法》的修订并公布更是标志着档案法治进入新的发展阶段。

（一）科技档案事业依法治理的必然性

（1）为科技档案事业发展提供法治化保障。依法治档是依法治国背景下档案工作的发展趋势和方向，依法治档意味着档案工作全领域、全环节对法治的遵循与推崇，意味着档案事业的发展具备了法治的保驾护航。依法治理使档案部门关注系统化的法治建设，聚焦"立法、执法、普法"多位一体的档案法治工作，使得档案管理工作更加科学高效，符合时代特征，推进档案治理法治化与档案工作现代化。科技档案事业是我国档案事业的重要组成部分，而科技档案事业发展中，要涉及档案主管部门与专业主管部门之间、专业主管部门与企事业单位的档案机构之间、不同企事业单位之间的经济与技术合作，也涉及企事业单位领导、科技人员以及科技档案部门和档案部门工作人员之间等各个主体、各个方面错综复杂的关系，法治是协调各方面复杂关系、保障各方合法权益、避免档案事务中"因人而异"的最有效手段，是科技档案事业健康、顺利发展的保障。

（2）推进法治中国建设的必然要求。党的十九大报告指出，"推进科学立法、民主立法、依法立法，以良法促进发展、保障善治"。法治中国建设是现阶段我国的重要发展规划，各行业的法治建设均顺应国家发展要求和趋势，共同朝着法治化的方向齐头并进。2003 年 5 月，浙江省委书记习近平提出档案工作要走向依法治理、走向开放、走向现代化。科技档案事业的依法治理一方面要求档案主管部门及各专业主管部门在各自的职责范围内，积极贯彻、实施党和国家的方针政策，依法进行科技档案事业的管理，另一方面要根据法律法规的基本原则和工作方式，制定科技档案管理的规章制度。科技档案事业的依法治理是国家法治化发展的要求，符合档案事业的发展方向。

（二）我国档案法规体系结构及建设

1. 档案法规体系结构

档案法规体系是以《中华人民共和国档案法》为核心，由若干档案行政法规和档案行政规章组成的互相联系与协调的统一体，根据其效力主要分为四个层次。

（1）档案法律。《中华人民共和国档案法》是由全国人大常委会制定的，在档案法规体系中具有最高法律效力，是其他档案法规、规章制定的基本依据。

（2）档案行政法规。档案行政法规是由国务院制定或经国务院批准、由国家档案局制定发布的，其效力低于档案法律，高于其他档案法规和规章，如《中华人民共和国档案法实施办法》《科学技术档案工作条例》。

（3）中央档案行政规章。这是指由国家档案局依照法定权限制定的档案行政规章，以及国家档案局与国务院其他主管部门联合制定的档案行政规章。例如，国家档案局、科技部发布的《科学技术研究档案管理规定》，财政部、国家档案局发布的《会计档案管理办法》等。

（4）地方档案行政法规和行政规章。由省、自治区、直辖市以及省会城市和经国务院批准的较大城市，根据法律和行政法规制定的有关档案工作的法规性文件，包括由地方人大制定的档案行政法规和由地方人民政府制定的档案行政规章，如《江苏省档案管理条例》《杭州市档案管理条例》等。

2. 我国科技档案法规体系的建设

随着科技档案事业的发展，逐步形成了国家科技档案法规体系，成为我国档案法规体系的重要组成部分。

1960年2月国务院批准试行的《技术档案室工作暂行通则》是我国科技档案工作史上的第一个行政法规，它的发布、执行有力地推动了我国国家规模的科技档案事业的建立和发展。1980年12月，国务院批准的，由国家经委、国家建委、国家科委和国家档案局联合发布的《科学技术档案工作条例》，是新时期我国科技档案工作重要的行政法规。

随着改革开放和科技档案事业的发展，科技档案法规体系建设也向各专业领域拓展，主要体现为在《科学技术档案工作条例》的基础上，建立了各个主要门类科技档案管理的行政规章。1987年3月至11月，国家档案局先后同国家科委、国家经委、国家计委和城乡建设环境保护部联合制发了《科学技术研究档案管理暂行规定》、《国营企业档案管理暂行规定》和《城市建设档案管理暂行规定》三个重要的科技档案行政规章，国务院有关专业主管机关也相继制定了一批涉及航空、机械、医疗卫生等方面科技档案的行政规章，如《环境保护档案管理办法》《国有企业资产与产权变动档案处置暂行办法》《国家重点建设项目档案管理登记办法》《城市建设档案归属与流向暂行办法》《测绘科学技术档案管理规定》《中国地震局科技档案管理办法》等。各级地方人民政府根据本地的实际情况，也颁布了一些有关科技档案的地方档案行政规章，如《河北省档案工作条例》《北京市实施〈中华人民共和国档案法〉办法》等。

随着科技档案价值被广泛认同，科技档案资源被视为重要知识资产，在许多单行法或相关法规中，都设立了有关科技档案工作的条款，如《中华人民共和国网络安全法》就包括了"维护网络数据的完整性、保密性和可用性"的相关规定，《中华人民共和国非物质文化遗产法》规定"文化主管部门应当全面了解非物质文化遗产有关情况，建立非物质文化遗产档案及相关数据库"。《中华人民共和国矿产资源法》第十四条规定，矿产资源勘查成果档案资料和各类矿产储量的统计资料，实行统一的管理制度，按照国务院规定汇交或者填报。

综上，经过多年的努力，我国科技档案法规体系已形成以《中华人民共和国档案法》和《中华人民共和国档案法实施办法》为核心，以科技档案行政法规和行政规章为主体，包括其他有关科技档案的法律规范组成的一个有机整体，科技档案法规体系的形成，为科技档案的依法治理提供了可靠的依据和保证。

（三）科技档案执法体系的完善

首先，要明确执法主体，档案行政执法主体是法定的，必须由法律法规明确规定，使其开展工作更有章可循。在执法体系完善过程中，需要明确执法主体的职权和责任划分，完善监督检查机制，实现执法制度化、规范化，优化监管模式，加强执法流程和配套工具的设计与应用。明确档案执法的监督、执行等各方主体的职责，并根据职责建立起更有针对性的责任追究体系（张健和余文春，2020）。

其次，要加强档案执法队伍建设，档案执法主体包括组织和个人，组织是档案法规中明确规定的执法机构，档案执法者就是这些机构中的工作人员，他们是开展执法工作的核心。档案执法工作者自身要有使命感和责任感，充分重视档案执法工作，对执法效果进行量化分析。对执法工作者开展定期培训教育，帮助其认真理性科学地对待档案执法工作，提高自身的工作技能和政治素养，以科学的态度对待档案执法工作，提升档案执法工作效率。例如，重庆市档案局加强与市司法局沟通协调，规范打造符合执法条件、具备执法能力的执法队伍，已落实 14 个区县委办 59 名在编在职人员取得档案行政执法资格。通过组织执法专题培训等方式引导执法人员强化准确识变、科学应变、主动求变的认知思维和履职担当，切实提升行政执法队伍的法治素养。提升档案执法队伍的能力和水平是确保档案执法走向科学和现代化的重要步骤（重庆市档案局，2020）。

最后，要创新档案执法方式，变机械执法为科学执法，实现能动执法，避免过于死板和过于主观性的执法行为，充分依照法律法规开展科学执法工作，落实档案行政执法责任制和责任追究制度，使得真正实现依法管理档案事务。档案执法工作可以尝试建立多部门联动机制，与其他政府部门和机构开展多样化、深层次的联合执法活动，建立起符合档案治理要求的执法制度。创新档案执法方式，规范档案执法程序，完善权力清单和责任清单，切实提高档案行政执法实效。开放执法，执法工作应当受到来自社会和公众的监督，公众有权了解和跟进执法过程，对执法工作的科学性予以监督。有条件地允许公众和社会组织等参与到执法工作中，对档案行政执法进行全方位监督，实现档案行政监督检查全覆盖和常态化、制度化，允许公众实时提出意见，使得不同主体都有机会参与决策，切实加强不同主体在档案执法中的参与度，增强档案治理参与感。

（四）档案普法的多维度开展

首先，普法方式创新。开展多样化普法活动，如与国家重大节日、纪念日等活动实现关联，增加公众参与和认识档案普法活动的渠道，使得公众有机会了解档案法律法规，增强档案普法时效。充分运用互联网平台，借助多样化新媒体形式开展普法工作，通过政务微博、政务微信等平台提高公众在普法活动中的参与度，拉近公众与档案部门以及档案法律法规的距离。依靠现有的媒体形式和平台，如短视频等方式，通过更亲民的方式进行普法。普法工作也应积极吸纳社会组织、高校、企业、社会精英等力量的参与。

其次，普法途径丰富。一般而言，普法就是档案主管部门或档案馆等拥有科学的档案理论知识和实践经验的专业团队将法律法规和制度规范等知识通过简单明了、通俗易懂的方式传递给需要接触或管理档案的广泛受众。普法主体是理论知识与实践经验并存的档案专职人员，客体是其他各行业领域的社会公众，他们有各自擅长和专职的领域，普法方式要尽可能简单便捷，使得制度和规范尽可能易操作、易执行，节省时间，减少公众对档案管理制度和要求的认知误区，降低认知难度，使其能在较少的时间范围内看到档案工作制度的效用，从而提高对档案制度和规范的认同与遵循。同时普法应努力渗透进日常工作的各个角落，如在公共区域展示牌中定期展播普法知识，发布档案法规和制度手册，在完整的制度后附上更生动的解释方式，使得参考和理解档案法律法规更加便捷。

最后，档案普法的个性化程度应增强。普法需要针对不同的受众群体制定不同的普法方案。例如，对党政机关而言，可制作档案法律法规知识手册，便于机关工作者集中学习和随时参照执行，开展定期培训和检查等；对社会组织、企业而言，需定期组织宣讲研讨会，邀请机构、组织负责人分享遇到的档案法规问题，由档案部门的主管工作者予以解答，并就案例作出深层解释，避免同类事件的发生；对社会公众，可宣传其拥有的档案治理参与权利，介绍具体的参与方式和渠道，宣传档案法规制度等，使其理解档案制度，真正有机会参与档案治理。2020年《中华人民共和国档案法》修订后，《中国档案报》以漫画的形式表现了53个法条的内容与含义，这种清新活泼的方式更便于公众轻松了解、掌握《中华人民共和国档案法》的内容。

二、规划管理

"统筹规划"是《中华人民共和国档案法》赋予国家档案主管部门的职责，也是科技档案事业管理的有效手段。科技档案事业的统筹规划，就是根据国家的方针、政策和经济、科技的发展状况，确定科技档案工作发展的战略目标，通过具体规划和计划的制定与实施，指导科技档案事业持续稳步的发展。

（一）科技档案事业规划管理的必要性

1. 通过规划管理落实党和国家发展科技档案事业的战略部署

对于科技档案工作而言，规划管理是党和国家发展科技档案事业战略部署的具体化，是以一定时期党的路线、方针、政策为依据制定的更加具体的、具有操作性的工作部署，因此不仅可以指导科技档案工作，保证科技档案事业的健康发展，也起到了上下沟通的作用，以更好地适应党和国家的要求。另外，科技档案规划还是党和国家了解科技档案工作情况的重要途径，通过科技档案规划发现科技档案工作中的问题，及时进行指导，并根据科技档案规划为科技的发展创造良好的外部条件。

2. 通过规划管理协调科技档案事业与国家现代化建设同步发展

对于国家宏观调控而言，科技档案规划协调着科技档案事业与国家现代化建设同步发展。科技档案事业是国家现代化建设的一个子系统，科技档案事业的现代化水平影响着国家现代化建设的水平，同时科技档案事业与国家经济建设和科技发展有着密切联系，科技档案事业为各方面建设提供基础性服务和支持，是党和国家各项建设事业必不可少的环节。科技档案事业的发展要与社会主义市场经济的发展和国家科学技术的发展相协调，符合国家长远规划和产业政策的要求，适应国家经济建设和科学技术发展需要的科技档案事业发展规划，才能指导和促进科技档案事业的自身发展。

3. 科技档案规划提供了科技档案宏观管理的依据

《中华人民共和国档案法》将统筹规划作为档案主管部门的首要职能，反映了规划在各项管理职能中的重要地位。规划不仅是档案管理工作的开端，也是控制和管理各项档案工作的依据，没有科学的规划，缺乏对科技档案事业的监督、指导、评估和调整的依据，就无法实现对科技档案事业的科学管理。

4. 科技档案规划指明了微观管理的目标

科技档案规划往往具有很强的操作性，为了便于组织实施，规划一般要将科技档案工作的战略目标分解为更为具体的目标和要求，这就为科技档案微观管理指明了各层次的工作目标。科技档案机构根据自己的实际情况，把一定的目标作为自己努力的方向，运用目标管理的方法，使每一个科技档案工作者在目标、方向一致的前提下具有各自明确的工作目标和实施办法，调动科技档案工作者的积极性，不断提高科技档案的微观管理水平。

（二）科技档案规划的种类与结构

1. 科技档案规划的种类

科技档案规划按照不同标准可分为不同的种类。以时间为标准，科技档案规划可分为长期规划和近期规划。长期规划一般指十年及以上的规划，是对科技档案事业发展远景和发展趋势的一种战略设想，是制定近期规划的依据。近期规划是指十年以下的规划，是长期规划在近期的落实，具有连续性和持续性的特点。长期规划和近期规划各有重点，相互衔接，形成了完整的科技档案规划体系。

以适用范围为标准，科技档案规划可分为全国性规划、专业系统和地区规划、企事业单位规划。其中，全国性规划是规划的最高层次，提出了国家发展科技档案事业总的战略目标。凡是列入全国性规划的项目，都是带有全局性的重大项目。专业系统和地区规划是根据国家发展科技档案事业的总体目标和发展方向，结合本专业或本地区的特点和需要编制的。企事业单位规划是基层单位档案机构的规划，是根据全国性规划、专业系统和地区规划提出的目标与要求，结合本单位的特点和实际情况制定的。从全国性规划到专业系统和地区规划、企事业单位规划也是一个连贯的整体，适用范围逐渐缩小的同时提高了规划的针对性和具体操作性，从而能使全国科技档案事业在统一的框架下健康有序的发展。例如，国民经济和社会发展的第十四个五年规划引领档案事业"十四五"发展规划的编制，各地方、各系统、企事业单位在此基础上编制各自的"十四五"发展规划。

2. 科技档案规划的结构

科技档案规划包括以下几个部分。

第一是规划目标，即根据国家经济建设、科学技术发展的需要以及科技档案事业面临的机遇和挑战提出的科技档案事业在规划期内总的奋斗目标和总的任务要求。规划目标是规划的灵魂，体现在整个规划内容之中。

第二是规划项目，是实现规划目标的具体内容，详细地列出为实现规划目标需要完成的有关项目，包括项目名称、内容、承担者、协作者、进度等，是规划的主体。

第三是实现规划的步骤与措施，为完成规划项目，实现规划目标，便于规划实施，一般要将规划分为若干个阶段，分步骤落实。规划要明确每个阶段的具体任务和主要措施，包括规划项目的分解、必要的人员和机构、经费的筹措、检查和督促等，使规划更便于执行和检查，也有助于及时发现问题，总结经验，提出改进意见，保证规划的全面落实和顺利完成。

（三）规划的编制

1. 编制科技档案规划的基本要求

首先，要与国民经济和现代化建设的要求相协调。科技档案事业是为国民经济发展和现代化建设提供服务的重要的基础性工作，编制科技档案规划必须自觉与国家经济现代化建设的要求相适应，为此编制科技档案规划一方面应在研究、掌握国家有关方针政策和发展规划的基础上，对未来科技档案工作的发展作出科学的预测，进而确定自身的发展目标，以保证规划目标的科学性和有效性，另一方面，应根据《中华人民共和国档案法》的要求，将科技档案事业列入国民经济和社会发展规划，将科技档案事业融入国民经济和现代化建设之中。例如，编制国家档案事业的"十四五"规划，应该着眼于基本实现社会主义现代化的战略目标，在中华民族伟大复兴的战略全局和世界百年未有之大变局之下预测科技档案事业发展的目标。

其次，目标明确且具有可操作性。目标是科技档案事业规划的灵魂，是科技档案工作的方向，是由宏观目标、微观目标，长期目标、短期目标，机构目标、个人目标构成的目标体系，因此目标体系应该层次分明、结构清晰，不可过于笼统、抽象，也不能包罗万象，需要根据客观需要和科技档案工作实际具体确定。例如，根据档案事业发展的环境和面临的挑战，制定在档案治理、档案资源建设、档案服务、档案安全、档案信息化和档案人才队伍等方面的目标。

最后，规划结构要合理。规划结构合理包括规划的内部结构和外部结构。科技档案规划是由多个部分组成的有机整体，同时科技档案事业的发展规划也是国家发展规划的一个组成部分，规划的编制要考虑到多种要素，与多个不同结构协调发展。其中内部结构合理是指科技档案工作各方面的协调，如基层企事业单位科技档案工作与科技专业档案馆的业务建设、科技档案专业人员的配备与培养等与科技档案事业发展的协调一致。外部结构的合理是指科技档案事业与经济建设和科学技术发展等领域的发展相协调，如科技档案馆的数量和布局、科技档案工作与科技生产和科研管理、科技档案工作与市场经济建设等方面应保持协调一致。

2. 编制科技档案规划的流程

流程是指一组将输入转化为输出的相互关联、相互作用的活动，编制科技档案规划，包括多项相互关联的活动，为保证规划的科学性，需要将这些活动有机组合成科学的流程。编制科技档案规划的流程如下。

第一，调查研究。科学规划需要建立在全面了解现状的基础上，编制科技档案规划之前，需要通过系统的调查研究以对当前科技档案事业进行深入、全面的了解，分析档案事业内部和外部的相关关系，形成对科技档案事业的客观认识。

第二，研究历史。科技档案规划具有长期性和连续性，当前编制的规划是面向未来的，也一定是在过去已经取得的成果、获得的经验和待解决的问题基础之上的，为保持规划的连贯性，需要了解科技档案事业发展的历史，借鉴历史经验，尊重客观规律，特别要注意对不同时期、不同地区、不同专业乃至不同国家科技档案工作历史进行比较，以增强规划的科学性，保持与以往规划的衔接。

第三，预测未来。规划是面向未来而设定的目标以及为实现目标而进行的目标分解、任务分配和落实。为保证科技档案规划的前瞻性和科学性，必须根据科技档案事业的发展规律，科学地设定战略目标，预测在目标实现过程中需要完成的任务、可能出现的问题，并将它们反映在规划的内容之中。在规划制定的过程中，预测工作尤为重要，对于规划自身的顺利实施意义重大。

第四，综合分析。这是规划编制阶段的重要内容，主要是对上述过程中形成和收集的各种数据材料进行系统分析，科学地确定规划目标、规划项目、具体要求和措施。综合分析应提出不同的方案，以进行优化选择，为使规划更科学，要对不同的方案或意见进行分析比较，以便确定一个最合理的方案，并对选定的方案进一步优化，如通过汲取其他方案的合理成分，征求科技档案工作者与专家的意见等，上报有关主管部门或领导批准，方能实施。

（四）科技档案规划的实施

科技档案规划管理是以规划为依据，指导和协调国家科技档案事业的发展。科技档案规划的实施是在规划制定的基础上通过执行、检查、总结处理等步骤实现的，当然总结处理的结束并不意味着规划管理的结束，而是作为一个新的开端，保证规划管理质量呈螺旋式上升，进而保证科技档案事业的质量。

（1）学习和落实规划。科技档案规划制定后，为使科技档案工作者自觉落实，必须首先让他们了解和掌握规划的内容与精神，要在学习和研究规划内容的基础上，把规划目标和措施分解成各项具体任务，进行具体运作，层层落实保证规划任务的完成。

（2）加强规划落实情况的检查。检查科技档案规划的落实情况是实施规划的重要内容。各有关主管部门应定期将规划执行的进度、执行中的典型事例以及发现的问题向档案主管部门报告，档案主管部门对有关报告进行核实，对存在的问题提出解决的意见或给予帮助。档案主管部门应检查落实的情况，定期公布规划落实情况的检查结果，有针对性地通过经验交流会等形式进一步督促规划的落实。

（3）审慎地调整规划内容。科技档案规划的内容，在规划期内应具有相对的稳定性，但当主客观情况发生重大变化时，相关的规划内容需做出相应调整。例如，新冠疫情给档案工作及各个行业领域都带来了前所未有的挑战，在这种特殊背景下，如何化"危"为"机"就成为档案事业健康发展的关键。一旦遇到主客观情况发生重大变化，规划的制定部门就要认真研究，慎重地对有关内容作出相应的调整，以保证规划的顺利实施。

（4）总结处理，表彰先进。规划完成后，科技档案主管部门应认真总结处理，一方面要对规划内容的实施情况以及遗留问题进行客观分析和总结，对成功的经验加以肯定并推广，对失败的教训进行总结，另一方面要大力宣传落实规划的成就，对成绩突出的地方、个人或单位给予表扬。通过总结经验，表彰先进，为后续规划的制定和实施打下良好的基础。

三、标准化管理

标准是为在一定范围内获得最佳秩序，对活动或其结果规定共同的和重复使用的规则、导则或特性的文件，该文件需经协商一致制定并经一个公认机构的批准。标准应以科学技术和经验的综合成果为基础，以促进最佳社会效益为目标。标准化是为在一定范围内获得最佳秩序，对实际或潜在的问题制定共同的和重复使用的规则的活动。标准化包括制定、发布和实施标准的过程。标准化的重要意义在于改进产品过程和服务的适用性，防止贸易壁垒，促进技术合作。标准化的实质是通过制定、发布和实施标准达到统一，其目的是获得最佳秩序和社会效益。

科技档案的标准化管理就是通过科学的制定、贯彻和修订有关科技档案标准，逐步实现科技档案管理的统一化和规范化，以不断提高科技档案科学管理的水平。科技档案的标准化包括在科技档案领域范围内，对科技档案工作中重复出现的事物和概念作出的统一规定（如名词术语标准），以便在科技档案工作中建立统一的准则和依据；对科技档案管理技术和方法进行规范（如业务技术标准），建立科学的科技档案工作秩序。科技档案的标准化建立在科技档案工作经验的基础之上，并与有关部门协商一致，履行一定的审批手续。科技档案的标准化是一个过程，任何标准都具有一定的时效性和明确的适用范围，只有在一定时期和一定条件下才具有指导意义，随着社会实践内容及技术水平的不断提高，相关标准需要不断修订。科技档案标准是标准文献的一部分，具有一定的法律性质和约束力，具有一定的编制格式，通常包括标准级别、标准名称、标准号、标准提出单位、审计单位、批准年月、实施日期、具体内容等。

（一）科技档案标准化管理的必要性

从科技档案工作内部来讲，科技档案标准化管理是科技档案管理科学化与现代化水平的反映。随着科技档案数量激增、形态多样和利用需求的日益提高，科技档案资源建设与开发服务质量需达到较高水平，客观上要求提高科技档案管理的科学化和现代化水平。通过制定、实施统一的标准，为科技档案工作的作业方式、管理方法和岗位职责提供统一的规范，防止不同主体针对相同问题"摸石头过河"，为现代化管理创造了良好的条件。同时，制定和实施统一的科技档案标准，为科技档案的形成、质量验收、日常管理和监督检查工作提供了科学依据，以避免和克服科技档案管理中的低效、重复等问题。科技档案标准化的实施还有利于在科技档案专业内部建立共同语言，方便经验总结与交流，促进科技档案管理理论的探索和研究。

从科技档案事业及其外部联系来讲，科技档案事业作为国家现代化建设中的组成部分，与经济建设、科技发展以及各个领域都有着密切的联系，而科技档案标准化管理是沟通和密切科技档案管理与经济建设、科学技术及其管理之间联系的重要纽带。制定和实施科技档案标准必须以相关科学技术标准和管理标准为基础，并且主动与之相协调，这是科技档案标准的一个特点，是促进科技档案事业发展的需要，也是加强科学技术工作以及科技管理工作的必然要求。例如，国家档案局发布的《城市轨道交通工程文件归档要求与档案分类规范》（DA/T 66—2017）除引用必要的档案管理领域的标准、规范外，还引用了《城市轨道交通工程基本术语标准》（GB/T 50833—2012），以保证标准在实践中得以贯彻执行。

（二）科技档案标准化管理的内容

科技档案标准化管理是包括制定标准化计划、制定并发布标准（修订标准）、执行标准在内的一系列内容。

1. 制定科技档案标准化工作计划

科技档案标准化工作是科技档案管理的技术性、基础性工作，必须在科技档案事业发展方针、政策的指导下，根据科技档案事业发展的现实基础和实际需要，有计划地进行。从实施范围上看，科技档案标准可分为国际标准、国家标准、行业标准、企业标准等，科技档案标准化工作计划应根据标准的实施范围分别由相应的主管部门制定，如全国性的科技档案标准化工作计划由国家档案主管部门负责制定，地方性的科技档案标准化工作计划应由地方科技档案主管部门制定，各专业（行业）主管部门和企事业单位根据实际情况制定本专业（行业）和本单位科技档案标准化工作计划。

为保证所制定的科技档案标准的科学性和适用性，在制定标准化工作计划、选择标准化项目时应注意：根据科技档案工作的重点确定标准化项目；密切结合国家经济和科技发展，确定科技档案标准化项目；根据科技档案标准的相关性和系统性选择与之配套的内容作为标准化项目；根据科技档案理论和实践发展，选择比较成熟的标准化项目；加强科学预测，选择有影响的标准化项目。总之，标准化项目的选择应充分考虑其必要性、重要性和关联性，有计划、分清轻重缓急来进行。

2. 科技档案标准的制定与发布（修订）

（1）制定科技档案标准的原则。

制定科技档案标准，应根据标准化原理以及标准化工作的一般规律，在党和国家有关方针政策的指导下进行。其原则主要包括：充分考虑实际使用需要，在科技档案工作中重复出现的事物、概念、业务活动需要进行规范化，以取得最佳的经济效益和社会效益；技术先进、经济合理，即在标准中规范使用的技术方法要具有一定的先进性和适用性，应考虑到在实践中被采纳和施行的效果；从科技档案管理的全局出发，注重标准的社会效益；严格统一、衔接配套；在充分考虑适用性的前提下积极采用国际标准，为更大范围内的交流与合作奠定基础；把握标准制定的时机。

（2）制定科技档案标准的程序。

首先，组织标准化项目工作组，编制工作方案。

其次，编制标准草案，编写标准草案或征求意见稿要先经过调查研究、实验论证，广泛征求意见，然后根据征求的意见修改加工成标准草案送审稿，标准草案送审稿应严格按照《标准化工作导则　第1部分：标准化文件的结构和起草规则》（GB/T 1.1—2020）的格式撰写。

再次，审理和审查标准草案，送审稿要报归口的专业标准化技术组织审理，由其对送审稿的技术内容、编写方法、具体格式等是否符合规定，标准内容与相关标准或国家法令是否相抵触等问题提出审理意见。不符合要求的退回修改，符合要求的标准草案上报主管部门。标准化主管部门将对标准的技术内容和技术经济依据以及指标要求是否适应科学技术水平和发展方向等方面进行审查、批准。

最后，发布标准。

科技档案标准的修订是标准化工作的重要内容，通过标准不断更新促进科技档案工作水平的不断提高。一项科技档案标准制定以后，会在一段时间内具有先进性和指导作用，当它规定的技术和方法已经成为普遍现实的时候，就需要对其进行修订，以更先进的技术方法取代，以便继续对相关科技档案工作起指导和促进作用。《中华人民共和国标准化管理条例》规定，标准应隔 3～5 年复审一次，对标准予以确认、修订或废除。

科技档案标准的修订程序与制定程序相同，可根据具体情况简化某些环节，经过修订的标准，其编号中顺序号不变，只改变年号，如《科学技术档案案卷构成的一般要求》由 GB/T 11822—2008 代替 GB/T 11822—2000。

3. 科技档案标准的贯彻执行

（1）准备。推行新的标准意味着档案工作将发生一些新的变化，因此相关主体需要做好三方面的准备工作：一是认知准备，也就是对即将贯彻执行的新标准有正确的认知和认同，了解其先进性和对今后工作的指导意义与促进作用，从而在科技档案工作中自觉贯彻执行该项标准。二是技术准备，需要认真研究和掌握标准中所涉及的新技术方法，有些标准还要组织试点或示范，以便取得经验，进一步推广。三是必要的物质准备，有些标准的实施需要与之相配套的物质条件，为此需要提前准备。

（2）实施。科技档案标准的实施分两种情况：一种是贯彻、推行单个标准，如《科学技术档案案卷构成的一般要求》；另一种是围绕某项任务同时贯彻推行若干标准，如围绕档案管理升级达标活动同时贯彻与推行几个相关标准。

（3）检查。检查标准的执行情况，需要确定检查的内容和方法，要重点抓住基层科技档案机构这一主体，同时还应注意两个问题：一是注意企业标准与专业标准的关系，要求尽量采用科技档案专业标准并以此完善企业标准；二是抓落实，由于科技档案标准中软性成分较大，要防止基层单位以情况特殊为借口，不执行有关标准。

（4）总结。包括技术方面和贯彻方法方面的总结，要注意对下一步标准化工作提出意见或建议，这对促进标准化水平不断提高具有重要意义。

（三）科技档案标准体系

标准体系是一个国家或一个部门所有标准构成的有机整体。科技档案工作自检查、协助科技文件的形成、积累、整理、归档开始，经过科技档案的收集、整理、鉴定、统计、保管等一系列业务工作，直到有效开发利用是一个完整、不可分割的严密整体。在这一完整的过程中涉及多种要素和多个主体，由一系列标准组成的科技档案标准体系是保证科技档案工作质量水平不断提高的前提。科技档案标准体系主要由以下标准组成。

1. 基础标准

基础标准是以科技档案的技术事项为对象，为保证和提高科技档案内在质量的标准，如名词术语标准，科技文件标准，专业符号标准，案卷规格和质量标准，库房、设备标准、种类、计量单位标准等。

（1）名词术语标准。名词术语用来表达科技档案工作中的事物和概念，名词术语标准为科技档案领域的事物和概念赋予规范的表达方法，为科技档案的科学研究、合作和交流提供了共同语言，也为制定其他有关标准奠定了基础。例如，《档案工作基本术语》（DA/T 1—2000）不仅确定了档案工作的基本术语及其定义，也是档案领域和科技档案领域绝大多数标准的规范性引用文件。

（2）科技文件标准。科技文件的质量决定着科技档案的质量和科技档案工作的效益，制定科技文件标准不仅是科技工作和科技管理工作的任务，也是科技档案工作的组成部分，这是科技档案全程管理的必然要求。如制图标准、科技文件格式标准、科技文件编号标准、科技文件完整性标准等。

（3）专业符号标准。专业符号标准包括档案检索语言中分类号的构成、科技档案编号、科技档案馆代号等标准，如《档号编制规则》（DA/T 13—2022）。标准化的科技档案专业符号对实现科技档案现代化管理有重要意义。

（4）案卷规格和质量标准。案卷是科技档案管理的基本单位，对科技档案工作影响很大，其标准包括组卷标准，保管单位编目的项目、格式和方法标准，案卷内在质量标准，卷盒标准等。如《科学技术档案案卷构成的一般要求》（GB/T 11822—2008）。

（5）库房、设备标准。储存和保管好科技档案需要一定的库房与设备条件，库房和设备的质量直接关系到科技档案的保护与安全，因此必须制定库房、设备标准，包括库房建筑设计标准，档案柜架的质地、规格标准，档案保护设备技术性能标准等。如《直列式档案密集架》（DA/T 7—1992）、《无酸档案卷皮卷盒用纸及纸板》（DA/T 24—2000）、《档案密集架智能管理系统技术要求》（DA/T 65—2017）、《档案馆建筑设计规范》（JGJ 25—2010）、《档案馆建设标准》（建标 103—2008）等。

（6）种类、计量单位标准。科技档案的种类是揭示科技档案内容、性质的标志，也是协调、指导科技档案工作合理健康发展的依据，随着社会实践的发展，科技档案涵盖的范围越来越大，内容越来越丰富，必须提出其种类划分的依据和基本种类标准，为了配合科技档案管理，还应针对科技档案的特点规定其相关的计量单位标准。

2. 业务技术标准

业务技术标准是以科技档案工作的程序、手续、职责、要求为对象制定的标准以及某些与科技档案业务技术工作相关的标准，业务技术标准是保证科技档案工作有序进行的基础。主要包括以下内容。

（1）业务建设标准，包括归档、接收、整理、鉴定、保管、统计等业务工作的标准。

归档标准：科技文件归档是科技档案管理的基础，归档内容涉及归档范围、归档数量、归档时间、归档要求、归档手续、归档的义务和职责等。如《归档文件整理规则》（DA/T 22—2015）、《数码照片归档与管理规范》（DA/T 50—2014）、《原始地质资料立卷归档规则》（DA/T 41—2008）等。

接收标准：接收是科技机构丰富馆藏、履行其重要职责的措施和保证，接收标准包括接收范围、接收程序、接收方式、接收的职责和权益等。

整理标准：科技档案整理是建立库藏秩序的重要内容，同一行业、同一系统、同一种类的科技档案应尽量按同一标准进行整理，包括实体分类标准、整理工作内容和质量标准等，如《城市轨道交通工程文件归档要求与档案分类规范》（DA/T 66—2017）等。

鉴定标准：各专业主管机关、企事业单位制定的科技档案保管期限表是鉴定工作中最主要的标准，除此之外还有鉴定方法标准、销毁规则等。

保管标准：是在科技档案保管工作中制定和实施的标准，包括科技档案装具标准、库房管理标准、科技档案入库标准、各种载体档案库房的温湿度标准等。如《特藏档案库基本要求》（DA/T 55—2014）、《档案库房空气质量检测技术规范》（DA/T 81—2019）等。

统计标准：包括统计项目、统计方法、统计计量单位、统计表格以及各种登记用簿册账卡的标准等。

（2）著录标引标准。著录标引是科技档案信息存储和检索的主要手段，其标准包括著录规则、标引规则等。如《档案分类标引规则》（GB/T 15418—2009）、《档案著录规则》（DA/T 18—2022）、《地质资料档案著录细则》（DA/T 23—2000）等。

（3）开发利用标准。开发利用标准是规范科技档案服务的标准，包括科技档案利用范围、阅览室工作规范、有偿服务和计价标准、利用效益计算标准、科技档案信息交流的规范、科技档案编研成品质量标准等。

（4）现代化管理标准。现代化管理标准主要是指现代技术、装备在科技档案管理中应用的有关标准，包括新型档案载体材料质量标准、计算机使用与管理标准等。如《电子档案存储用可录类蓝光光盘（BD-R）技术要求和应用规范》（DA/T 74—2019）。

课后思考题

1. 简述当前我国科技档案管理体制。
2. 说明基层科技档案管理机构的性质、类型和任务。
3. 说明科技专业档案馆的类型、性质和任务。
4. 如何建设科技档案工作者队伍？
5. 简述科技档案事业依法治理的必要性。
6. 为什么要进行科技档案事业规划管理？
7. 简述科技档案标准化管理的必要性和内容。
8. 简述科技档案标准体系的组成。

第八章

科技档案收集

本章内容概要：以科技档案收集工作为核心，介绍科技档案收集工作的主体、对象、要求、方式、意义等基本内容，阐明基层科技档案部门科技档案的收集渠道、时机以及实施和控制措施，探析科技专业档案馆收集档案的原则、收集制度、收集手续和要求。

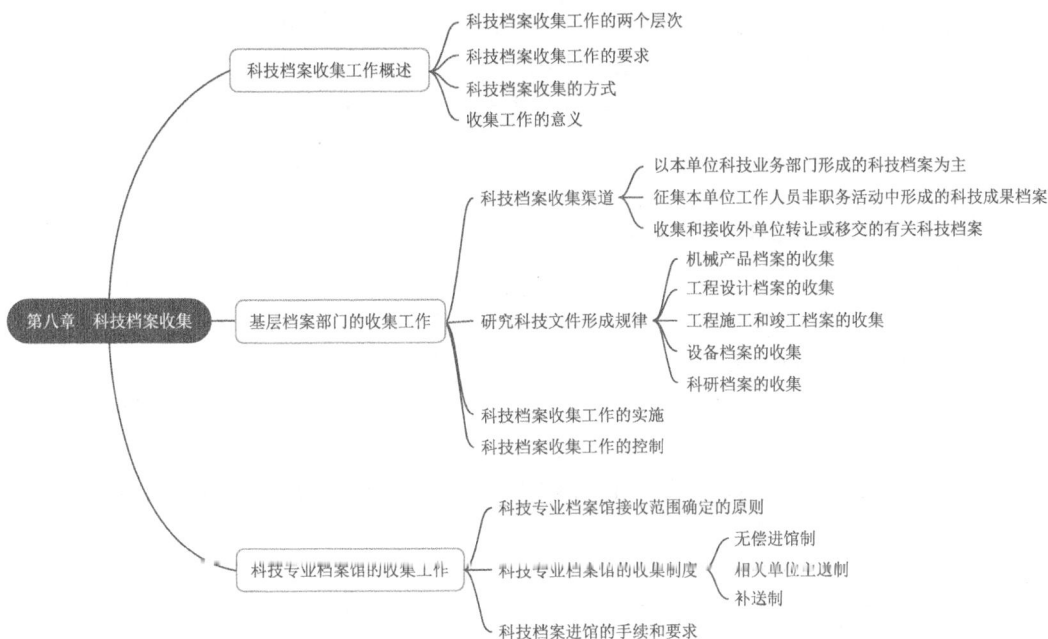

```
                          ┌─ 科技档案收集工作的两个层次
          ┌─ 科技档案收集工作概述 ┼─ 科技档案收集工作的要求
          │                    ├─ 科技档案收集的方式
          │                    └─ 收集工作的意义
          │
          │                    ┌─ 科技档案收集渠道 ┬─ 以本单位科技业务部门形成的科技档案为主
          │                    │               ├─ 征集本单位工作人员非职务活动中形成的科技成果档案
          │                    │               └─ 收集和接收外单位转让或移交的有关科技档案
          │                    │
          │                    │                   ┌─ 机械产品档案的收集
第八章 科技档案收集 ┼─ 基层档案部门的收集工作 ┼─ 研究科技文件形成规律 ┼─ 工程设计档案的收集
          │                    │                   ├─ 工程施工和竣工档案的收集
          │                    │                   ├─ 设备档案的收集
          │                    │                   └─ 科研档案的收集
          │                    ├─ 科技档案收集工作的实施
          │                    └─ 科技档案收集工作的控制
          │
          │                    ┌─ 科技专业档案馆接收范围确定的原则
          └─ 科技专业档案馆的收集工作 ┼─ 科技专业档案馆的收集制度 ┬─ 无偿进馆制
                               │                         ├─ 相关单位主送制
                               │                         └─ 补送制
                               └─ 科技档案进馆的手续和要求
```

第一节　科技档案收集工作概述

科技档案是科技档案管理工作的物质对象，也是科技档案资源开发利用的前提和保障。通过不同层次科技档案的收集使科技档案资源得以有效集中并为科技档案管理、开发、提供利用奠定基础，成为有效连接科技业务部门、基层科技档案部门、科技专业档案馆的桥梁。

科技档案收集工作是指基层科技档案部门和科技专业档案馆，根据国家和专业主管机关的规定，通过接收等方式，把具有保存价值的科技文件或科技档案，集中到科技档案部门统一管理的一项业务活动。此定义指出做好科技档案收集工作需要把握收集的主体、对象、要求、方式、目的等方面的内容。

一、科技档案收集工作的两个层次

科技档案收集工作依主体不同而划分为两个层次。第一层次为基层科技档案部门的收集工作，是指企事业单位的科技档案机构按归档制度的有关规定，接收本单位各部门在科技生产活动中形成的、有保存价值的、经过整理的科技文件。因各企事业单位的组织机构设置和职能分工不同，这里所说的基层科技档案部门，既可能是机构内专门负责收集和管理科技档案的部门，也可能是机构内综合性档案部门，还有可能是资料中心、信息中心等，基层单位科技档案部门表现较为多样，依具体设置而定。第二层次为科技专业档案馆的收集工作，是指各级各类科技专业档案馆根据其进馆范围，接收有关单位科技档案部门及其他科技档案所有者移交的科技档案，进而将同一专业范围内具有较高价值的科技档案进行集中保存。

通过两个层次的科技档案的收集工作，实现了科技档案资源两个层次的集中，第一层次实现了科技档案在立档单位内部的集中，第二层次实现了国家规模的集中，因此第一层次是第二层次的基础，第一层次收集的质量和效率决定了第二层次的质量和效率，二者共同构成了科技档案资源建设的主体。

二、科技档案收集工作的要求

科技档案收集工作是一项专业性极强的业务工作，为保证科技档案收集工作的质量，收集时应注意以下几点要求。

（1）科技档案的收集应符合法律法规的要求。《中华人民共和国档案法》在档案法律法规体系中居最高层次，是制定其他档案法规、规章的根本依据。《中华人民共和国档案法》第十四条和第十五条明确提出应归档的材料须按照相关规定向本单位档案机构或档案工作人员、档案馆移交，这是对档案收集工作提出的基本要求。科技档案是组织机构在科技活动中形成的记录，是重要的知识资产，具有较强的经济价值、社会价值，有些科技档案本身还承载着组织机构的商业机密，因此科技档案的收集工作除了要以《中华人民共和国档案法》为指导，还必须要注意知识产权法、企业法、保守秘密法等相关法律法规及政策的要求，既要保证档案资源的集中统一管理，又要维护相关主体的合法权益。

（2）遵循科技档案工作的基本原则。科技档案工作基本原则的核心为集中统一管理，收集工作是实现集中统一管理的根本路径。同时基本原则提出了科技档案资源的质量要求和管理要求，即完整、准确、系统、安全，达不到质量要求的科技档案不仅不会起到相应的现实指导或历史参考作用，还可能会起到反作用。基本原则明确了科技档案工作的目的——有效利用，这也是科技档案收集工作的终极目的，为科学制定收集范围、方式、时机等提供引导。

（3）要遵循科技档案的形成规律。科技档案是在科技活动中自然形成的，既具有较强的现时使用性，又具有历史研究和查考作用，科技档案收集工作在实现集中统一管理的同时也意味着将档案资源与形成该档案的科技活动分离，意味着将档案资源与形成该档案的立档单位分离，因此科技档案的收集工作一定要研究科技档案的自然形成规律，在此基础上明确收集范围、收集渠道、收集方式，确保在集中统一管理的同时保证科技活动、立档单位对科技档案的有效利用。

（4）要保证科技档案的质量。只有完整、准确、系统、安全的科技档案资源才能发挥其在现时使用或历史研究中的价值，而收集工作是保证档案资源质量的重要环节。为此应采用前端控制的理念，在科技文件形成时甚至是形成前就做好监督、检查及相关准备工作，将科技档案资源的质量要求明确提出，并纳入相关工作人员的日常活动中，在科技档案接收归档时进行严格的质量检查，如通过科技档案质量检查单制度对拟移交档案进行严格的质量检验，一般而言，传统载体档案的质量问题（如档案实体破损、缺张少页、要素不全、字迹不清等）是可以通过人工直观检查发现的，而数字档案的质量问题（载体损坏、格式不规范、内容不全或不可读等）却非常不直观，需要通过严格的检查和接收后的定期检查、随时检查才能确保档案资源的质量。

三、科技档案收集的方式

科技档案的收集主要是通过常规方式和补充方式来实现的。

科技档案收集的常规方式是接收，即基层科技档案部门和科技专业档案馆按照有关接收、归档制度的要求接收成套科技档案和零散科技档案，科技档案部门和科技专业档案馆的科技档案绝大多数是通过这种方式收集而来的，是科技档案收集中的典型方式、常规方式。对于基层科技档案部门而言，科技活动结束或告一段落以后，就会按照归档制度的要求，对归档文件进行质量验收，办理交接手续。对于科技专业档案馆而言，主要是按照进馆范围，确定接收项目和主送单位，履行进馆手续，将基层科技档案部门的科技档案接收进馆。该方式具有制度性和无偿性两大特点，也就是说，基层科技档案部门和科技专业档案馆对科技档案的接收是依照有关收集和归档制度进行的，移交和接收档案是交接双方履行各自职责的内在要求，是保证基层单位以及专业系统档案资源集中统一管理的基础。但由于科技活动的阶段性、持续性以及其他一些主观因素、客观因素的影响，导致仅靠接收这种方式，不能保证档案资源的质量，因此还需要其他方式作为补充。

科技档案收集的补充方式主要包括征集、征购或购买、代存、实测补制等。补充方式主要是对有关的零散科技档案或科技资料的收集。其中征集是档案部门向不同所有制单位或个人收集科技档案的一种方式，表现为国家向集体或个人收集具有国家保存意义的科技档案，因收集单位对所要征集的科技档案一般不具有所有权，通常要给予捐赠者必要的精神奖励或物质奖励。

征购或购买是科技档案部门或科技专业档案馆根据需要向不同经济核算单位和不同所有制单位计价收购科技档案的一种方式，征购一般是指科技档案拥有者履行义务向科技档案部门出售科技档案，购买则是指科技档案拥有者无出售义务，双方通过平等协商的方式购买所需科技档案的一种方式。

代存是科技档案部门或科技专业档案馆接受相关个人或单位的委托，代替其他主体保存、管理科技档案的一种方式，这些科技档案的所有权仍属委托单位。

实测补制是科技档案补充收集的一种特有方式，即通过对科技档案所反映的实体对象进行实际测量，重新生成相应的科技文件，以解决已有档案存在的短缺、不准确等问题。因实测补制方式牵涉面大、费用较高、周期较长，一般而言不能为了"补"而"实测补"，最好结合相应的科技生产任务来进行，如对某一设备档案进行实测补制可结合设备大修时进行，对某一基建档案的实测补制可结合该建筑物的维修或检测等工作来进行。

四、收集工作的意义

收集工作将分散形成、保管的科技档案进行了集中，具有以下四点重要的现实意义。

首先，收集工作通过科技文件与科技档案运动中的两次分离和集中，实现了科技档案资源的集中统一。对于基层科技档案部门而言，通过收集工作，科技文件的性质发生了转变，即从处于现行期的科技文件转化为科技档案，具有了科技档案的属性，开始履行科技档案的使命。对于科技专业档案馆而言，通过收集工作，实现了科技档案生命过程中的又一次分离和集中，即将科技档案与其形成单位分离，由科技专业档案馆实行集中统一管理，成为国家知识财富，更好地在全社会范围内广泛应用。

其次，收集工作是丰富科技档案资源的重要手段。科技档案是科技档案工作的物质对象，这些档案资源并不是由档案部门形成的，而是各个业务部门在科技活动中形成的，收集工作将分散形成、保存在业务部门的科技档案进行了集中，为分类、保管、统计、鉴定、开发利用等活动提供了物质基础。因此无论对一个单位或整个国家而言，收集工作是档案工作的基础，也是扩大馆藏规模、优化馆藏结构的重要手段。

再次，收集工作是贯彻科技档案工作基本原则的重要措施。科技档案工作基本原则的核心是集中统一管理，通过收集工作，基层单位的科技档案集中到了基层科技档案部门或综合性档案部门，各行业系统将重要的科技档案集中到各级各类科技专业档案馆，充分体现国家财富这一性质，为档案资源的广泛利用奠定基础。科技档案工作基本原则明确了科技档案的质量要求和管理要求，将科技档案集中到科技档案部门和科技专业档案馆，由专业人员利用专业知识、通过专业技术方法、按照专业标准、使用专业的设备设施等进行科学管理，更能有效保证科技档案的完整、准确、系统和安全，避免因分散保存而对科技档案质量造成的潜在风险。

最后，收集工作为科技档案资源有效开发和共享利用奠定基础。科技档案是科学技术的载体和结晶，蕴含着科技人员的科技思想、科技知识，充分开发、利用、广泛共享科技档案资源有利于吸收已有经验、教训，避免重复劳动，提高创新效率和水平，使随后的科技活动能够"站在巨人的肩膀上"。实现开发、共享、利用的前提是拥有丰富、优质的档案资源，科学的收集是其必要前提。

第二节　基层档案部门的收集工作

基层科技档案部门的收集工作是科技档案工作的基础，是国家科技档案事业的起点，因此需确保收集的渠道、方式、要求等方面的科学性。

一、科技档案收集渠道

1. 以本单位科技业务部门形成的科技档案为主

对于基层科技档案部门而言，科技档案大多是由科技文件转化而来的，科技文件是各业务部门的业务人员在科技活动中产生的，因此科技档案的收集应以本单位科技业务部门形成的科技档案为主。首先，接收归档的成套科技档案，这是基层科技档案部门收集科技档案的主要渠道，一般情况下，科技业务部门每进行一项科技生产活动，都要按归档制度的规定，把形成的具有保存价值的科技文件经系统整理后向科技档案机构归档移交，包括三种情况：一是科技活动正常结束，取得成果的全套文件；二是科技活动因故中断（即负结果项目），截至中断时已产生的全部文件；三是与外单位协作，按协议由协作单位移交来的全部档案。

协作项目中科技档案的收集以主持单位作为收集的主渠道，基层单位科技档案部门要根据本单位在科技活动中所处的地位明确收集的内容与方法，以保证协作项目全套科技档案收集工作的质量。一般而言，任何协作项目都有主持单位和参加单位，主持单位有且仅有一个，参加单位可能有多个，以主持单位作为收集工作的主渠道，是做好协作项目科技档案收集的保证。协作项目科技档案的收集分成两种情况，当本单位为主持单位时，科技档案部门要督促项目负责人做好项目成套科技档案的收集工作，各参加单位需将各自承担任务时所形成的科技文件收集齐全，经过鉴别、整理，按预定的要求移交给主持单位，由主持单位将各参加单位交过来的科技文件与本单位形成的科技文件一起进行系统整理，并向本单位科技档案部门移交归档。当本单位只是该协作项目的参加单位时，科技档案部门只需要将参与部分的科技文件，按归档要求整理归档，如果需要该项目的成套档案，可向主持单位提出要求，以复制件的形式进行收集。

其次，向本单位科技部门或科技人员收集零散的科技档案。零散的科技档案是相对于成套档案而言，不成套的、零散的。产生零散科技档案主要包括两种情况：一种是正常情况，即对已归档的成套科技档案的零星补充。由于科技活动一般持续的时间较长，科技活动中形成的实体对象存在时间跨度较长，成套科技档案移交归档后，还会有零散的科技档案源源不断地产生。如基本建设活动中，从工程设计开始到施工竣工为止形成了成套的科技档案，但围绕该基本建设活动形成的建筑物和构筑物，在今后的使用、管理、维护甚至改建、扩建过程中还会形成相应的科技档案，与已经形成并移交归档的成套基建档案相比，这些档案是零散的，但同时也是必不可少的补充。零散科技档案的产生是由科技活动的特性决定的，是正常的，是不可避免的。另一种是非正常情况，是应该集中保存的科技档案没有被集中起来，如散落在科技部门或科技人员手中的科技档案，或者由于保管不当、使用不当等导致科技档案被损坏或丢失，通过实测补制等方式补充的科技档案。

无论正常情况还是非正常情况，收集零散的科技档案是档案收集工作中不可忽视的一条重要渠道。

2. 征集本单位工作人员非职务活动中形成的科技成果档案

科技人员的非职务活动主要是指科技人员的非职务发明和其他业余科技活动。非职务活动中形成的科技成果一般应属于个人，形成的科技档案也归个人所有，但是由于某些非职务活动与本单位职能活动有密切联系，许多单位已经将这类科技成果视为有关人员工作业绩和水平的标志，是予以肯定或奖励的依据。因此，如本单位认为其中某些科技文件有保存价值，可以与科技文件的所有者协商，经本人同意征集或代管其原件或复制件。

3. 收集和接收外单位转让或移交的有关科技档案

企事业单位科技档案部门收集档案的主要渠道是单位内部的各有关部门，但也会涉及外单位，如对于建筑物的使用单位而言，当基建档案残缺不全时，常常需要向原设计单位或施工单位收集有关图样或文字材料。再如，设备的使用单位，向外单位补充收集有关设备档案的情况更多，因为购买设备时所提供的随机文件是有限的，在设备维修改造过程中，常常会感到随机文件不能满足其利用需求，特别是当设备档案散失或残缺不全时，更需要向设备生产单位补充收集有关科技文件。企事业单位向外单位甚至外国公司购买科技成果时，接收有关科技成果转让单位提供的科技文件，也是收集科技档案的一条渠道。

另外，某些企业破产或被兼并，应该按照相关规定向兼并或接收的企业移交其全部或者部分档案。在企业产权变动过程中，按照一定的原则接收相关企业的科技档案，有以下三种情况：一是按有关政策规定或事先签订的合同协议接收科技档案；二是向外单位购买以弥补本单位科技档案的不足；三是外单位或个人赠送。

例如，浙江仙居抽水蓄能有限公司董事长、党委书记姜成海在接受国家档案局经科司项目处处长采访时，当被问道"如何开展设备监造文件材料收集管理工作"时，讲到"设备档案在历次的机组检修和维护工作中起到了十分重要的作用。按照传统方法，设备文件材料的收集主要由档案工作人员参加开箱验收获得，但随箱的文件材料往往不够齐全。为解决这个问题，我们在设备采购及安装合同谈判时坚持要求厂家单独寄送全套设备资料，经设备负责人整理、确认齐全无误后，统一交由档案工作人员进行归档。我们还在设备监造大纲中明确了设备监造流程和产生的文件材料类别，在设备监造初就对监造人员专门开展文件材料收集整理培训；在监造过程中，建立了公司档案工作人员与设备监造人员的联动机制，确保双方能够随时沟通文件材料归档情况；在监造结束前，派出档案工作人员赴厂家手把手指导监造文件材料整理、移交流程，确保监造文件材料齐全、准确、完整。"

二、研究科技文件形成规律

科技文件是在科技生产活动中形成的，科技文件的形成与流转也因各类科技活动的程序性和阶段性而具有明显的规律，基层单位科技档案部门应了解本单位科技活动的内容和特点，掌握科技活动的规律和特点，进而把握科技文件的形成规律，明确科技文件形成、收集的重要环节和薄弱环节，抓住时机，做好收集工作。不同类型科技活动的规律不同、程序不同，科技文件形成和收集的重要或关键环节也不同。举例如下。

1. 机械产品档案的收集

机械产品从设计、试制到定型生产、进入市场要经过较长时间，这期间要经历设计和工艺方面的反复试验修改，形成大量科技文件。对于机械产品的设计研制而言，科技档案的收集工作抓住以下两个阶段：第一阶段为样机鉴定阶段，样机在鉴定之前处于试制过程，设计文件和工艺文件随着设计、试制的进行而不断地更改、调整，文件内容也不稳定。但是一旦进入鉴定阶段，所形成的科技文件，特别是设计文件都已经齐全、完整，并符合标准化要求，内容也基本上稳定下来了，因此，这是科技文件归档和档案收集的一个关键阶段。第二阶段为试制鉴定或产品定型鉴定阶段，产品经过小批量试制或产品定型鉴定，不但设计文件再次受到考验，而且工艺文件也再一次经过了实践的检验，此时科技文件完整、科学，是机械产品文件归档和收集的又一关键阶段。以上两个阶段对于保证科技档案的完整、准确至关重要，并且一旦贻误，对科技活动及后期科技档案管理将造成很大的麻烦，因此科技档案收集工作一定要把握好这两个关键时机。

2. 工程设计档案的收集

因工程使用性质和技术难度不同，工程设计周期也不同，但工程设计活动一般都具有两个特点：其一是任何工程设计都是按设计程序分阶段进行的，如设计前期工作阶段、初步设计阶段、技术设计阶段、施工图设计阶段。其二是任何工程设计都是为建筑施工活动提供依据，设计活动与建筑施工活动紧密相连。科技档案部门要注意分析工程设计活动的一般规律，把握以上两个特点，抓住关键阶段。对于中小型或周期较短的工程设计，可在设计结束后将其设计文件一次性收集归档，而对于大型工程或设计周期较长的工程而言，为维护工程设计档案的完整，保证收集工作的质量，一般应分阶段收集。为此科技档案部门应抓住以下两个重要的阶段进行收集工作。

一是初步设计阶段。在工程设计的各个阶段中，初步设计十分重要，因为工程经过前期准备形成了可行性研究报告、设计任务书以及相应的审批文件，这些文件是设计工作开展的依据，在此阶段形成的科技文件具有以下特点：以文字形式的科技文件为主；内容综合性、概要性比较强，是整个工程设计活动的重要依据；文件来源渠道比较多；文件一般只有一份，一旦散失极难补充。根据上述情况和特点，基层档案部门应抓住时机，在初步设计结束时及时做好科技文件的收集工作。

二是设计结束和总结阶段。工程设计经过技术设计、施工图设计后会进入设计总结阶段。此时项目设计文件已全部形成，科技档案部门应抓住时机，将该项设计活动形成的有保存价值的科技文件全部收集。

工程设计单位是通过提供工程设计文件为建设单位服务的，在整个设计活动中，围绕工程项目，设计单位同建设单位保持着密切的工作联系，尤其是在初步设计前后和施工图出图前后，相互之间联系最为频繁，因此，抓住这些时机做好档案收集工作，不但有利于工程设计单位本身科技档案的收集，而且有利于工程使用单位和建设单位形成的同工程设计有关的科技文件的收集。

3. 工程施工和竣工档案的收集

基建工程施工和竣工档案的收集，关键是要抓住竣工验收阶段。基建工程的竣工犹如机械产品定型，从文件形成的角度来看，应该形成的科技文件都已经形成，并且已经有条件反映建筑物的实际面貌，从工作活动来看，基建工程的施工活动已经结束，施工单位同建设单位将办理移交手续，不仅要移交建筑物，还要移交有关科技文件。就建设单位本身而言，围绕此项活动形成的科技文件也基本完成了其现行使用的使命可以归档了，因此抓住工程竣工验收这一重要环节，集中力量做好科技档案的收集工作，适应了施工文件的形成规律，是收集施工和竣工验收的一条重要经验。

4. 设备档案的收集

设备档案情况比较复杂，科技档案部门应根据各种设备的不同情况，抓住各自的关键环节，做好设备档案的收集工作。共包括以下三种情况：第一种情况，同土建工程连在一起的设备档案的收集，这类设备如石油、冶金、化工等企业的各种大型装置以及某些管道、线路等设备档案，由于它们是同该项目的土建工程连在一起的，可同相应的基建档案一样，在基本建设工程竣工验收时一并进行收集。第二种情况，自制设备档案的收集，一些企事业单位使用的某些专用设备需自行进行设计制造，对这类设备档案的收集，可借鉴机械产品档案的收集经验，抓住设备鉴定这个环节，集中做好有关科技文件的归档。第三种情况，外购设备档案的收集，多数企事业单位的设备都是外购的，外购设备档案的收集应抓住两个环节，一是设备开箱验收阶段，外购设备到货开箱验收时，及时清点和收集随机科技文件，可有效防止随机文件的散失，设备在安装、调试等活动中需要利用科技文件，也要先收集归档，经过登记后再借出，或将副本借出。二是设备安装调试完毕后，外购设备在安装调试过程中还会形成设备精度检验记录、设备性能检查、运行记录、设备安装基础竣工图、设备安装验收记录和设备移交使用记录等，设备安装调试完毕后及时将科技文件收集归档，此外，在设备的使用过程中，将陆续形成一些使用规范和维修、更新、改造等方面的科技文件，为保证精度，设备要定期大修，这时不仅要更换磨损的零部件，还要对相关的部分进行调整，形成许多新的技术文件。还应抓住大修这个环节，及时收集相应的科技文件，以保证设备档案的完整和准确。

5. 科研档案的收集

科研档案形成的随机性比较强，科技档案部门应根据科研工作的规律，抓住以下两个环节：一是年终总结阶段，有些科研课题研究周期较长，需要跨年度持续进行，年终时要进行当年实验研究的总结，利用这一时机，可以收集当年试验研究所形成的科技文件。有的科研活动虽然不是以年度为阶段，但由于该项科研活动周期较长，年终都要根据科研管理的要求，对一年中从事的科研工作进行总结，利用这个机会，科技档案部门可以将已经取得的有关成果的科技文件收集归档。二是成果鉴定阶段，科研活动的成果鉴定，标志着该科研课题研究工作已经完成，有关的科技文件已经形成，课题组将转向新的研究方向，根据国家有关科技成果鉴定制度的规定，科技档案部门在成果鉴定中担负着审查有关技术文件的职责，科技档案部门应该利用成果鉴定这一环节，及时做好科研档案的接收归档工作。《科学技术研究档案管理规定》规定："任何人不得以任何理由将应当归档的科技文件材料据为己有或拒绝归档。"第十四条和第十五条为科研项目立项论证阶段、研究实施及过程管理阶段、结题验收及绩效评价、成果管理阶段的归档范围提出基本参考，提出科研文件材料归档的要求。

当然抓住时机，并不意味着只在重要环节和薄弱环节特别强调档案收集工作，档案工作人员要在抓关键环节的同时准确把握科技活动的工作节点，做到收集工作的全流程、无死角，如浙江舟山液化天然气接收及加注站工程项目档案管理运用"1＋N"工作法管理档案（"1＋N"工作法即"项目＋各参建单位""项目档案＋各参建单位形成的档案""目标项目＋无数工作节点"），抓住图纸会审、技术交底、进度计划安排、设计施工变更、材料工序报审、施工记录、第三方检测、分部分项完成情况、中间结构验收、单位工程交工验收等工作节点，开展规范有效的管理。该项目档案管理通过运用"1＋N"工作法，树立全员规范管理意识，在项目档案管理的全过程紧紧围绕项目档案这个"1"，组织管理好"N"，多个参与者各司其职，采取"N"个控制手段，把握"N"个关键环节和工作节点，确保项目档案管理的质量（张燕儿，2018）。

三、科技档案收集工作的实施

科技档案收集涉及的关系错综复杂，不仅是科技档案工作的重要环节，也是科技管理工作的重要内容，为保证收集工作质量，应采用多种方式相结合实施收集工作。

一是将收集工作与计划管理相结合，科技档案部门要同计划部门紧密配合，掌握科技活动的具体安排，随时了解和掌握科技生产活动的动态，有利于及时、完整地收集科技档案。例如，年初档案部门应主动了解本年度本单位科技生产活动的计划，掌握本年度的计划项目及其工作进度，明确计划项目应形成的科技文件范围和形成时间，以便及时、主动地做好收集工作与归档的监督指导工作。另外，档案部门应根据生产计划制订接收归档计划，并把它纳入计划管理，将科技文件归档，作为科技项目完成的一个标志和科技项目考核的一项重要内容，在做好收集工作的同时，也发挥了科技管理的职能。

二是将接收归档与现场收集相结合，科技档案的收集，主要是通过接收科技文件归档实现的，为了保证科技档案的完整、准确、系统，科技档案部门还应深入科、室、车间、施工现场等形成科技文件的一线，主动做好科技档案的收集工作。如果归档制度比较健全，执行比较严格，则现场收集同接收归档相较处于辅助地位；若归档制度不健全，或者虽有制度而执行不够严格，则现场收集仍处于较为重要的地位。基层单位科技档案部门应正确运用接收归档和现场收集这两种方式，以提高收集工作的质量。

三是随时收集与集中收集相结合，在科技档案收集工作中，随时收集占一定的比重，这种方式能够根据发现的问题，及时、灵活、简便地做好收集工作，特别是接收归档时遗漏的零散科技文件、有关人员调动时应移交归档的科技文件、工作项目中断或发生变化清理时的科技文件以及出国人员带回应归档保存的科技文件等。随时收集需要同企事业单位日常管理工作相结合，才能取得理想的效果。在随时收集时，档案部门要特别重视突击形式的集中收集，如结合企业整顿、质量检查、保密检查等活动集中突击收集有关科技文件，这种方式因势利导，收集效率高，效果显著，对保证科技档案的完整、准确有重要意义。

四是实测补制与科技生产任务相结合，实测补制是科技档案补充收集的重要方式，但这种方式牵涉面大、费用高，应与有关科技生产任务结合起来进行，如对某一项设备档案进行实测补，可结合设备大修等活动来进行，对基建档案的实测补可结合该建筑物的维修或抗震检测等活动进行。

四、科技档案收集工作的控制

为保证科技档案收集工作的质量，需采用多种灵活的方式进行控制，以确保能够完整、准确、及时地集中统一管理科技档案。控制手段主要有以下三个。

一是制度控制，三纳入是有效保证科技文件形成和积累的重要措施，即把科技文件的形成、积累纳入科技工作程序，纳入生产、科研、基本建设等工作计划，纳入有关部门和工作人员的职责范围，而科技档案的收集与科技文件的形成、积累是有着时空上的相继性，二者在制度规定上要保持一致性和协调性，以保证科技档案的收集质量。鉴于此，科技档案的收集制度，需要根据每类科技文件形成和积累的纳入情况，明确收集的时间、范围、方式、责任人和要求等。

二是经济控制，在市场经济条件下适当运用经济手段，也是保证科技档案收集顺利开展的有效手段，包括内部经济控制和外部经济控制两种情况。对外运用经济控制手段，是指对承担本单位科技项目任务的外单位运用经济控制，如竣工图的编制，在工程承包合同中可以明确规定竣工图的编制单位的责任，并以经济控制手段确保竣工图的有效收集。对内运用经济控制，就是将科技档案的收集和业务人员及档案工作人员的岗位责任制和绩效考核结合起来，把科技档案的收集作为考核或奖励的一个重要条件。例如，如果在规定期限内该归档的科技文件没有及时按要求收集到科技档案部门，且属于档案人员过错，则降低责任人的绩效考核成绩，并扣除一定数额的奖金，通过这种方法将收集工作和经济利益合理地联系起来。

三是管理控制，就是要把好收集质量这一关，做好归档科技文件的质量检查，力求使进入档案部门保存的科技档案完整、系统、准确、齐全，符合科技档案管理的要求。检查一定要认真、细致，不厌其烦，发现问题及时指出并加以补救。如果有需要科技文件形成部门进行重新修改的，予以退回。

第三节　科技专业档案馆的收集工作

科技专业档案馆是国家保存科技档案资源的重要基地，其基本任务是积累国家科技档案资源，为社会提供服务。科技专业档案馆的进馆范围是科技专业档案馆业务建设的基础，科学确定科技专业档案馆的进馆范围，才能使收集工作有明确的对象，才能合理配置国家科技档案资源，并使科技专业档案馆工作与基层科技档案工作协调发展，进而发挥国家科技档案事业的综合效益。

一、科技专业档案馆接收范围确定的原则

进馆范围是由科技专业档案馆的性质和任务决定的，即着眼于保存社会科技档案资源，为国家长远需要服务。确定科技专业档案馆的进馆范围，应考虑以下几个原则。

1. 价值原则

科技专业档案馆是永久保存科技档案资源的基地，应该接收具有重要价值并需要长远保存的科技档案资源，为了确保科技专业档案馆的功能，对接收的档案应具有比较高的价值要求。

首先是历史研究价值，科技专业档案馆保存的科技档案应反映本专业科学技术发展的历史面貌和历史过程，使科技专业档案馆成为专业研究的基地，将历史研究价值作为科技档案进馆的重要原则，能够将那些反映本专业各个历史发展阶段的、具有代表性的科技档案集中在科技专业档案馆中，以便客观地反映本专业科学技术发展的历史脉络。

其次是现实查考利用价值，科技专业档案馆不仅应将具有重要史料价值的科技档案收集进馆，还要考虑现实利用的需要，如满足宏观决策和应对意外突发事件的需要，这就要求接收反映重大或重要科技、生产活动和具有普遍的社会利用价值的科技档案，使科技专业档案馆成为科技信息的利用和咨询中心。

2. 专业原则

科技专业档案馆是国家专业科技信息的储备中心，对保持本专业科技信息资源的完整负有重要使命，应当根据学科和专业分工的要求，保存本专业重要的科技档案和其他相关科技资料。因此科技专业档案馆在确定进馆范围时，应从专业角度解决好以下问题。

首先，从内容看，以反映本专业重要科技、生产活动的科技档案为馆藏主体。为保证国家科技专业档案馆事业整体的最佳功能，档案馆馆藏范围应有一定的分工，每个科技专业档案馆都是国家某一专业科技信息的储备中心，需要坚持和强调专业档案馆馆藏内容以本专业为重点，是实现对科技专业档案馆宏观管理和科技档案资源配置合理性、科学性的重要措施。

其次，从来源看，保证科技专业档案馆的专业特点。科技档案主要来自本专业系统的基层科技档案部门，但由于科技生产活动的相关性和我国经济体制的制约，在其他专

业系统也形成了一些与本专业密切相关的科技档案。从合理构建国家科技专业档案馆的馆藏结构、充分发挥科技档案的作用来看，原则上有必要接收其他系统或单位形成的与本专业密切相关的重要的科技档案，如地质档案资料馆负责接收各专业系统形成的地质成果档案。

最后，作为特定专业科技信息资源的储备中心和交流中心，为充分发挥其馆藏功能，科技专业档案馆也要收集和保管本专业重要的科技资料，如年鉴、国际交流资料等。

3. 分级管理原则

我国科技档案工作是在集中统一管理的原则下，按专业实行分级管理，在确定各科技专业档案馆的进馆范围时，应根据分级管理的原则通盘考虑。

首先，科技档案移交单位应有层次之分，为了保证馆藏内容的合理分布，各级科技专业档案馆原则上只接收同级专业主管部门及其直属企事业单位的科技档案。例如，根据科技专业档案馆的层级，国家邮电档案馆主要接收邮电部及其直属单位移交的科技档案，省邮电档案馆主要接收本省邮电厅及省属邮电单位移交的有关科技档案。

其次，对科技档案成套性的要求也应有详略之别，科技专业档案馆与基层科技档案部门是两个不同的管理层次，在接收成套科技档案的内容和成分方面应有一定的差别。科技专业档案馆是面向社会服务的，以满足历史研究和现实查考需要为己任；基层科技档案部门是面向科技生产第一线的，主要满足本单位科技生产活动需要。由于二者的任务和服务对象不同，科技专业档案馆和基层科技档案部门保存的科技档案的成套性有所区别，特别是科技档案进馆后，其形成单位应保留原件，为减少不必要的重复，提高科技专业档案馆的工作效率，对于成套的科技档案，科技专业档案馆只保存最基本的部分而不全部接收。

4. 综合性原则

科技专业档案馆是各专业系统以科技档案为主体的综合性档案馆，应该保存本专业需要长远保存的重要科技档案和需要永久保存的其他档案。

根据国家档案馆建设的有关规定，科技专业档案馆都是由各专业主管部门设置的，任何一个科技专业系统，其各项工作活动都是密切联系的，在这些活动中形成了以科技档案为主体、互相紧密联系的各种档案，为了遵循其形成规律和管理利用规律，客观反映该专业系统的历史面貌，发挥档案的整体功能，科技专业档案馆除接收反映本专业科技生产活动的科技档案，还应同时接收反映其他活动的需要永久保存的档案成分。因此就馆藏内容而言，科技专业档案馆应该是以科技档案为主的综合性专业档案馆。

二、科技专业档案馆的收集制度

（一）无偿进馆制

无论在计划经济条件下，还是在社会主义市场经济条件下，国家对科技活动的开展都给予了相应的支持或投资，科技档案是科技生产活动的成果，在其产生和形成过程中，国家已经投入了相应的人力、财力、物力，因此这些科技档案已成为国家财产，科技专业档案馆接收科技档案是对国有科技、文化财富实行集中统一管理的手段，科技专业档案馆不向档案的移交单位交费或提供补偿，实行无偿进馆制。

（二）相关单位主送制

科技专业档案馆接收科技档案，实行相关单位主送制，即对不同种类乃至不同项目的科技档案，按照国家和专业主管机关的有关规定，分别确定其主送单位，对科技档案采取重点接收进馆方式。

相关单位主送制是科技专业档案馆接收进馆的特殊方式，科技档案与其他档案不同，对其他档案而言，凡属永久保存的应全部接收进馆，科技档案具有特殊性，因为一项科技活动涉及主体众多，产生的档案并非仅由一家单位拥有，如产品档案、基建工程档案、同一型号的设备档案等，所以科技档案一般不采取普遍接收进馆的方式，而实行相关单位主送制，主送单位报送的档案有不足或缺少的部分，可由其他有关单位补送。这样在丰富馆藏的过程中，避免重复，有利于科技专业档案馆的业务建设和科技档案的集约化管理，提高馆藏的综合效益。

（三）补送制

补送制是原移交单位负责补充报送反映其项目发展变化的科技档案，以保证进馆科技档案的质量，如进馆产品的更新换代，基建工程项目的重大改进、扩建等，都属于原移交单位补送的范围，具体可采取重大变化随时补送、一般变化定期补送的方法。科技档案补送制是适应科技档案的形成特点、保证科技档案的完整和准确、实现科技专业档案馆的职能的重要制度，是科技专业档案馆收集档案工作的重要制度。

科技专业档案馆也可通过征集和购买的方式将保存在非国有单位和个人手中的科技档案保存到科技专业档案馆，这也是一种补充收集的方式，如了解到某单位和个人所拥有的科技档案对丰富馆藏有很重要的意义，或者按照有关规定，指定由本馆收购、征购或代管科技档案。征集或征购科技档案既要合法又要合算。

三、科技档案进馆的手续和要求

首先，需要把住质量关，保证进馆档案的质量。科技专业档案馆是国家专业档案的储备中心，馆藏档案质量是科技专业档案馆履行其使命的基础，而科技专业档案馆馆藏档案质量的基础在于档案的移交单位，因为科技专业档案馆所藏档案是各移交单位在其工作活动中形成的，它的质量状况是各移交单位科技文件、科技档案的工作状况决定的，为了保证科技档案质量，必须把好接收进馆的质量关，协助和指导移交单位做好进馆档案的筛选、必要的补充和系统的整理，大宗档案接收进馆之前应派人到移交单位进行现场预检，确保科技档案的完整、准确、有序。

其次，制定可行的收集进馆方案。科技专业档案馆在接收科技档案进馆之前，应做好调查研究工作，摸清每年有多少个单位的科技档案需进馆，每个单位进馆的数量、种类、保管状况、分类整理的方法以及科技档案的质量，在掌握上述情况的基础上，根据自己的馆藏条件和接收能力制定具体的接收进馆方案。接收进馆方案是科技专业档案馆接收工作的计划指导性文件，应尽量科学、具体，既要考虑进馆需要，分别确定科技档案的移交项目及主送单位，又要考虑进馆可能，兼顾科技专业档案馆的接收保管能力，考虑收集工作同科技专业档案馆各项业务工作的衔接。在统筹安排的基础上，有计划、有步骤、分期分批地做好接收工作。

再次，严格检查，做好进馆档案检查验收工作。凡是准备进馆的科技档案，不仅在进馆前要经过馆方实地检查，在正式接收时还要再次进行严格、全面的检查，检查的内容主要包括两个方面：一是要检查档案的内容质量，进馆档案要根据移交清册逐项、逐卷、逐件的核对，确保其完整无缺；二是要检查档案的保管质量，包括各种载体的质量、信息记录的质量、有无霉斑/虫蛀/受潮等痕迹，以采取适当措施，确保这些档案能够长久保存。对接收档案进行检查应作出验收记录，对其质量状况作出评价，并对发现的问题提出处理意见。

最后，履行科技档案进馆的交接手续。向科技专业档案馆移交档案时，移交单位需准备一式两份的移交清册和有关科技档案的考证材料（考证材料是为了使科技专业档案馆掌握相关科技档案的情况而撰写的有关科技生产活动及其科技档案状况的说明，对于科学管理和开发利用科技档案有重要的参考作用），对进馆科技档案进行检查验收以后，科技专业档案馆与科技档案移交单位要在移交清册和验收记录上签字交接，双方各留一份备查。

课后思考题

1. 简述科技档案收集工作的基本要求和方式。
2. 简述科技档案收集工作的意义。
3. 简述基层档案部门收集科技档案的对象与渠道。
4. 科技档案收集工作的控制手段有几种？分别是什么？
5. 科技专业档案馆接收档案范围确定的原则是什么？
6. 简述科技专业档案馆收集制度的内容。

科技档案整理

本章内容概要： 科技档案整理在科技档案业务工作中承前启后，为科技档案的科学管理、有效利用奠定基础。本章首先概述科技档案整理的概念和内容、意义与原则，揭示科技档案分类的严整性规则、排他规则、同一规则、效用性规则和相对稳定性规则，其次阐述科技档案的分类方案与分类方案编制的程序，提出科技档案的分类方法及其综合运用。最后介绍编注科技档案号和科技档案排架工作，通过科技档案整理工作使科技档案能够准确、迅速地提供利用。

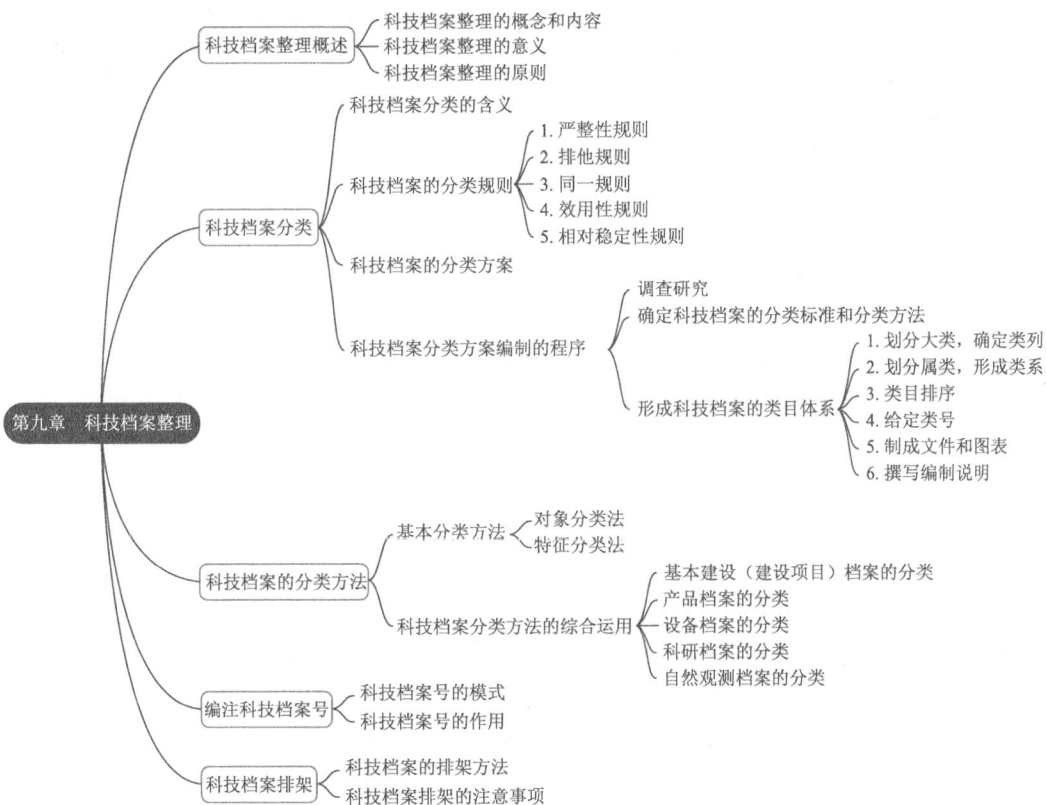

- 第九章　科技档案整理
  - 科技档案整理概述
    - 科技档案整理的概念和内容
    - 科技档案整理的意义
    - 科技档案整理的原则
  - 科技档案分类
    - 科技档案分类的含义
    - 科技档案的分类规则
      - 1. 严整性规则
      - 2. 排他规则
      - 3. 同一规则
      - 4. 效用性规则
      - 5. 相对稳定性规则
    - 科技档案的分类方案
    - 科技档案分类方案编制的程序
      - 调查研究
      - 确定科技档案的分类标准和分类方法
      - 形成科技档案的类目体系
        - 1. 划分大类，确定类列
        - 2. 划分属类，形成类系
        - 3. 类目排序
        - 4. 给定类号
        - 5. 制成文件和图表
        - 6. 撰写编制说明
  - 科技档案的分类方法
    - 基本分类方法
      - 对象分类法
      - 特征分类法
    - 科技档案分类方法的综合运用
      - 基本建设（建设项目）档案的分类
      - 产品档案的分类
      - 设备档案的分类
      - 科研档案的分类
      - 自然观测档案的分类
  - 编注科技档案号
    - 科技档案号的模式
    - 科技档案号的作用
  - 科技档案排架
    - 科技档案的排架方法
    - 科技档案排架的注意事项

■ 第一节　科技档案整理概述

一、科技档案整理的概念和内容

科技档案接收后，仍处于无序状态，无法有效地提供利用。为使其与原有库藏整合成有序的集合体，需对其进行整理，即通过对科技档案的分类、归类，确定科技档案在库藏体系中的位置，并以编号的形式将其固定下来的过程。

从科技文件、科技档案的生命过程来看，自形成后，需经历以下三个系统整理的阶段。

第一阶段：在科技文件归档前，科技文件形成者和科技业务部门在档案部门的协助、指导之下，对科技活动中形成的科技文件进行鉴别、鉴定、分类、组卷、编目、保存等工作，对分散、无序的档案进行系统整理。

第二阶段：科技档案部门对各业务部门移交归档的科技档案进行分类、归类、案卷排列、编目、上架存放、现代化管理，使档案部门所保管资源成为一个有序的整体，进而才能以更有效的手段和方式向各业务部门或相关单位提供利用，发挥科技档案价值。

第三阶段：科技专业档案馆按照进馆范围，接收各基层单位档案部门移交的档案后，为保证馆藏整体的系统、科学，保证各全宗档案完整、准确、有序，需要将各单位移交的科技档案进行系统整理，包括分类、归类、上架、现代化管理等，以使科技专业档案馆实现其作为专业档案储备中心、利用中心的使命。

以上三个阶段的系统整理密切联系又相互区别，虽然整理的对象、工作内容、责任者、最后结果各不相同，但是与科技文件和科技档案的自然形成规律相一致，与国家的有关要求和规定相一致，有利于科技档案为社会创造更好的经济效益和社会效益。

二、科技档案整理的意义

科技档案整理在科技档案业务工作中承前启后，通过整理，使科技文件、科技档案资源序化，为科技档案的科学管理、科学利用奠定基础，因此有效、科学的整理工作意义重大。

首先，科技档案整理是实现科学管理的基础。科技档案整理的实质就是对科技档案进行序化的过程。一方面对其内容进行序化，有利于科技档案的查找利用；另一方面，对其实体进行序化，有利于科技档案的安全保管，为科学管理奠定基础。

其次，科技档案整理是查找利用的前提。科技档案是否经过整理及整理是否科学将直接影响利用效果，经过科技档案内容和实体的序化，不仅能够客观揭示单份科技档案的形式特征和内容特征，还能将科技档案与其产生背景相关联，揭示科技档案之间的有机联系，一方面易于科技档案工作者了解和熟悉所管理的科技档案，从而能够准确、迅速地提供利用，另一方面也便于用户了解、查找所需要的科技档案信息。

三、科技档案整理的原则

科技档案整理的原则是遵循科技档案的形成规律，保持档案之间的有机联系，便于保管、保密和利用。

科技档案整理原则包含以下两方面内容。

一是科技档案整理工作的指导思想，即在整理科技档案时要遵循科技档案的形成规律，保持档案之间的有机联系。科技档案是在科技活动中形成的，其形成规律与科技活动开展的规律相一致，也就是说，在什么样的科技生产活动中会形成什么样的档案，在科技活动不同环节中会形成、积累什么样的科技档案，都是基于业务活动的关联和需要，科技档案之间也必然存在这种关联和需要，科技档案整理既要体现这种关联，也要满足这种需要。因此在科技档案整理工作中，就是既要把不同科技生产活动中形成的科技档案区别开，又要把档案之间的相互联系体现出来，为日后的保管和利用奠定基础。

二是科技档案整理的目的和要求，即便于保管、保密和利用。科技档案整理，无论是组卷、分类还是编号、案卷排列，其目的都是通过科学地序化而便于其保管、保密和利用。

科技档案整理的目的、要求与指导思想之间存在着密切联系，保持联系要以有利于保管、保密和利用为标准，也就是说，当保持联系与保管、保密和利用出现不一致时，以后者为主。

在科技档案整理实践中，要贯彻科技档案整理原则，关键在于确保指导思想与目的、要求的统一，也就是要以便于保管、保密和利用为宗旨，遵循科技档案形成规律，当科技档案之间有多种维度的关联时，选择最本质、最紧密的联系（包括内容联系和形式联系）。为此，在具体的整理工作中，特别是对科技档案分类的过程中，要着重考虑以下几点。

（1）考虑科技文件形成的具体目的。科技文件是在科技活动中基于特定需要而形成的，都有着其特定目的，在文件内容上也体现出其特定性，如有的是为了探寻自然界某一事物或某种现象的发展规律，这时就要体现出科技文件在时间上的连贯性，因此需要保持时间方面的联系；有的是为了反映某事物的外貌和内部结构而形成的，此时的文件虽然也有时间的相关性，但其目的主要不是反映时间上的连贯性，而是要反映事物面貌和内部结构的真实性，因此应当保持的是外貌或内部结构的联系，如产品设备档案等。

（2）考虑科技文件形成的历史阶段。科技活动大多都是分阶段进行的，不同阶段形成的科技文件的内容、形式、目的、利用需求各不相同，如工程的设计阶段和施工阶段，科研的准备阶段和实验阶段等形成的文件等，因此在科技档案整理时需要把不同阶段形成的文件区别开，把同一阶段形成的文件集中起来，这也是遵循档案形成规律的一种方法。

（3）考虑科技档案的形成部门。专业、部门的划分都是依照客观规律的具体要求而进行的，不同专业、不同部门形成的科技档案总是记述着不同的专业内容，因此按专业或部门分类也是符合其形成规律的体现。例如，在一个工业企业里，生产技术管理、设备管理等部门因其业务活动的不同形成的科技档案也各不相同，科技档案整理时要按照形成部门分开，不能混淆。

（4）考虑科技档案的不同形式。不同载体形式、不同记录形式的科技档案，管理时所需的技术条件和环境也有所不同，如底图、照片、光盘等不同形式，为了便于保管和利用，要分开整理。虽然分开整理可能会破坏科技档案在形成者、形成阶段等方面的联系，但对于科技档案的保管、保密和利用是非常必要的。

■ 第二节　科技档案分类

一、科技档案分类的含义

分类是管理事物、认识事物时经常使用的一种方法。

"类"这一词语最早来源于拉丁文的"classis"。据有关史料记载，类最初是古罗马时期对市民的称呼，而这种称呼主要是根据财产的多少来划分的。可见，类是一种经过划分的结果，当时划分类的原则和标准主要是财产数量。随着时间的推移，类逐渐被赋予哲学的内涵，类是指具有共同属性的一组事物的对象集合，既可以表现在具体事物上，也可用来反映比较抽象的概念。在分类体系中，类又称为类目，表示类目概念的名称是类名。类名是类目体系中最基本的构成单元。

类是一种抽象化的概念，分类是人们对事物重新认识的过程。对于档案而言，人们都知道它的基本含义，但将档案分成文书档案、科技档案、专门档案等时，就要对这三种事物进行具体的分析研究。尽管文书档案、科技档案、专门档案都属于档案的范畴，但三者因产生领域、内容、管理手段等方面的不同又会相互区别。可见，分类是指人们认识事物、区别事物，并在此基础上组织事物的一种科学方法，是人们根据事物的属性进行区分和类聚的过程。类聚是指人们将已经认识了的事物逐一区分后，再将具有某种共同属性的事物进行归类的过程。借用哲学术语来解释分类，实际上就是对事物进行演绎和归纳的过程。一般情况下，人们的分类对象主要有三类，即实物（具体层面）、概念（抽象层面）、实物与概念的集合体。

科技档案分类是根据科技档案的内容性质和形成特点，按照一定的分类标准，把一定范围内的科技档案划分成不同的类别层次，从而形成具有一定从属关系和平行关系的不同等级的科技档案库藏系统。

科技档案分类是科技档案整理工作的核心内容。通过分类，一方面可以更加充分地揭示科技档案的内容和形式，通过对科技档案的内容性质和形式特征进行分析、比较、研究、评价并揭示，可以帮助人们从内容方面了解科技档案，以便正确判断其所属的专业领域和业务活动，从形式方面揭示科技档案主要是帮助人们了解其类型、格式等特征；另一方面，可以更有效地区分科技档案，根据揭示出来的内容特征和形式特征，将不同科技档案进行比较，从而同其所同，异其所异；另外，按照一定的分类标准，将科技档案及其相关信息记录存储于馆藏体系之中，实现了科技档案资源的序化。

二、科技档案的分类规则

科技档案分类是实现其科学管理的必要手段，这既是一项严密的思维活动，又是一项重要的业务实践，需要满足的相关规则主要有以下几类。

（一）严整性规则

科技档案的分类，是为了将库藏档案资源序化为具有一定从属关系和平行关系的等级系统，因此严整性原则就是从整个分类体系结构严密、逻辑合理的角度来看，表现为纵向上的从属关系和横向上的平行关系。从纵向上看，它表示大类和它所展开的各级属类之间的关系，即上位类和下位类之间的关系，对于上位类，一定要能包含它的下位类，而下位类一定要是它的上位类的组成部分，两者之间是总体和部分的关系。从横向上看，它所表示的是同一层次上各类目之间的关系，即同位类之间的关系，它们之间是并列概念，不能交叉、重复。

（二）排他规则

排他规则是指在科技档案分类时，要求同位类目之间必须是相互排斥，不能交叉重复的。这就要求类目内涵清楚，外延界限分明，不存在交叉、模糊的空间，如果类目的外延有交叉重复，可能就会导致某些档案在归类时有模糊空间，放到不同类目中均存在合理性，导致无法保证归类的一致性。例如，如果将基建档案划分为生产性建筑、生活福利性建筑、公用建筑等类别，其中生活福利性建筑与公用建筑类外延有交叉，如食堂，既有生活福利的特征，又有公用建筑的特征，对其档案进行分类时可能因类目设置不严谨而导致归类结果不统一。

（三）同一规则

同一规则是从分类标准的选择和应用来看，要求针对同一上位类目进行细分时，必须采用同一分类标准形成其下位类类目，这样才能保证所划分出的类目是互相排斥的，保证每一档案单元在分类系统中有且仅有一个位置。反之，如果在对某一类目进行细分时采用了不同标准，那么所划分出来的子类之间在外延上会有交叉或重合，如对机械加工设备档案分类时，存在多种分类标准，如使用性质、精密程度、设备来源等，但对同一个类目细分时，只能选择其中的一个作为分类标准，绝不能将两个或多个标准同时运用到一次分类之中，如不能将机械加工设备分为车床、铣床、镗床、进口设备、国产设备等，因为在该分类中就运用了使用性质和设备来源两个标准，导致归类时某些档案无法确定其唯一位置。

应该注意的是，同一规则并不是指整个科技档案分类方案完全采用同一标准，也不是指某一层级的类目在细分时全部采用同一标准。从分类工作的整体上看，采用的分类标准可以是多样的，根据科技档案的实际情况，逐层、逐个地确定不同类目的分类标准，将多种分类标准组合使用。在分类实践中必须根据类目的含义以及所包含的科技档案的实际情况确定其细分时应采用的分类标准，如在一级类目中有科技活动和合同管理两个类别，科技活动与合同管理差别较大，不可能采用相同的分类标准进行细分，而是需要根据其各自的特点选定划分标准，如科技活动二级类目可按照活动内容划分，而合同管理则按照项目划分。

（四）效用性规则

效用性规则是从分类结果上看，所形成的分类体系要适应基层科技档案机构或科技专业档案馆馆藏档案的特点及其管理、利用需要，科技档案分类是实现其科学管理的一种手段，因此衡量科技档案分类的效果是看它是否为科学管理创造条件，这就要求科技档案分类在分类层级和类目数量上具有一定的灵活性。科技档案分类同一般的逻辑意义上的分类不完全相同，逻辑分类要求遵循相称规则和不越级规则，科技档案分类需要考虑分类对象的数量和利用效果，无法完全实现相称和不越级划分的要求。从便于管理的需求出发，科技档案的分类层次并不是越多、越细越好，类目数量也不是越多越好，类目层级、数量越多，必然增加管理工作的复杂程度，因此科技档案分类层次与类目设置应在确保分类科学性的前提下，灵活处理，满足科技档案科学管理的需要。

（五）相对稳定性规则

分类是科技档案整理的核心，也是科学管理的关键，牵动着科技档案管理全局，如果分类发生变化，可能会导致大量工作的变化，如排架、编号、检索等。因此，无论对于基层科技档案机构还是科技专业档案馆，科技档案的分类体系必须保持一定时间的稳定，不宜经常或频繁地变更。但是科技档案源于科技活动，而科技活动并非一成不变的，如企业在改革、转型过程中，必然会涉及其科技活动的调整或改变，即使同一类型的科技活动，随着管理需求、技术手段、设备材料等方面的变化，科技活动内容、流程、周期等也会相应变化，而科技活动的变化必然会导致已有科技档案分类方案的不相适宜，因此适时进行调整和完善也是非常必要的。

科技档案分类的相对稳定性规则就是分类中"变"与"不变"的权衡，既不能僵化、一成不变，也不能朝令夕改。为此，在制定分类方案时，一定要全面细致的研究，既要摸清现状，又要有一定的预见性和前瞻性，使分类体系在尽量长的时期内，能够覆盖基层科技档案机构或科技专业档案馆库藏的全部，并留有一定的余地。

三、科技档案的分类方案

科技档案分类方案，又称分类表，是用文字或图表的形式列举科技档案的类和属类系列，概括各个类和属类所包含的科技档案的内容与范围，是用来指导科技档案划分类的类目表。科技档案分类方案提供了一个完整的分类体系，能够提纲挈领地反映库藏的全部内容，是进行类别划分和归类的依据性文件。因此每个基层科技档案机构和科技专业档案馆都应根据库存科技档案的实际情况，遵循相应规则，编制科学可行的科技档案分类方案。编制科技档案分类方案，既是分类工作的一项重要内容，也是科技档案部门的一项基础性工作。

科技档案分类，要符合形成档案的组织机构和科技活动的性质与特点，《科学技术档案工作条例》明确规定，国务院所属各工业、交通、科研、基建等专业主管机关，应当拟定本专业系统的科技档案分类大纲。专业主管机关编制的科技档案分类大纲，也属于科技档案分类方案，是指导本专业系统所有企业、事业单位进行科技档案分类的依据性文件。企业、事业单位和科技专业档案馆编制科技档案分类方案时，应以专业系统的分类大纲为指导。例如，《工业企业档案分类表》中，将工业企业档案分为十个一级类目，即党群工作类、行政管理类、经营管理类、生产技术管理类、产品类、科学技术研究类、基本建设类、设备仪器类、会计档案类、干部职工档案类。各行业以此为指导并结合自身的特点，制定更为具体的分类方案，如《煤炭工业企业档案分类规则》中将煤炭工业企业档案设置为 12 个一级类目，即党群类、行政类、经营管理类、生产技术类、地质勘探类、基本建设类、科学技术研究类、设备仪器类、产品类、会计类、职工管理类、特殊载体类。某煤炭生产、运销集团将该集团档案分为管理类、项目建设类、设备仪器类、会计业务类、职工管理类、特殊载体类等，由此可看出不同层级分类方案之间的衔接关系。

不同行业系统科技档案分类方案的基本结构大致相同，都是由说明、类目表和分类号构成的。

1. 说明

说明是科技档案分类方案中不可缺少的一部分，其内容主要包括分类方案编制的指导思想、分类方案的适用范围、分类标准的选择、类目排列的依据、分类号的含义以及类目表使用中应注意的问题等，目的在于指导人们正确地使用该分类方案。

2. 类目表

类目表是根据类目之间的内在关系和一定原则组成的，并能够反映类目序列，是科技档案分类方案的主体，一般由纵向类目（类系）和横向类目（类列）构成，类目表在很大程度上决定了分类方案的实用性和适用性。

类目也称类名，是类别的名称，是根据类别内容概括出来的名称，科技档案的类目要求稳定、确切，其中稳定就是要求类名不能随意或经常变动，应保持相对稳定，确切就是要求类名要恰如其分地反映类别特征，文字表达要准确，类名的内涵、外延要明确，不可含混不清。

科技档案的类目表有三种表现形式。

一是图示法，即用展开图的形式来表现类目之间的关系。这种方法明确、直观，适用于分类层次简单、类目数量较少的分类方案。具体又可分为根系法和侧系法。

二是表格法，即用表格的形式来反映科技档案的类目结构，其中竖栏可用来表示类目之间的从属关系，横向可用来表示类目的并列关系。这种方法制作简单，适用于反映类别层次少、同位类类目较多的大型分类方案。

三是缩行法，即根据类目之间的等级关系，以缩行的形式来表示类目层级的方法。这种方法节省空间，便于通览类目，适用于层次多、类目多的比较复杂的分类方案。

3. 分类号

分类号是类目在分类体系中的代号，在分类体系中，通常以简洁的号码来代替类目，反映该类目的内涵，成为科技档案工作者的一种技术语言，将类名转变为分类号，更加方便科技档案的整理和科学管理。分类号以号码的形式将类名之间的并列关系和从属关系固定下来，有利于档案工作者对类目体系全面了解和掌握。因此一般而言，类号要具有方便性、易记性和逻辑性等特点。

根据分类号所使用的标记号码的种数来看，科技档案的类号主要有单纯号码制和混合号码制。其中，单纯号码制是只采用一种具有固定顺序的符号系统构成的分类号，又可分为单纯数字号码制和单纯字母号码制，但是在国内外各种文献的分类体系中，采用单纯数字号码制的情况比较多（如《杜威十进分类法》等），而采用单纯字母号码制的情况比较少，主要原因就是字母制的简便性、易记性较差。混合号码制是采用两种或两种以上的具有固定顺序的符号系统构成的分类号，通常是由字母（代字）或数字（代号）混合而成的，一般以字母标记基本大类或二级类，随后的分类层级用数字标记。其中的代字以汉语拼音字母充当，一般要求代字具有专指性，即同一个代字不能代表两个类目，至少在同一分类层次中不能出现两次。

科技档案分类号码的编制方法，也就是分类号的标记制度，一般可分为层累制标记法和顺序制标记法。层累制标记法也称为等级标记法，是一种能够通过分类号显示类目之间等级关系和结构的标记制度。一般是一级类目用一位号码，二级类目用两位号码，以此类推，形成层层累加的标记体系，这种标记体系与分类体系的层层展开是相对应的，因而，能够通过分类号码体现出分类体系的层次结构和类目关系。顺序制标记法是只反映类目的先后次序而不反映类目的层次结构，使用这种标记法的分类号较简短，但仅从类号上无法判断类目之间的内在关系。

四、科技档案分类方案编制的程序

在严整性规则、排他规则、同一规则、效用性规则和相对稳定性规则的指导下，编制科技档案分类方案，应按照以下程序进行。

（一）调查研究

调查研究一方面要从理论研究入手，掌握科技档案分类的规则，正确把握和运用有关分类的理论、技术和方法，另一方面要从实践调查入手，研究和把握分类对象的来源、种类以及库藏科技档案利用等相关情况，如掌握库存科技档案的种类及其成分等方面的演变；研究和掌握科技对象的有关情况，包括科技活动的流程、科技对象的结构和规模；掌握科技活动的组织管理方式，掌握查找和利用的规律等。这些理论和实践的调查研究将直接关系到类目层次与类别划分，是科技档案科学分类的前提和基础。

（二）确定科技档案的分类标准和分类方法

在调查研究、全面了解和掌握库藏科技档案内容构成与形成规律的基础上，根据科技档案的分类原理，确定科技档案的分类标准和分类方法。

（三）形成科技档案的类目体系

形成类目体系是编制分类方案的实质性阶段，是根据库存科技档案的内容构成、形成特点、数量和利用规律，遵循分类规则和编制要求，设计科学合理的内容体系的过程。

1. 划分大类，确定类列

大类也就是科技档案分类方案中的一级类目，划分大类，实质是确定各类系之首，决定着整个类目体系中类系的数量和类目层次的数量，会对日后的管理工作产生重要影响。科技档案一级类目的划分，同库藏科技档案的种类直接相关，反映了一个单位科技活动的领域和内容范围，因此以科技档案的种类作为标准，划分一级类目是常用方法。

根据科技档案种类，将库藏科技档案划分为多个一级类目，一级类目的排序与其他各级属类的排序要求略有不同，一般应突出反映企事业单位的基本职能活动，如工矿企业科技档案一级类目的排列一般是从产品档案开始，而设计单位的一级类目则需将设计档案排在前面，科技研究单位则应将课题档案放在首位，一级类目的首位确定以后，就可以根据企事业单位各辅助职能活动的关系排列其他一级类目。

2. 划分属类，形成类系

划分属类的实质是展开类目，形成科学合理的类目层次，即以每一个一级类目为基础，以上位类和下位类的形式构成科技档案的类系。相较而言，在科技档案分类体系中，一级类目的划分标准比较单一，划分的方法也比较简单，而属类层次多，划分的标准也多，分类方法更为多样，如常用的标准有属性、程序、结构、专业、时间、地域等。

3. 类目排序

类目排序是指同位类类目之间的排序，即横向类目之间的排序。科技档案分类的类目设置包含类目划分和类目排列，类目划分主要是解决分类的问题，即将总体划分为部分，再把部分划分为更小的部分。类目排列解决的是顺序的问题，即给每一个类目确定一个合理的位置，只有类目没有排序仍然不能称为科学的类目体系。

不同于一级类目之间的排序，各级属类细分出的子类（也就是隶属于某一上位类的同位类）的横向排序更为复杂，基本有以下几种情况。

第一种为按照主次关系排列。从分类的意义上，同位类的地位是平等的，但从类目内容的重要程度来看，常常是有主次之分的。例如，基建档案中，生产性建筑和辅助性建筑，两个类的内容重要程度是不同的，应该根据其内容的主次关系，先主要后次要地进行类目排序。

第二种为按照一般和特殊的关系排列。同级类目还存在着一般和特殊的关系，如某机床厂主要生产各种型号的万能铣床，但在生产过程中，也根据用户需求生产过一些专用铣床，这两种档案就可按照先一般后特殊的关系进行排列，将通用万能铣床档案排在专用铣床档案前面。

第三种为按照程序衔接关系排列。科技活动程序上的衔接关系，如工作阶段、工序等是常见的衔接关系，可以根据这种衔接关系进行同类排列，如地质档案划分为普查、详查、初勘和详勘等属类，按阶段划分，鲜明地体现了地质勘探活动的阶段性和连续性，便于按照科技活动的特点科学地管理和使用。

第四种为按照位序关系排列。位序关系是指按照科技档案内容体现出的在空间方面的规定性排列各个同位类，如地理位置方面的规定性、物理结构和组成部分的规定性等。

第五种为按照时间关系排列。在科技档案类别划分时，有些类目是以时期或年度标准划分的，同位类之间会体现出时间的先后顺序，这种情况不仅在天文、水利、气象、地震等档案的分类中，在科研档案及产品档案中也经常出现。

4. 给定类号

类目体系编制形成以后，可根据已确定的编号制度和编号方法，为每一类目配上相应的类号。

5. 制成文件和图表

根据类目体系的情况选择图示、图表或缩行的方式来展示类目体系。

6. 撰写编制说明

分类方案形成后，需要将分类方案的编制及使用情况撰写成编制说明，以方便有关人员使用。

第三节　科技档案的分类方法

一、基本分类方法

科技活动是科技档案的来源，根据科技成果的形态，科技活动可分为以下两类。

第一类是以一定的实物为对象的科技活动，如产品、设备的生产制造活动，基建工程的设计、施工活动。这种类型的科技活动是为了获得某种满足人的需要的产品。因此，这类科技活动一般会取得两种形态的成果：一种是硬件，即物质形态的成果，如各种科技生产资料和用品等；另一种是软件，即知识形态的成果，主要是科技文件。

第二类是以各种自然现象或自然规律为对象而进行的研究活动，如气象观测、水文测验等。在这类科技活动中，人们对自然界某一特定现象，遵循一定的科技规范，采用相应的技术、方法和手段进行定点、定时或连续的观察、测验和分析，从中探索某种自然现象的发展演变规律，其目的是为人类的生产生活提供必要的信息和理论。这种科技活动不产生物质形态的成果，只产生知识形态的成果，即只形成以科技文件为主要表现形式的科技成果。

根据上述科技活动及科技成果的具体情况，形成了科技档案实体分类的两种基本方法。

（一）对象分类法

对象分类法就是围绕一个特定事物对象的开发、设计、生产、制造等活动形成的整套科技档案的分类方法，其中较为典型的有型号分类法、工程项目分类法和课题分类法。这种分类方法有以下特征：①以一套档案为分类单元，维护了科技档案的完整性；②外部界限明确，便于进行归类，不同对象之间的档案比较容易区分开；③保持了科技文件之间的有机联系。

对象分类法适合于上述第一种类型科技活动的科技档案分类。这类科技活动的目的是获得某种物质产品，因此形成的科技档案大多具有以下特点：①它们都是以特定的实物为对象，围绕着某一实物对象的研制、生产而形成的，对象明确、档案之间联系紧密，构成了一个有机的整体；②它们都是按照特定的科技生产程序分阶段、有步骤地自然形成的；③它们都是按照结构或专业形成的，如产品一般都是由不同功能而又紧密相关的部分构成的，是具有一定功能的整体，它们的设计、研制和制造是按照各个组成部分进行的。再如，建筑工程项目的设计和施工都是按专业进行的，是不同专业技术协同作战的统一体。这类科技活动对档案的利用，要求保证科技档案的成套性，以反映其活动规律，对象分类法则有效地满足了这些要求。

（二）特征分类法

特征分类法就是以科技档案的内容特征为依据进行分类的方法，其典型的形式是专业特征分类法、时间特征分类法和地域特征分类法。

特征分类法适用于上述第二种类型科技活动的档案分类，此类科技活动具有以下特征：①按专业分工进行，各专业活动形成的科技档案是一个有机联系的整体，如地震监测活动就是由地磁观测、地电观测、地下水及地球化学观测等各专业活动构成的；②按时间进行，自然现象观测活动都是按有关规范，定时、持续地进行，具有严格的时间要求；③按地域进行，如按行政区域、水系流域或其他地域特征分别设置观测单位，每一观测单位按照地域划分，负责本区域范围内相关自然现象的观测。自然观测活动的特点，使其档案具有明显的专业或时空特征，这些特征为其分类提供了重要依据。

另外，科学研究活动档案的分类较为特殊，需要以科研活动的具体情况确定应采用对象分类法还是特征分类法，按课题独立进行的科研活动适合采用课题分类法，与实物对象的设计、制造融为一体的，其档案则视为该实物对象档案的组成部分，伴随自然观测活动所进行的科研活动，其档案则采用与之相适应的特征分类法。

（三）两种分类法的具体表现

对象分类法和特征分类法又具体表现为工程项目分类法、型号分类法、课题分类法、专业分类法、地域分类法、时间分类法六种。

（1）工程项目分类法，是在基建档案、建筑设计档案以及工程施工档案的范围内，以工程项目为单元划分科技档案类别的一种方法。工程项目分类法的特点是将同一工程项目的全部科技档案集中在一起，不突破工程项目界限，反映一个工程项目的全貌，便于按照工程项目查找和利用有关的科技档案。这种方法适用于基层单位和城市建设档案馆对基建档案的分类，也适用于工程设计单位对建筑设计档案和建筑施工单位对工程施工档案的分类。

（2）型号分类法，适合于对产品档案和设备档案的分类，也就是在全部产品档案或全部设备档案的范围内，以各个型号的产品或设备为分类单元划分科技档案的类别，其特点是同一个型号的产品档案或设备档案集中在一起，保持其完整成套，反映一个产品或一个设备的全貌及其内部组件、部件之间的结构隶属关系，便于成套地利用产品档案和设备档案。

（3）课题分类法，是在全部科研档案范围内，以各个独立的研究课题为分类单元，划分科技档案类别的方法。这种方法便于实现一个研究课题档案的成套集中管理，能够系统地反映出研究课题的自然进程，便于按课题查找利用科技档案。

（4）专业分类法，是按照科技档案所反映的专业性质进行类别划分的一种方法。这种方法适用于其对象和内容标准化、通用性或互换性较强的科技档案，适用于从专业角度利用科技档案的企事业单位，如工程设计中的某些标准设计或通用设计档案，它们不是在某一具体工程对象的设计中形成的，而是按专业设计形成的，这些档案可以根据它们的形成特点和利用需求，按建筑、结构、给排水、电气、采暖、通风等不同专业划分类别，其他如组成部分通用性、互换性强的电子元器件的产品档案以及某些工艺装备档案，也适用于采用专业分类的方法。这种方法能够将科技档案按专业性质集中，便于从专业角度查找、利用科技档案，便于组织同类型生产和促进发展标准化工作。

（5）地域分类法，是根据科技档案内容所反映的地域特征划分类别的一种方法，如气象档案、水文档案、地质档案、地震档案，都是在一定的地域范围内形成的，记录和反映该地区范围内的气象、水文、地址、地震等现象，其内容和形成具有鲜明的地域特征。如按行政区域、水系流域、观测台（站）等划分档案类别，把记载和反映同一地区的科技档案集中到一起，便于对该地区范围内有关的自然现象或问题进行分析研究。

（6）时间分类法，是按照科技档案形成时间或档案内容所反映的时间特征进行类别划分的方法。如气象档案、水文档案、地质档案，不但具有突出的地域特征，而且在形成和内容方面还具有鲜明的时间特征，它们都是在一定的时间内形成的，记载和反映相应时间内的气象现象、水文现象、地震现象，因此这些科技档案也可以采用时间分类法进行分类。这种方法能把相同时间内形成或反映相同时间的科技档案集中，便于从历史联系的角度，纵向地分析研究相关时间内的气象现象、水文现象、地震现象，便于探求其演变发展的规律。

二、科技档案分类方法的综合运用

在科技档案管理实践中，如果馆藏科技档案资源数量多，结构复杂，采用某一分类方法无法达到科学管理的效果，那么就可以考虑多种分类方法的综合运用，即在科技档案分类过程中，根据科学管理和利用的需要，采用多个标准将其馆藏档案划分为不同等级的库藏系统。

（一）基本建设（建设项目）档案的分类

基建档案的基本分类方法是工程项目分类法，但具体到不同单位和不同建设项目，其工程性质、数量及档案数量、结构会有不同的特点，其档案分类方法有以下几种情况。

1. 性质—工程项目分类法

这种方法以工程项目为基础，结合工程项目的使用性质或专业性质进行分类。工程设计档案（包括工业工程设计和民用工程设计）及施工档案，适合按照这种分类方法进行分类。例如，某建设集团将其基建档案划分为工业建筑、民用建筑、办公生活类建筑、厂区综合类建筑、生产辅助类建筑。各工程项目按照其本身的使用性质进行归类。

城建档案也适合按照性质—工程项目分类法进行分类，以工程项目为基础，首先按专业或使用性质分为市政工程类、工业建筑类、民用建筑类、名胜古迹和园林绿化类以及人防工程类等，然后再按工程项目分类。

如果企业中基建档案数量较多，也可以按基建项目的使用性质，划分为厂区综合档案类、生产性建筑档案类、辅助性生产建筑档案类、办公和生活性建筑档案类等，然后再以单项工程划分档案的类别。

此外，某些大型企业，如大型水电、核电企业，其工程档案结构相对复杂，根据现代企业的经营特点，工程项目建设活动的开展通常以工程项目建设合同为主要依据，工程档案的形成也随之呈现出项目合同成套的特点，因此，在构建工程档案的分类体系时，可以适当考虑按照项目合同的标准进行类别划分。

2. 流域（水系）—工程项目分类法

这种方法是以工程项目为基础，结合项目所在流域（水系）进行分类的方法。这种分类方法适用于水利、水电设计部门及其管理部门档案的分类，这些单位的工程设计或工程项目都分布在各水系或流域中，其工程设计和建设档案，不仅以工程项目为一个独立的整体，而且与同一流域或水系其他工程的档案联系在一起，以东北地区为例，这里分布着黑龙江、松花江、图们江、辽河等较大的河流，分别构成若干流域（水系），各流域内分布着若干水利工程，这些工程档案适合采用流域（水系）—工程项目分类法。各流域（水系）排列时，可以按照其流域面积的大小，也可以按照方位排列，同一流域（水系）有多个工程项目时，可以按河流的走向排列，也可按建筑的时间排列。

性质—工程项目分类法和流域（水系）—工程项目分类法维护了工程项目档案的完整，并且体现了工程的使用性质和地域特征，便于科学管理和有效利用。

（二）产品档案的分类

产品的标志是型号，因此产品档案的基本分类方法是型号分类法，即将同一个型号产品的科技档案作为分类单元对产品档案进行类别划分，产品档案之所以适合按型号进行分类，是因为型号本身就是分类的结果，是产品的代号，作为一种技术语言，能够表示出产品的品种、性能、规格、技术参数、结构特征等。按产品型号进行分类，实际上就是运用产品的品种、性能等特征对产品档案进行分类，由于产品种类繁多，各种产品代号也纷繁复杂，需要在型号分类法的基础上派生出具体的科技档案分类方法，比较常见的有以下几种。

（1）使用性质—型号分类法。以型号为基础，先将产品档案按照产品的使用性质进行类别划分，然后再按产品的型号分类。

（2）系列—型号分类法。产品的设计、生产往往围绕某一个基型产品形成不同规格或参数的一组产品，即系列产品。对系列产品档案分类可采用系列—型号分类法，也就是以型号为分类基础，先将产品档案按照不同系列划分成不同的类别，然后将每一系列的产品档案再按型号进行分类，由于社会需要是多方面的，有些产品还可以划分成不同系列、类型、型号，其档案可按照系列—类型—型号进行分类。

（3）年度—纱号分类法。纱号是棉纺产品型号的一种特殊形式，是表示棉纱粗细程度的代号，即以 1000m 长的棉纱重量为标准，重量是多少克就称为多少号纱，由于每年原料来源和质量不同，纺纱产品一般采用年度—纱号或纱号—年度分类的方法，即以纱号为分类基础，先将棉纺产品档案按年度划分为不同类别，然后再按照纱号进行类别细分。

（4）十进分类法。十进分类法突破了产品和形成单位之间的界限，把产品、部件、零件的科技档案，按照其结构、特征或用途以十进制的方法划分类别，这种分类方法适用于专业化生产方式或产品的通用性、组合化程度比较高的工业产品部门，如电气仪表等产品档案。

以电器产品为例，将全部产品及产品的组成部分划分为十级（分别用 0 到 9 的代码表示）；每级再划分为十类（分别用 0 到 9 的代码表示）；每类再划分为十型（分别用 0 到 9 的代码表示）；每型再划分为十种（分别用 0 到 9 的代码表示）。

级、类、型、种四个层级（如果四个层级不够用还可以再增加"项"作为第五层级）组成的十进制分类体系有助于将档案的分类打破产品、组织机构的界限，从而实现产品档案分类标准化。

（三）设备档案的分类

设备的标志是型号，因此设备档案的基本分类方法也是型号分类法，根据生产组织形式和设备类型的不同，设备档案的具体分类方法有两种。

（1）性质—型号分类法。这种方法就是按照设备的使用性质和设备型号对设备档案进行分类，适用于独立性较强的单体设备档案的分类，是设备档案常用的分类方法。

（2）工序—型号分类法。这种方法以型号为基础，按生产或工艺流程对设备档案进行类别划分。工序—型号分类法比较适合于生产连续性较强的设备或装置档案的分类，其特点是以型号为基础，保持了每台设备档案的完整性，设备档案的分类和排列反映了生产工艺或工序的连续性和阶段性，就类别的划分和排列而言，每个大类既是一个独立的类别，相互之间又以生产流程紧密衔接，反映着整个生产过程。大类中的每个属类，其划分与排列也以工艺过程相联系，按照整个工序各种型号设备的使用顺序确定其档案排列的次序。由此可见设备档案的分类和排列是以型号为基础，以整个生产过程为主线进行的。以生产过程或工艺过程为主线，对设备档案进行分类排序，大体上反映出设备实体的实际排列次序及其在工作现场的平面布置，便于利用者根据设备的实际位置查找、利用科技档案，也便于对科技档案进行科学管理。

（四）科研档案的分类

由于大多数科研活动都是按课题组织的形式进行的，围绕一个课题，形成了科研档案的有机整体，因此科研档案适合按课题进行分类，常用的科研档案分类方法如下。

（1）学科—课题分类法。这种方法是以课题为基础，结合该课题所属的学科进行分类，适用于基础科学研究档案的分类。

（2）专业—课题分类法。科学研究活动都是在一定的学科范围内分专业进行的，而且许多科研单位的机构是按专业设置的，因此形成了专业—课题分类法，即以课题为基础，结合专业进行分类，这种方法一般适合应用性和开发性科研课题的分类。

（五）自然观测档案的分类

由于自然观测活动的时空特点和专业特点，自然观测档案的分类适合采用特征分类法，即以反映其时空特征的测站、年度为标准，结合各项观测活动的专业特点进行类别划分。

1. 气象档案的分类

气象部门形成的科技档案，以气象观测档案为主，因为气象观测档案是气象观测活动最原始的记录，而气象观测活动又是整个气象工作的基础，它对一定范围内的气象状况及其变化进行系统连续的观察和测定，为天气预报、气象情报、气候分析和气象科研提供重要依据。气象观测活动的突出特点是时间性、地域性强，根据一定的专业分工，严格地在规定时间和地域范围内进行。气象观测档案准确地记载和反映了相应的时间及观测区内各项气象要素与气象现象，因此气象观测档案在分类时必须突出其专业、时间和地域特征，国家气象主管部门为适应现代化管理的需要，根据标准化、规范化发展的要求，于 1986 年制定的《气象科技档案分类法》，正是基于上述特征对气象观测档案进行分类的。

《气象科技档案分类法》从气象工作总体的角度对气象档案进行了分类，具体到省气象局或市、县气象局，并不具有分类法中所有的类目，可以根据上述分类法体系，结合本单位的实际情况，运用时间和地域的特征制定适合自身实践的具体分类方法。

2. 水文档案的分类

水文档案都是在一定地域和时间范围内形成的，并且反映着该地域范围内的水文现象和水文规律，因此，水文档案的形成和利用，突出反映了地域特征和时间特征。而水文档案的地域特征取决于水文站的设置，为保证观测的科学性和可靠性，水文站大多按河流水系分布，因此水文档案的地域特征又具体表现为"河流—测站"特征。由于水文档案持续地反映一定地域范围内历年水文变化的情况和规律，其时间特征又具体表现为年度特征，一个水文站形成的水文档案按其性质可以划分为水文测验档案、水情预报档案、站网档案、水资源档案等。各类二级类目的划分，应根据它们的具体情况而定。

水文测验档案是水文档案的主体，水文工作的人力、物力、财力大部分都用于水文测验活动，水文测验所取得的原始材料是整个水文工作的基础，水文成果的整编、水情预报以及水文计算分析等工作都要以水文测验档案为基本依据，水文测验档案一般采用"流域（水系）—测站—年度"的分类方法。

3. 地震档案的分类

地震工作和地震档案的特点是：专业性强，地震工作是按照地球物理、地震监测、地震预报等专业进行的；地域性强，地震工作是按地域范围进行地震监测与研究的，地震档案是按测站形成的；手段性强，地震监测是采用多种技术手段完成的，不同监测手段形成的档案各具特色；时间性强，地震监测活动时间要求严格，是逐日逐年连续进行的，因此地震监测档案表现出鲜明的时间特征，上述几点既是地震工作和地震档案的特点，也是地震档案分类的依据。

按照专业，地震档案可分为地震监测档案、地震预报档案、地震调查档案、地球物理档案、地震地质档案、地震测量档案、地震工程档案等大类，每一大类的属类可以按其相应的技术手段进行细分，以地震监测档案为例，可分为测震档案、地磁观测档案、地电观测档案、地下水观测档案、地形变观测档案、重力观测档案、地应力观测档案等。相关单位地震档案的分类可以在此基础上，根据各自的特点，进一步体现地域、时间、手段等。

■ 第四节　编注科技档案号

编号通常是由一串代字或代码组成的，看似简单，但在管理实践中却是不可缺少的一种技术语言，编号不仅揭示了管理对象的内容特征和形式特征，也是简化管理、提高效率的一个重要途径。科技档案号是指案卷的编号或代号，是科技档案部门用来反映科技档案内容特征和管理特征的一组符号，是科技档案管理的重要工具。

一、科技档案号的模式

科技档案号是以科技档案案卷为单位编制的。科技档案案卷不是在科技活动中自然形成的，而是科技文件工作者或科技档案工作者根据科技档案的形成规律和组卷要求，将一定数量的科技文件组合而成的，作为案卷的代号，实际上是这一组科技文件的共有的代号和编号。同时，科技档案号反映了科技档案的内容特征和管理特征，反映了库藏状况、分类层次、案卷排列的顺序和存放位置，方便案卷管理。科技档案号有两种基本形式。

一是分类式科技档案号，这种编号能够反映科技档案内容特征，是由科技档案分类号和案卷顺序号组成的，系统地反映了分类层次、案卷排列顺序，便于对科技档案分类排列和按内容性质查找利用。例如，J.C.G-Q115003-001 为某建设集团基建类的档号，其中"J.C.G-Q115003"为分类号，"001"为案卷顺序号。

二是累积式科技档案号，这种编号能够反映科技档案总量与接收顺序（流水号），是在对科技档案进行登记时，按其接收顺序确定的。这种编号简单易行，适用于对科技档案实行流水排架管理的单位。

在科技档案工作中，科技档案部门根据自己的需要选择某一种编号模式，或者两种形式兼收并蓄，形成一种既能反映库藏状况，又能反映分类状况的科技档案号。

二、科技档案号的作用

分类式科技档案号在科技档案管理中的作用主要表现为：指导科技档案案卷排列，固定排架位置；指明案卷在科技档案目录体系中的位置；反映科技档案的内容和分类体系；提供调卷的依据。

累积式科技档案号在科技档案管理中的作用主要表现为：揭示案卷排列顺序，固定排架位置；反映科技档案接收总数量与入库顺序；随时反映科技档案当前的数量，便于进行总量统计。

从科技档案号编注的目的出发，科技档案号结构要清楚，代字代码含义要明确，在同一层次中，代字代码要有一定的专指性。科技档案号标注的位置要醒目，一般应在封面的左上角和案卷脊背上同时标出。

第五节　科技档案排架

科技档案排架是按照预先确定的方法和秩序，将进入库房的科技档案摆放在相应的柜架上实行定位管理的过程。排架是形成库藏、丰富库藏、调整库藏的具体步骤和措施，也是保持库藏秩序的先决条件。

一、科技档案的排架方法

因科技档案的内容、成分、特点及数量的差异，科技档案的排架方法也有所不同，主要有分类排架法和流水排架法。

（一）分类排架法

分类排架法是在科技档案分类的基础上，严格按照科技档案的分类体系排列案卷的方法，也就是按照科技档案的类别、所属项目及项目内案卷的顺序排列案卷。这种方法的优点是科技档案的整理方法与排架方法一致，档案工作者容易熟悉情况，掌握库藏，便于按类查找到所需的档案。但是采用分类排架法会涉及科学预留空位的问题，即为每个层次、每个类别预留一定的空位，以便将来排放新入库的科技档案，因此可能导致柜架利用不够充分，如遇预测不准、预留不够等情况时还需要倒架，增加科技档案管理的工作量。

（二）流水排架法

流水排架法又可分为大流水排架法和小流水排架法两种。大流水排架法也称为登记号排架法，是完全按照科技档案接收归档的顺序排列案卷的方法。大流水排架法的优点是不用预留空位，也不存在倒架的问题，可以最大限度地利用柜架设施，但采用这种方法会将不同类别的科技档案混在一起，而且同一种类同一类别的科技档案则可能会被分别放在不同地方，因而不利于按类查找利用。

小流水排架法又称分类流水排架法，是先将科技档案进行初步的分类（一般是分到一级类目），然后在各类内按流水排列的方法，如将科技档案分成基建档案、产品档案、科研档案、设备档案等，在每类再按照接收的先后顺序进行流水排架。因此，小流水排架法是介于分类排架法和大流水排架法之间的一种方法。

二、科技档案排架的注意事项

确定科技档案排架的方法，应充分考虑库存科技档案的种类、数量等因素，扬长避短。另外，科技档案排架，要方便存取；排架顺序要统一、清晰，一般从库房门口起，按照从上到下、从左到右、从外到里的顺序排列；柜架上档案的饱和度要适宜，排放过松会影响库位的有效利用，排放过紧会增加案卷的摩擦，不利于档案的保护。

课后思考题

1. 简述科技档案整理的内容与意义。

2. 简述科技档案整理的原则。

3. 简述科技档案分类的含义与规则。

4. 科技档案分类方案的结构是什么？如何编制？

5. 简述科技档案的分类方法。

6. 说明科技档案号的模式与作用。

7. 科技档案的排架方法有几种？排架的注意事项是什么？

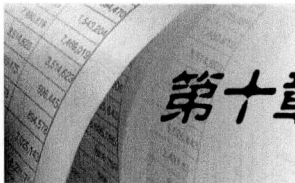

第十章

科技档案鉴定

本章内容概要： 本章阐述科技档案鉴定工作的内容和意义，分析科技档案鉴定工作的原则，对科技档案保管期限、保管期限表类型与结构详细介绍，提出科技档案价值鉴定的方法与流程，揭示科技档案质量鉴别的内容和方法，阐述电子科技档案的技术鉴定的内容。

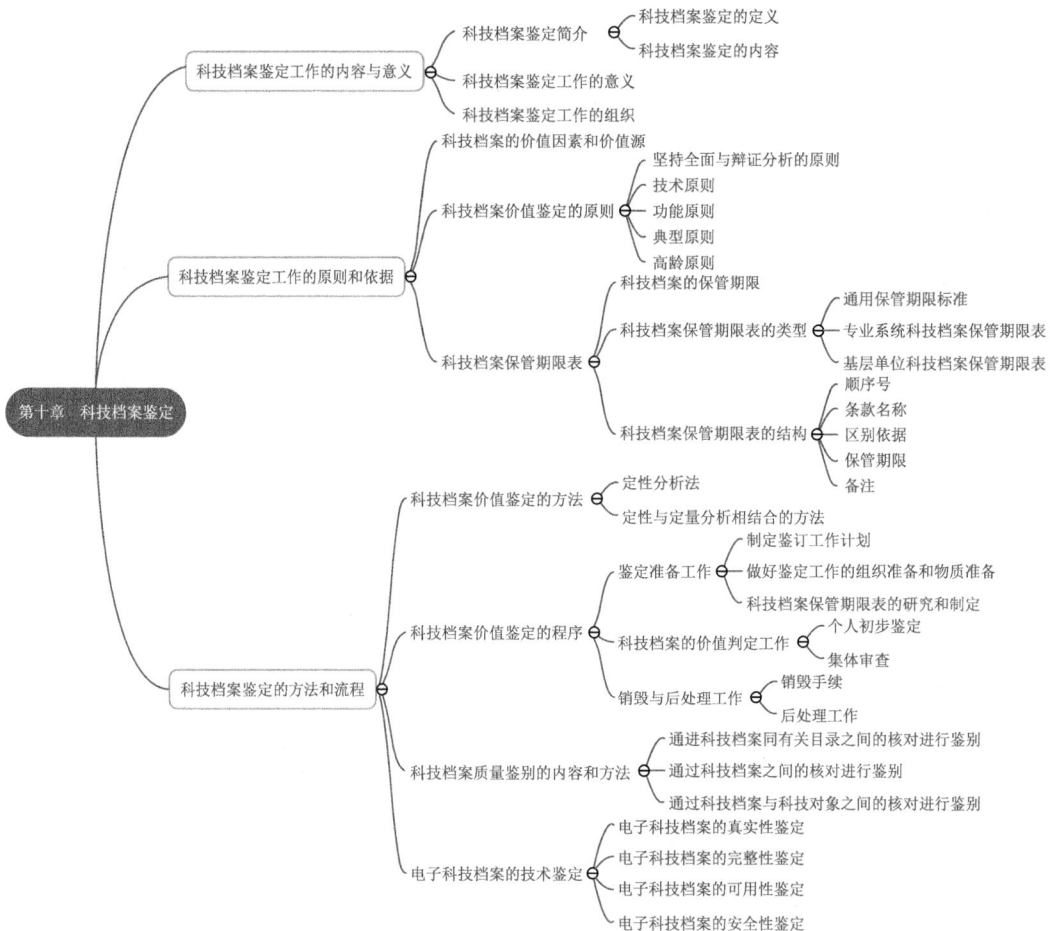

■ 第一节　科技档案鉴定工作的内容与意义

美国档案学家莫斯 1992 年在中国人民大学演讲时说："鉴定是档案工作整个系列决定中第一个关键性决定，是所有决定得以产生的基础，因而是档案工作的首要职能，鉴定的重要性位居第一。"科技档案鉴定工作是当前环境下确保科技档案质量，保证科技档案有效利用的重要手段。国家档案局王岚副司长在接受采访时也提出"档案鉴定首先就是对文件的选择，这种选择在档案形成中起着关键作用，是档案管理的起点，并决定了档案管理其他业务环节和各种档案的数量与质量，是优化档案、提高档案管理效益的杠杆。"（周峰林，2013）加拿大著名档案学者库克指出："鉴定是档案事业的中心，是一项没有终点、永无止境的工作，因为档案鉴定不是一个单纯的业务环节而是贯穿整个档案工作之中的，是整个档案工作流程的核心环节。"作为科技档案工作的核心，科技档案鉴定包括价值鉴定、开放鉴定等，本章主要讨论价值鉴定。

一、科技档案鉴定简介

（一）科技档案鉴定的定义

科技档案鉴定是根据一定的原则和标准，科学地判定科技档案的历史价值和现实价值，确定其保管期限，并通过价值核查和质量核查对失去保存价值或者内容失真、不完整的科技档案，按照规定的手续进行处置的一项业务活动。简言之，就是对科技档案是否具有档案价值以及具有何种价值的一种甄别，并对科技档案进行选择、分类和剔除的过程。

科技档案的鉴定，包括价值鉴定和质量鉴别两个相辅相成的内容，其中科技档案价值鉴定是对科技档案保存价值的鉴定，即根据对科技档案历史价值和现实价值的鉴别与预测，确定其保管期限，对于已经超过保管期限的，进一步判定其保存价值，进而决定它们是需要继续保存，还是应该剔除销毁。科技档案的质量鉴别是根据科技档案动态性的特点，对其完整性、准确性、真实性、可用性进行持续的甄别和核查，以便采取相应的措施保证科技档案的质量。随着电子档案在科技活动中日渐普遍，为确保电子档案的有效性，还需增加技术鉴定的内容，也就是判断电子档案是否能够在保管期限有效，只有有效的电子档案才能发挥其应有的作用。

（二）科技档案鉴定的内容

科技档案鉴定工作包括归档鉴定、进馆鉴定、期满鉴定等，因此是一项连续性的业务工作，主要通过以下两个阶段进行。

1. 保管期限的确定

确定保管期限是鉴定工作的第一阶段，是在科技文件归档前，由有关科技业务部门在科技档案部门的协助下，对科技文件进行的鉴定工作。该阶段主要开展四个方面的工作：其一是鉴别、核查归档科技文件的完整性和准确性，不完整、不准确的科技文件是不可归档保存的；其二是鉴定科技文件的保存价值，并将筛选出的有保存价值的科技文件组成案卷，不具有保存价值的科技文件应当舍弃；其三是判定科技文件价值的大小，根据保管期限表，划定每个案卷的保管期限；其四是如果科技文件是电子形式的，需要检查其有效性，也就是进行技术鉴定。这一阶段确定了科技档案的保管期限，奠定了科技档案的质量基础，并抓住了补齐归档科技文件、纠正其内容不足的机会。

2. 保管期限的复查

该阶段主要是在科技文件归档后，由科技档案部门定期进行的鉴定工作。该阶段主要开展五个方面的工作：其一是对超过保管期限的科技档案重新进行价值审查，将失去保存价值的科技档案剔除销毁；其二是对仍具有保存利用价值的科技档案，重新进行价值鉴定，调整其保管期限；其三是审查科技档案的机密等级，根据实际情况解密或密级调整；其四是核查科技档案的内容，鉴别其准确性和完整性，并做好相应的补充工作；其五是对处于保管期间内的电子档案进行有效性检查，如发现无法读取等无效电子档案应进行相应的技术处理。通过这一阶段的鉴定，进一步对库藏科技档案进行筛选、调整和补充，保障和提高了科技档案的质量，这一过程是根据库存科技档案的实际状况和科技工作的需要，有计划定期进行的。

保管期限的确定和保管期限的复查是鉴定过程中紧密相连的两个阶段，其中保管期限的确定是基础，通过对归档文件的鉴别、核查、筛选，划定了归档文件的保管期限，保管期限的复查是对科技档案保管期限重新进行审查与鉴别，调整某些划分不当的保管期限，并把确实已经失去保存价值的科技档案剔除销毁，保证库藏科技档案的质量。但从上述分析也可以看出，科技档案鉴定的两个阶段，主要工作内容、承担工作的主体也是不同的，面向科技档案的科学管理，需要进一步对科技档案鉴定工作的原则、方法、流程等内容进行规范，以保证鉴定工作的质量。

二、科技档案鉴定工作的意义

鉴定直接决定了科技档案的生死存亡，是科技档案管理中至关重要的业务活动，如果将应该保存的科技档案错误地剔除销毁，由于档案本身的原始性、唯一性、不可替代性，可能会给国家、组织机构造成不可挽回的损失，如果将无须保存的档案保存下来，会造成保管工作中人力、财力、物力的浪费，管理效率和利用效率的低下。科技部门的业务人员、科技档案工作者、相关领导需要客观、准确地认识到科技档案鉴定工作的重要意义。

（1）更有效地保护有重要价值的科技档案。鉴定工作是根据科技档案的保存价值，对科技档案进行不同档次的划分，为更加有效地保护科技档案提供了依据。首先根据有无保存价值，将科技文件进行了保存或剔除，其次被保存下来的科技档案根据其价值大小，又被分成了永久保存和定期保存两个档次，将鉴定结果与库房安排、柜架排列、应急方案等工作内容相结合，便于对有重要价值的科技档案进行重点保护，一旦发生水灾、火灾或其他突发事件，能够集中精力进行重点抢救或重点转移，确保有重要价值科技档案的安全。

（2）保证科技档案的库藏质量。完整、准确、系统、安全是科技档案质量的基本要求，但由于科技活动和科技档案的特性，可能会有诸多因素影响科技档案的质量。例如，一些科技活动持续时间较长，由于科技活动本身的发展演变可能会导致一些已归档保存的科技档案与实践不一致的现象，而且科技对象也会随着时间发生变化，如建筑物被拆除、产品停产或更新换代、设备报废等，这些也会直接或间接地影响科技档案的现实价值、保存价值和利用价值。持续地开展鉴定工作，不断地核查和鉴别科技档案的质量状况，对不完整、不准确的科技档案及时采取相应的措施进行补救，因此经过鉴定工作的去粗取精，去伪存真，能够使库藏科技档案始终处于较高质量。

（3）提高科技档案的利用效率和保管效益，便于更有效地开发和利用。鉴定工作的核心是分析、研究科技档案的价值，通过鉴定，科技档案部门进一步掌握了科技档案的价值，因而能够更加客观地确定科技档案的保管期限，还能针对鉴定对象的实际情况，提出开发利用的具体意见和建议，指导科技档案的利用，保证有价值的科技档案能够充分发挥作用，同时通过鉴定剔除了失去保存价值的科技档案，使在科技档案保管方面的投入更加有效，提高科技档案工作的效益。

三、科技档案鉴定工作的组织

档案价值鉴定被许多国家档案工作者认为是不得不应付的最困难的问题之一，与一般文书档案相比较，科技档案的鉴定还有许多特殊的方面，难度更大。科技档案价值鉴定是一项技术性和政策性很强的工作，不仅会受专业技术水平的影响，还会受到科技管理水平的影响。为了客观地评价科技档案的价值，需要建立科技档案鉴定小组来承担这项工作，鉴定小组是开展科技档案鉴定工作的临时机构，根据其职责，可划分为两种情况：一种是科技档案鉴定领导小组，一般由有关的技术领导组成，人数较少，一般不承担具体的鉴定任务，只负责对科技档案鉴定工作进行领导和技术、业务等方面的指导；另一种是承担具体鉴定工作的鉴定工作小组，其主要任务包括研究编制本单位的科技档案保管期限表，定期对库存科技档案进行价值和质量鉴定，负责处理剔除的失去保存价值的科技档案。

按照《科学技术档案工作条例》的规定，鉴定工作要在总工程师或科研负责人的领导下，由科技领导干部、熟悉有关专业的科技人员和科技档案人员共同组成，实践证明，鉴定工作小组采用这种"三结合"方式，通过不同主体合作，实现了三者优势整合，科技领导干部了解本单位全面情况和科技发展的方针政策，科技人员熟悉科技档案的形成过程和利用价值，而档案人员掌握档案鉴定工作的一般要求和方法，由三方主体通力合作，适应鉴定工作的实际需要是正确鉴别科技档案的质量、判断科技档案的价值、提出合理的存毁意见的保证，是科技档案鉴定工作经验的总结。例如，我国某建筑公司在公司档案管理规定中明确要求"档案鉴定工作小组组长应由单位主要领导担任，其成员由单位分管领导和有关部门负责人及档案管理人员担任"。

第二节　科技档案鉴定工作的原则和依据

一、科技档案的价值因素和价值源

（一）科技档案的价值因素

科技档案的价值是科技档案这一客体对从事社会实践活动主体的意义，即客体对主体的有用性，从客体尺度来看，科技档案的价值是绝对的，是客观存在并不以人的意志为转移的，但其有用性需要在满足主体需求中体现，使科技档案的潜在价值得以显性化，因此不同科技档案对主体需求的满足程度不同，科技档案的价值也会有所不同。科技档案价值量的大小直接决定了其保管期限的长短，科技档案的价值量越大，其保管期限就会越长。

总体来看，科技档案的价值量是由三大因素决定的：一为史料价值；二为文物收藏价值；三为工作查考价值。不同因素的影响力不同，一般而言，史料价值和文物收藏价值是长效因素，也就是说如果这两种因素起决定作用，科技档案的保管期限一般为永久，工作查考价值有短效和长效之分，保管期限长短也会不同。在科技档案鉴定过程中，有时会出现科技档案涉及两种甚至两种以上的价值因素，这时应视最长效的因素确定其保管期限。

（二）科技档案的价值源

科技档案的价值主要源于其所记载的内容，即科技档案所含的一切信息，如知识内容、作者、时间等，从总体来看，科技档案的价值源主要包括以下四种。

首先是知识价值源。科技档案所记载的科技知识是其最主要的价值源，由科技档案形成领域和内容特点可以看出，科技知识是科技档案内容的主体，因此科技档案具有较强的现实指导作用和凭证作用。科技档案的价值首先是由其科技知识的重要程度所决定的。从价值鉴定的角度出发，科技档案的知识价值可分为两类：一类是知识寿命价值，也就是说科技档案所记载的科技知识，在一定的时间周期内，对人们的科技生产活动能起到指导作用，一旦这种知识过时或者说知识老化，科技知识对人们的科技生产活动就会失去指导作用，记载该知识的科技档案也就变得没有价值了，不同领域科技知识的老化速度不同，但总体呈日渐加快的趋势；另一类是凭证价值，具体可分为史料凭证价值和日常工作凭证价值，凭证价值是不受知识寿命制约的，许多科技档案从知识寿命的角度出发，可能已经过时，失去价值，但仍具有凭证价值，往往还需要继续保存。

其次是实物寿命源。有些科技档案是与某些实物相伴而生的，是以记录某实物的产生、发展为使命的，这类科技档案的价值就往往以所记述的实物的寿命为依据。如建筑工程档案，建设单位之所以要保存它，就是源于建筑物使用、维修、改建、扩建的需要，只要相应的建筑物存在，该档案就有价值。一般来说对于基建档案和设备档案而言，实物寿命是确定其是否具有工作查考价值的主要依据。

再次是作者源。科技档案的价值可以来源于它的作者，如个人作者中的名人作者，有些著名的学者、专家设计绘制的图纸、验算的数据往往会产生价值增值，集体作者中如专业主管机关、企事业单位、下属单位等，也会对科技档案的价值产生影响。

最后是时间源。科技档案是历史的产物，任何一份科技档案都形成于一定的历史条件下和特定的时间范围内，形成年代的远近对科技档案的价值也是有影响的。德国档案学家迈斯奈尔曾经提出"高龄档案应当受到尊重"的年龄鉴定论，实际上就是将档案的年龄（即时间源）视为档案价值鉴定中的重要来源，该观点产生了广泛的国际影响，对于科技档案而言，将时间视为重要的价值来源也是无可厚非的，其原因无外乎：年代越久远的档案保存下来得越少，尽管内容上不一定具有现实指导或查考的作用，但能起到提供史料的作用，另外形成年代久远的档案还具有文物收藏意义。例如，某船舶公司成立于 1898 年，现库藏中 1950 年以前的档案非常稀少且珍贵，因此确定 1950 年之前的档案全部为永久保管，不再进行鉴定销毁。

此外，在现代科技活动中，尤其是自然观测等活动中，关键时刻形成的科技档案比平时形成的科技档案更为重要，如地震观测档案，震期的比非震期的重要；水文观测档案，洪水期或枯水期的比平常的重要，这也是时间源在起作用。因此，科技档案的价值本身是多种价值因素、多种价值源共同作用的结果，其价值鉴定需要进行具体、深入的分析，全面认识，整体把握。

二、科技档案价值鉴定的原则

档案价值鉴定需要对其价值进行持续、具体、深入的分析研究，是一项研究性和业务性很强的工作，被国内外档案工作者认为是最困难的任务之一。科技档案来源广泛、内容复杂，鉴定工作难度更大。无论是定性的鉴定方法还是定量的鉴定方法，都势必会受到主体主观性的影响，为了比较客观、准确地开展科技档案价值鉴定工作，应遵循以下原则。

（一）坚持全面与辩证分析的原则

这是科技档案价值鉴定中最重要的思想方法，也是保证鉴定质量的前提和基础。该原则要求科技档案鉴定工作从宏观和微观的角度充分认识科技档案的各种价值形态，辩证地分析有关价值因素，科学判定科技档案的价值。

具体而言，全面分析是科技档案价值形态多样性和多维性的必然要求。一方面，科技档案的价值是多方面的，不仅对形成单位具有重要的作用，对其他单位以及国家和社会都具有重要作用，既具有历史参考研究的价值，又具有现实查考利用价值。另一方面，科技档案不仅具有现实查考、依据凭证作用，在信息交流中还具有重要的技术情报功能。科技档案价值形态的多样性和多维性要求人们在鉴定科技档案价值时不可孤立、片面，必须坚持全面的原则，多角度、多侧面地研究和分析科技档案价值，客观地确定科技档案的保管期限。

科技档案的价值鉴定是一个复杂的分析过程，需要妥善处理各种关系，如各种价值形态之间的关系，各种价值因素之间的关系，科技档案库藏质量与数量之间的关系，科技档案库藏数量与库藏效益之间的关系，科技档案的完整成套与成套档案中不同价值等级的关系等，这些关系和矛盾的正确分析与处理无不依赖辩证分析，全面分析和辩证分析是统一的，二者的相辅相成是鉴定工作的基本原则。

（二）技术原则

技术原则强调科技档案价值鉴定需要从内容分析入手，着重分析研究科技档案内容的技术水平，因为技术水平是科技档案利用的焦点，利用者对科技档案的需求也大多是因为其内容所体现的技术。一般而言，科技档案内容的技术水平决定了其利用需求是否具有普遍性，离开技术原则，脱离对科技档案记载和反映对象与内容的技术水平的分析，就无法真正有效地开展鉴定工作，在此意义上来看科技档案的价值鉴定实际上就是对科技档案技术水平的鉴定。技术因素是影响和规定科技档案价值量大小的决定性因素，是科技档案价值的重要尺度，技术原则是科技档案价值鉴定中的重要原则。

（三）功能原则

功能原则要求科技档案价值鉴定时必须密切联系科技档案的具体功能，根据保存单位对科技档案的具体需求鉴定其价值。技术原则是科技档案鉴定工作中的重要原则，功能原则是对技术原则的重要补充，也就是说主体对科技档案的需求是复杂多样的，鉴定科技档案的价值除了要把握其内容的技术水平，还要结合科技档案具体的功能效用。如对基建档案和设备档案的价值鉴定，除坚持技术原则外，还必须考虑科技档案同建筑物、设备实体的关系，科技档案所具有的具体的功能，以及人们对它们的客观需要来判断其价值。

（四）典型原则

典型原则要求科技档案价值鉴定时充分考虑档案的典型性意义，特别是在技术方面和历史代表性方面所具有的典型意义，以保证科技档案鉴定的科学性和正确性。典型原则是历史唯物主义在科技档案鉴定中的反映，从专业发展脉络来看，任何一专业领域的科技活动均具有渐进性和阶段性，在各个阶段都会形成一些具有典型性和代表性的科技成果以及记载和反映这些成果的科技档案，它们既反映了特定阶段某一项科技活动的面貌，又从专业发展的角度系统地体现了该领域的不断进步，这些具有典型意义的科技档案能够以有形的形式再现该领域科技活动及其发展全貌，以便后人准确了解、借鉴和研究历史，特别是为专业技术发展史的研究和企事业单位科技生产活动历史的研究提供鲜活生动的史料。科技档案的鉴定除考虑技术水平外还要注重科技档案的典型性（也就是形成科技档案的科技活动的典型性），一方面要立足企事业单位，把那些在本单位科技生产发展中具有典型或代表意义的成果的科技档案有重点地保存下来，以反映本单位科技生产发展的历史面貌，另一方面要立足全局，将那些在整个专业技术领域科技发展中具有典型价值的科技档案重点保存下来。

（五）高龄原则

高龄原则是档案价值鉴定中的重要原则，它包含两层含义：一是为了保护相对数量较少而显得格外珍贵的历史档案，高龄档案应全部得到妥善永久保存，也就是说高龄档案不存在销毁的问题。但是，高龄是一个相对概念，对多少年算"高龄"档案目前我国科技档案管理部门还没有明确的规定，各企事业单位和科技专业档案馆一般以中华人民共和国成立为限，将 1949 年以前形成的科技档案定为高龄档案。二是形成年代比较久远的科技档案在鉴定价值时应适当放宽尺度，体现高龄档案受到尊重的思想。

上述原则是在我国多年的科技档案鉴定工作实践中得以总结并运用于指导实践的原则，它们是相互连接紧密关联的整体，但各自的地位和作用不完全相同，其中坚持全面与辩证分析的原则是一条重要的思想方法原则，它要体现和贯彻于鉴定工作的全过程，是科技档案价值鉴定工作的基础和前提。技术原则、功能原则、典型原则和高龄原则是鉴定工作的业务原则，其中又以技术原则为重要原则，是最普遍适用的原则，其他原则为技术原则的重要补充，也是必不可少的。

三、科技档案保管期限表

科技档案保管期限表是鉴定科技档案价值、划分科技档案保管期限的依据性文件，是根据国家关于划分科技档案保管期限的原则，列举科技档案的名称、种类、来源、形式，并注明保管期限的表格式文件。科技档案保管期限表是科技档案鉴定工作中的重要工具，编制保管期限表的目的是保证鉴定工作的质量，提高鉴定工作的效率，为参加鉴定工作的人员提供统一的、具体的标准，避免因个人认识和理解的不同导致鉴定的失误。

（一）科技档案的保管期限

鉴定工作中科技档案价值的大小是通过保管期限的长短表示的，一般表示的方法有以下三种。

（1）三分法，即将科技档案的保管期限划分为永久保存、长期保存和短期保存三个档次。

（2）标识法，即根据实际情况分别规定科技档案保存的具体时间。

（3）两分法，即将科技档案区分为永久保存和定期保存两部分，其中定期保存的科技档案，再按照实际需要划分为若干种保管期限，一般可根据其参考利用价值划分为30年和10年，如《科学技术研究档案管理规定》、《建设项目档案管理规范》和《企业档案工作规范》等均按照此方法对定期保管的档案进行了保管期限的划分。

（二）科技档案保管期限表的类型

为保证保管期限划分的科学、规范，科技档案保管期限表应该由以下三个层次构成一个严整的体系以指导保管期限划定的工作。

1. 通用保管期限标准

通用保管期限标准应由国家档案局制定，全国范围内分发，并以此作为其他科技档案保管期限表制定的指导和依据。通用保管期限标准应该有较强的概括性和通用性。

2. 专业系统科技档案保管期限表

专业系统科技档案保管期限表是一个专业或行业科技档案价值鉴定工作的指导性文件，是由国务院各专业主管机关根据通用保管期限标准、《科学技术档案工作条例》和其他有关规定，结合本专业科技档案的具体情况制定的。中央各专业主管机关编制的专业系统科技档案保管期限表是需要在本专业系统中贯彻实施的，需经本机关领导人批准后报国家档案主管部门备案，同时还应该抄送到有关地方档案主管部门，以利于协同督促本专业系统所属单位的贯彻执行。如国家档案局2012年发布的《企业文件材料归档范围和档案保管期限规定》旨在便于企业正确界定文件材料归档范围、准确划分档案保管期限，在明确归档范围的基础上，制定了企业管理类档案保管期限表，为各企业制定档案保管期限表提供指导和参照。国家档案局发布的《企业档案工作规范》《建设项目档案管理规范》等标准规范中，也将归档范围和保管期限表以附录的形式置于标准规范之中，以对各个系统内不同组织机构制定基层单位科技档案保管期限表提供指导和依据。

3. 基层单位科技档案保管期限表

基层单位科技档案保管期限表是各企事业单位根据通用保管期限标准和本专业系统科技档案保管期限表、《科学技术档案工作条例》和本单位具体情况编制而成的，适用于本单位鉴定工作的科技档案保管期限表，是本单位确定科技档案保管期限的具体细则，其内容应覆盖本单位可能产生的全部科技档案，并且要详尽、具体，确保具有较强的针对性和可操作性。基层单位的科技档案保管期限表，需经本单位领导批准，并报上级专业主管机关和当地档案主管部门备案。

（三）科技档案保管期限表的结构

科技档案保管期限表由说明和条款两部分构成。其中，说明部分用来介绍编制和使用科技档案保管期限表的有关问题，如保管期限表的编制依据、确定保管期限的原则、保管期限表的适用范围、保管期限表内条款的分类排列方法、保管期限的确定方法、保管期限表的批准时间和开始使用日期、使用保管期限表应注意的问题等。文字说明部分对使用保管期限表具有指导作用，应置于保管期限表的前部。

条款部分是保管期限表的主体，具体指明了各种不同的科技档案应划定的保管期限。条款部分一般由以下几个项目组成。

1. 顺序号

顺序号是指该条款排列的序号，也就是条款的代号，它是在确定了条款的分类排列次序以后编定的，其目的是方便鉴定工作，在使用中可用顺序号代表条款名称。

2. 条款名称

条款名称是指一组同类型的科技档案的名称，它不是某一具体科技档案的名称，而是对一类科技档案名称的概括，如课题研究报告、产品鉴定书、开工报告、竣工图及竣工图编制说明等，当保管期限表中的条款较多时，为了便于使用，可以分类编制，如工业企业科技档案保管期限表可分为综合性保管期限表、生产技术档案保管期限表、设备与基建档案保管期限表、科研档案保管期限表等，也可以在同一保管期限表中对条款进行分类，在每一类别内对条款按其重要程度或形成顺序进行排列。

3. 区别依据

区别依据是指将同一条款中价值不同的科技档案区别开来的依据。在实际工作中，同一条款的文件，常常存在价值的差异，鉴定时必须分别确定它们的保管期限，如基本建设项目可行性研究、任务书、设计基础材料、设计文件等，产生于不同级别的基建项目（如重点建设项目和一般项目），对于主管机关、建设单位、施工单位、设计单位等不同主体而言其价值不同，保管期限自然不同。因此不能笼统地将所有项目的可行性研究报告确定为一种保管期限，在该类条款中就有必要列出区别依据，并根据不同情况确定不同的保管期限。

各类型档案的区别依据不同，有的按重要程度来区分，有的按作者来区分，有的以工程项目的等级来区分等，涉及区别依据时应注意，虽然属于同一条款的档案可以有不同的区别依据和相应的保管期限，但它们必须共有一个顺序号，以便于查找使用。

4. 保管期限

科技档案的保管期限应与每一条款或条款中的各区别依据相对应，准确反映保管期限的具体档次，或者直接注明保管期限，这是保管期限表的核心。

5. 备注

备注是在必要时对条款、区别依据以及保管期限进行的注释和说明。

基层单位科技档案保管期限表是专供本单位鉴定的依据性文件，具有很强的操作性，其内容要覆盖该单位在工作活动中可能产生的全部科技档案，由于保管期限表与科技文件归档范围所涉及的对象一致，目前许多单位在制定科技档案管理制度时，会将归档范围和保管期限表合二为一，即为归档范围中的每一部分增加其保管期限的要求，简化了编制工作。

第三节　科技档案鉴定的方法和流程

一、科技档案价值鉴定的方法

（一）定性分析法

定性分析法是由熟悉相关情况和业务的专家根据个人的经验，利用研究对象过去和现在的延续状况以及最新的信息，对研究对象的性质、特点、发展趋势、变化规律等作出判断的一种方法。定性分析法在科技档案价值鉴定工作中有着较长的应用历史，是以实践经验为基础，在价值鉴定原则的指导下，依据价值表征，分析科技档案中蕴含的具体价值确定其保管期限。定性分析法是一种经验性判断方法，其中比较典型的方法就是直接鉴定法。

直接鉴定法是指在判定科技档案价值时，以"套"为基础，以保管期限表为依据，直接审阅科技档案的内容，逐卷判定科技档案的价值，实施直接鉴定法应注意以下几个问题。

（1）以项目级分析为基础奠定成套科技档案价值的基础。科技档案价值鉴定工作并不是孤立地判定案卷或单份文件、单张图纸的价值，事实上，每一案卷的价值、每一份文件和图纸的价值都受到成套科技档案价值的制约，不能脱离其所属科技项目的价值。比如，同是课题研究报告，获国家奖的项目同一般研究项目的价值必定是不同的，因此科技档案价值鉴定必须紧密联系其所属科技活动的水平，并以此作为判定该活动中形成的科技档案价值的基础。

（2）以案卷级（或文件级）分析为基础确定科技档案的保管期限。一项科技活动的水平虽然确定了该套科技档案价值的基本水平，但并不意味着同一个项目中科技档案的价值是完全相同的，如某一型号产品设计档案中有总体设计档案、零件和部件设计档案，一般来说内容综合性的档案价值要比内容零星的档案价值大，全局性档案的价值要比局部档案的价值大，产品定型阶段档案的价值要比试制阶段档案的价值大。因此不可能将一套科技档案统一划定为一种保管期限，而案卷作为一组有机联系的集合体，其组成的科技档案的价值和密级是大致相当的，因此科技档案保管期限的确定应该以案卷为对象。从这个意义上说，案卷既是科技档案保管的单元，也是科技档案价值鉴定的单元。

（3）直接审阅科技档案的内容是直接鉴定法的关键。在科技档案管理过程中，形成了很多能够反映科技档案内容的标志，如案卷目录、案卷标题、文件题名等，但是科技档案价值鉴定不能以此为依据，因为这些都不可能全面、具体地反映科技档案的全部内容，以这些标志为依据，可能导致价值鉴定的失误。实践证明，只有采取直接审阅科技档案内容的方法，才能客观、准确地判定科技档案的价值，正确划分保管期限。

（二）定性与定量分析相结合的方法

定性分析是科技档案鉴定中长期使用的方法，但随着科技档案工作的发展，科技档案工作者在科技档案价值量化分析方面进行了一定的探索，其中定性与定量相结合的加权平均法是具有代表性的一种方法。加权平均法是按科技档案具体的价值因素（如技术因素、功能因素、时间因素、典型因素、作者因素、名称因素）分项计分，计算出科技档案价值量的方法。例如，某单位在鉴定科技档案价值时，确定了下列四项价值因素：技术因素、时间因素、作者因素、典型因素，然后依次评出被鉴定科技档案各项价值因素的得分，再根据该单位事先明确的各价值因素的权数（权数不同反映各价值因素所起的作用不同），在此基础上，按公式 $V = \sum_{i=1}^{n} f_i \times v_i$ 计算出各项价值因素的加权平均值，按照事先规定的阈值确定科技档案的保管期限（如在 80 分以上为永久保存，80 分以下为定期保存，低于 20 分的没有保存价值）。如果被鉴定的科技档案加权平均值为 73 分，则应列为定期保存。

综上所述，直接鉴定法是一种经验性的定性分析方法，它主要凭借人们的实际经验来确定科技档案的保存价值，比较灵活，是目前科技档案价值鉴定的基本方法，但受鉴定者主观因素影响较大，准确性难以保证。定性与定量分析相结合的方法（如加权平均法）将数学方法和经验相结合，准确性比直接鉴定法更高，对提高科技档案价值鉴定工作的科学性有重要意义。潘颖和黄世喆（2007）探讨将层次分析（analytic hierarchy process，AHP）法用于科技档案的价值评价之中，该方法也以定性分析为前提，将定性与定量分析相结合构建科技档案评价体系的过程，包括科技档案的价值表征、建立递阶层次结构模型、建立矩阵模型等。但是科技档案价值鉴定是一项比较复杂的工作，采用定性与定量分析相结合的方法判定科技档案价值，还需在总结实践经验、综合各方面因素的基础上不断探索，逐渐走向科学有效。

二、科技档案价值鉴定的程序

科技档案价值鉴定是一项极其严肃的业务工作，关系到科技档案的生死存亡，为保证鉴定工作质量，需要按照下列程序进行。

（一）鉴定准备工作

1. 制订鉴定工作计划

在基层单位，科技档案价值鉴定通常被认为是档案部门的一项重大活动，它不仅耗用科技档案部门大量的人力和时间，还牵涉到各有关科技业务部门，为使科技档案鉴定工作既不影响各科技业务部门的工作，又不影响科技档案的日常管理和利用，在鉴定工作开展之前应制订出切实可行的工作计划，并得到主管领导的批准。工作计划的内容主要包括库藏科技档案状况的统计分析、本次鉴定工作的目的和要求、计划鉴定科技档案的内容范围、鉴定工作同其他有关工作的衔接和协调、计划工作量及需要动用的工作人员和时间、鉴定工作的后勤保障等。

2. 做好鉴定工作的组织准备和物质准备

成立鉴定工作小组是鉴定工作重要的组织准备，鉴定小组的成员要按照选配条件进行认真的酝酿和挑选，在征得本人同意后，报请领导批示。鉴定小组成立以后需要为即将开展的鉴定工作进行相关准备，包括学习国家关于科技档案鉴定工作的有关规定、学习上级主管部门制定的保管期限表以及有关科技档案鉴定工作的经验等，这是做好科技档案鉴定工作、提高科技档案鉴定质量的认知准备和组织保证。此外还要落实鉴定工作必要的物质准备，如鉴定工作用房、各种表格的编制。

3. 科技档案保管期限表的研究和制定

保管期限表是科技档案鉴定工作中的重要工具，没有科技档案保管期限表的单位在鉴定工作之前，要根据有关要求和规定制定本单位的科技档案保管期限表，已有科技档案保管期限表的单位，则要对保管期限表进行认真的研究，以便掌握鉴定标准，对其中不适合的内容应该按照一定的手续进行修订和补充，务必使科技档案保管期限表科学、适用，以保证鉴定工作的质量。

（二）科技档案的价值判定工作

对于科技档案的价值判定，目前主要采用的是直接鉴定法，一般以一套科技档案为基础，逐卷进行，对于某些例外情况，如对一些明显失去保存价值的科技项目的科技档案，可以成套鉴定，对于一些特殊的或重要的文件或图纸亦可单独鉴定，但是这些只是辅助方法和个别情况。价值判定时具体可分为以下两步。

1. 个人初步鉴定

个人初步鉴定也就是鉴定小组成员根据分工，利用定性分析法或定性与定量分析相结合的方法，根据科技档案的内容，提出鉴定意见，并将其填写在科技档案鉴定卡片上的过程。科技档案鉴定卡片是科技档案鉴定工作的原始记录，根据鉴定工作需求应包括的项目有卡片编号、案卷名称、科技档案号、所属项目名称、归档时间、原定保管期限、张数、鉴定人意见、鉴定人签字和鉴定时间、鉴定小组意见、鉴定小组负责人签字及时间等。鉴定卡片的各项栏目中以个人鉴定意见最为重要，它是价值判定的依据和初步结论。鉴定意见应反映科技档案形成的背景、科技档案内容的技术经济水平、科技档案的历史与现实使用价值分析、利用情况分析与预测、其他与鉴定结论有关的情况以及鉴定人对案卷的保管期限与存毁的具体建议等。

2. 集体审查

在个人初步鉴定的基础上，召开鉴定小组会议，听取每个鉴定人的说明，逐个审查鉴定卡片，进行综合平衡，形成鉴定小组意见，由鉴定小组负责人将鉴定意见填入鉴定卡片。

集体审查一般只就鉴定卡片内容进行分析讨论，如有不同意见或遇到不明确的问题，才需要调出有关科技档案再次进行直接鉴定，必要时还可以请总工程师、技术负责人等专家进行评判。

（三）销毁与后处理工作

经过鉴定，对那些确实已经失去保存价值的科技档案，可以进行销毁，为保证档案鉴定工作的严肃性，销毁工作必须严格按照手续进行。

1. 销毁手续

（1）编制科技档案销毁清册。科技档案销毁清册主要包括以下几项内容。

①序号，按照拟销毁档案的登记顺序填写。

②科技档案号，是拟销毁档案的案卷号，如成套销毁则需要填写项目号。

③科技档案名称，有三种填写情况：如果是整套档案全部销毁的，应该填写该套科技档案所属的项目名称；如果是一套档案中销毁部分案卷，则逐个填写案卷的名称；如果是销毁案卷中的部分档案或图纸，则需要填写拟销毁档案的具体名称。

④形成单位，填写形成科技档案的具体单位和科室。

⑤数量，按整套或案卷销毁时，填写案卷数，按件或张销毁时只填写件数或张数。

⑥鉴定卡片编号，填写鉴定时有关案卷形成的鉴定卡的编号。

⑦备注，用来说明有关事项。

⑧封面，需反映清册名称和单位、鉴定负责人的姓名和鉴定时间、审批人姓名和审批时间、销毁人和监销人的姓名、销毁时间等。

（2）撰写科技档案鉴定报告。科技档案鉴定报告是鉴定工作中形成的正式文件之一，其内容主要包括本次鉴定工作的目的和要求，鉴定的范围（包括种类、年代、项目、数量），鉴定小组成员名单及有关情况，本次鉴定的原则、具体方法和过程，鉴定中调整保管期限和销毁的数量，鉴定工作取得的经验和存在的问题，其他同本次鉴定有关的问题等。

科技档案鉴定报告与销毁清册一式三份，一份送本单位领导审查批准后由科技档案部门存档，另外两份分别报送上级专业主管机关和当地档案主管部门备案。

（3）科技档案销毁的方式。科技档案销毁由档案部门具体实施，但销毁时应同本单位保密或保卫部门取得联系，请他们指派专人监销。

科技档案销毁涉及科技档案的生死存亡，是不可逆的，必须十分慎重，为此许多单位对准备销毁的科技档案采用封存观察的冷处理方法。观察期一般为三到五年，同时建立封存档案的利用记录，观察期过后再一次进行甄别，对观察期间仍然被利用的档案应在下一次鉴定时提交复审，对确实不曾利用的档案予以销毁。具体应根据科技档案的内容的保密程度，采取就地销毁、回收或移交等不同方式。

2. 后处理工作

科技档案鉴定工作后，库藏科技档案发生了一定的变化，如成套档案被销毁、套内案卷被调整保管期限、案卷被销毁、案卷内的档案被调整或被剔除销毁等，这些档案实体的变化既需要通过库藏管理进行相应的后处理工作，也会使已经编制的登记册、检索工具、目录等与库藏档案实体不一致，还需要进行相应的后处理及善后工作，一般包括以下几项工作。

（1）注销，将销毁的科技档案从登记册上划掉，并在有关检索工具中注明或撤销相应的条目。

（2）变更，凡是鉴定中调整了保管期限的科技档案，应对有关管理工具的标注事项作出相应的变更。

（3）调整案卷，案卷内档案有部分销毁，应该进行调整或重新组合。

（4）调整排架，对现有科技档案的排架情况进行相应调整。

（5）组织鉴定工作卷，鉴定工作卷是将本次鉴定工作中形成的具有保存价值的档案组织而成的案卷，是本次鉴定工作的档案，一般包括装订成册的鉴定卡片、鉴定计划、鉴定报告、鉴定销毁清册、保管期限表等。

三、科技档案质量鉴别的内容和方法

科技档案是科技活动的直接记录，客观反映了科技活动的历史过程和科技对象的实际面貌，完整、准确是科技档案质量的集中反映，也是科技档案质量鉴别的基本内容，失去了完整性和准确性的科技档案也就失去了价值，甚至会对后续及相关科技活动产生负面作用。因此质量鉴别在科技档案鉴定工作中尤为必要，尤其是一些跨时较长以及科技对象存在时间较长的科技活动，在科技活动不断进行和科技对象自身不断发生变化的过程中，科技档案的完整性和准确性可能发生变化，一方面静态的科技档案内容难以反映科技活动的动态变化，另一方面相关的科技档案总是在不断地形成，致使原有的科技档案从相对的完整、准确变得不够完整、准确，因此必须进行科技档案内容的核查与甄别，以保证科技档案的完整、准确，这是科技档案价值鉴定中的特殊任务。科技档案的准确性首先表现在相关科技档案之间相互对应、内容一致，其次还要如实地记载和反映科技对象的变化，即科技档案与科技对象的实际面貌保持一致。科技档案质量鉴别的具体方法主要有下列三种。

（一）通过科技档案同有关目录之间的核对进行鉴别

这种方法是以文件或科技档案目录为依据，鉴别科技档案的完整性和准确性，作为鉴别依据的目录有产品或工程的设计图样目录、设计文件清单、有关明细表、科技档案总目录和分类目录等。采用这种方法鉴别，要注意几个问题：第一要保证目录的质量，目录是鉴别的基本依据，其内容的完整与准确是质量鉴别工作的前提条件，如果目录本身不完整、不准确，鉴别工作的质量和效果就难以保证。第二要以目录为依据，逐项（逐套）、逐卷、逐张、逐件地仔细鉴别科技档案内容，而不能只追求档案标题与目录的一致，因为科技档案存在不同版本，要特别注意鉴别档案的内容、时间和稿本，以免关键档案和数据出现问题。第三是在鉴别中发现短缺等质量问题，要了解短缺的档案是否有保存价值，如具有保存价值，应设法补齐。

（二）通过科技档案之间的核对进行鉴别

这种方法主要通过相关档案之间的核对以鉴别科技档案的准确性，科技档案的不准确主要表现在不同版本、同一内容或相关内容方面的不一致，如底图和蓝图的不一致，库藏科技档案同科室、车间使用中的文件（如产品图纸、工艺文件等）之间的不一致等。造成这些不一致的主要原因是科技文件更改制度不健全、更改管理不规范，因此进行科技档案之间的核对需要特别注意有关文件的更改凭证（如科技文件更改通知单），掌握其更改、变化的情况，有重点地进行核对，这是提高科技档案质量鉴别效率的重要方法。

（三）通过科技档案与科技对象之间的核对进行鉴别

前两种质量鉴别的方法主要是在科技档案部门内进行的，而科技档案与科技对象之间的核对是要走出档案部门，对科技对象进行实际考察，并对科技档案的内容进行鉴别，以确保科技档案是对科技对象真实的记载和客观的反映。例如，到建筑物或构筑物现场考察其是否进行过改建和扩建，以建筑物和构筑物的现实情况为依据，鉴别基建档案是否准确；到设备安装和使用现场，以设备使用和运行的情况为依据考察设备档案是否准确。

通过科技档案与科技对象的核对，如果发现科技对象已经发生变化但科技档案却没有如实反映的情况，应及时采取相应的实测补等措施，使科技档案与科技对象保持一致，保证科技档案质量。

上述鉴别科技档案质量的方法各有侧重、密切联系、互为补充，无论采用哪种方法，在进行科技档案质量鉴别以后，要重视相关科技档案的补充和处置工作。实践证明，科技活动和科技对象的变化，虽然是影响科技档案完整、准确的重要因素，但是相关管理制度和管理工作的不健全，对科技档案质量的影响更为严重。因此应该采取有效措施，进一步完善和健全有关各项科技管理制度，强化科技档案部门的监督职能，以便从根本上保证科技档案的质量。

四、电子科技档案的技术鉴定

电子档案的形成、流转、保存和利用都必须依赖一定的软硬件环境，为保证电子科技档案在保管期限内的有效性，需要在传统形式科技档案鉴定工作的基础上，对电子科技档案的价值实现状况即技术条件进行鉴定。

技术鉴定的内容主要包括以下几项。

（一）电子科技档案的真实性鉴定

电子科技档案的真实性鉴定工作主要包括：检查并依据科技档案管理系统所记载的文件形成、修改和批准时间分析文件是否是最终版本；检查档案是否按照预先确定的标准格式和模板编辑；检查科技文件形成系统中对于文件的生成和管理过程记录，分析是否有非法操作；分析元数据中关于迁移前后文件信息和载体的记录，检查科技档案中真实性的影响要素是否在迁移中发生了变化。

（二）电子科技档案的完整性鉴定

电子科技档案的完整性鉴定工作可以分为检查档案要素和检查要素集中手段两个方面。检查档案要素是指利用有效的技术手段对照元数据模型检查档案要素是否完备，包括可视和不可视的部分；检查要素集中手段指分析联系一份档案各个要素的手段（如超链接）是否有效。在现有技术条件下，一份档案的数据可能分布在若干台机器中，也可能以若干份文件相连接的方式存在，鉴定时需要核实相关数据和文件是否收集齐全。

（三）电子科技档案的可用性鉴定

可用性鉴定是电子科技档案技术鉴定的主要内容，目的在于确认电子科技档案中的内容是否可获取、可读、可理解，不仅需要确认科技文件形成时的可读状态，也需要分析其是否具备归档后仍可读的技术性能，主要包括：电子科技档案是否具有唯一的检索标识符号、是否具备有检索意义并符合命名规则的档案名称；检查配套软件、相关电子科技档案（如数据比较复杂的关系型数据库的相关数据库）、文字材料是否齐全完整；检查电子科技档案的存储格式是否符合归档要求；归档或迁移时填写的科技档案运行的软硬件环境、版本号是否正确；加密科技档案还应检查其密码是否能可靠保存；在指定的环境平台上能否准确读出，因为有些科技档案形成于专业的信息系统，系统的变化可能会导致档案无法正常读取和显示，可通过格式转换以及连同生成系统一并归档保存的方法解决。

（四）电子科技档案的安全性鉴定

电子科技档案的安全性是真实性、完整性、可用性的前提和保证，在科技档案收集、保管和提供利用的过程中可能会由于不适当的自然与社会环境、技术、管理等因素影响科技档案质量。电子科技档案的安全性鉴定主要包括：系统环境中是否安装杀毒软件用于检测归档信息包是否包含恶意代码；归档载体安全性检测，通过外观、读取情况等判定载体是否安全、可靠；检测光盘是否符合《档案级可录类光盘 CD-R、DVD-R、DVD＋R技术要求和应用规范》（DA/T 38—2021）的有关要求；检测归档信息包在归档和保存过程中是否安全、可控等。

课后思考题

1. 简述科技档案鉴定的定义与内容。
2. 简述科技档案价值鉴定的原则。
3. 说明科技档案保管期限表的类型与结构。
4. 科技档案价值鉴定的主要方法有哪些？如何开展科技档案价值鉴定？
5. 简述科技档案质量鉴别的内容和方法。
6. 如何理解电子科技档案的技术鉴定？

科技档案保管

本章内容概要： 科技档案保管是科技档案管理中一项专门的业务活动，对于科技档案的科学管理和有效利用起着举足轻重的作用。本章阐述科技档案保管工作的意义与基本要求，提出包括库房选址、布局和科技档案柜架排列在内的科技档案库房的总体要求与包括防火、防水、防潮、防高温、防霉、防虫、防光、防尘、防盗、防污染的安全防护要求，提出了科技档案保管方法，并介绍库房管理制度、保密制度和检查制度三方面的科技档案保管制度。

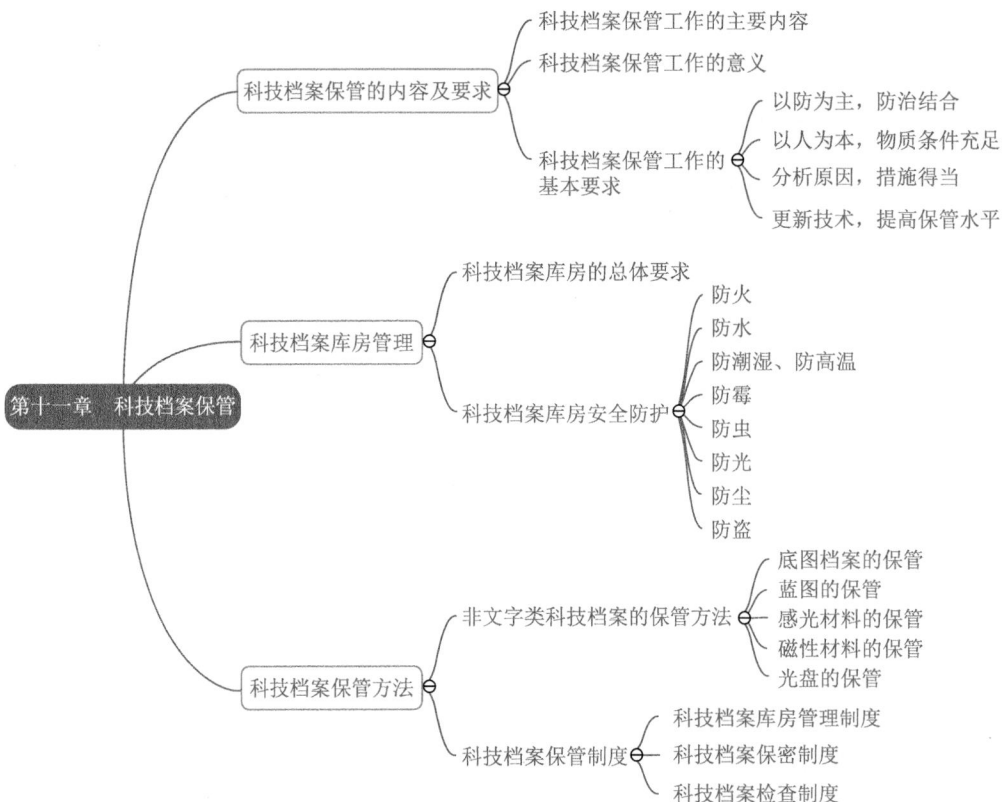

- 第十一章 科技档案保管
  - 科技档案保管的内容及要求
    - 科技档案保管工作的主要内容
    - 科技档案保管工作的意义
    - 科技档案保管工作的基本要求
      - 以防为主，防治结合
      - 以人为本，物质条件充足
      - 分析原因，措施得当
      - 更新技术，提高保管水平
  - 科技档案库房管理
    - 科技档案库房的总体要求
    - 科技档案库房安全防护
      - 防火
      - 防水
      - 防潮湿、防高温
      - 防霉
      - 防虫
      - 防光
      - 防尘
      - 防盗
  - 科技档案保管方法
    - 非文字类科技档案的保管方法
      - 底图档案的保管
      - 蓝图的保管
      - 感光材料的保管
      - 磁性材料的保管
      - 光盘的保管
    - 科技档案保管制度
      - 科技档案库房管理制度
      - 科技档案保密制度
      - 科技档案检查制度

第一节　科技档案保管的内容及要求

在科技档案的有效利用和安全保管之间，在维护科技档案完整、准确、系统、安全的质量要求和档案自然寿命之间一直存在着矛盾，科学有效的保管工作是协调、解决这两对矛盾的重要措施。科技档案保管是科技档案管理中一项经常性的业务工作，是通过创造适合的保管条件和环境，妥善保护科技档案，建立和维护良好的科技档案库藏秩序的一项业务工作。

一、科技档案保管工作的主要内容

保管工作是科技档案部门的一项日常性的业务活动，主要包括以下四个方面的内容。

（1）日常维护，主要包括日常的档案排架入库、温湿度监测、库房秩序维护和安全管理等。

（2）预防性保护，主要是通过采取防火、防盗、防潮、防高温、防虫、防鼠、防光、防尘、防污染等措施，防患于未然，预防科技档案受到各种不利因素的影响，尽量延长科技档案寿命。

（3）修复与抢救，主要是针对老化、破损和即将破损的科技档案而采取适当的修复、复制等措施。

（4）库房及装具、设备的管理，主要包括库房规划布局，档案装具的选购和使用，相关设备的购置和维护等。

二、科技档案保管工作的意义

科技档案保管工作既是科技档案管理中一项专门的业务活动，又与其他业务活动有着千丝万缕的联系，对于科技档案的科学管理和有效利用起着举足轻重的作用。

科技档案保管是落实集中统一管理原则的重要措施。集中统一管理是我国科技档案工作的基本原则，是我国社会主义制度优越性的体现，也是有效保证科技档案质量的需求。而科学保管是有效落实集中统一管理的重要措施，没有妥善、科学的保管，档案时刻面临丢失、损坏等问题，集中统一管理也就失去了意义，在集中统一管理中采取有效保管措施，确保库藏科技档案质量，才能真正落实集中统一管理原则。

科技档案保管是我国科技文化资源得以丰富的保障。科技档案是科技成果的主要形式，是国家科技资源的重要表现形式，是国家科技实力的重要体现。随着国家科技水平的不断进步，经年累月积累起来的科技档案以特有的形式将国家科技文化资源有效保存下来，而科学保管好这些科技档案，是保障我国科学技术"在巨人的肩膀上"不断创新发展的前提，同时科技成果的持续积累和妥善保管又保障了我国的科学文化资源不断丰富。

科技档案保管是实现科技档案有效利用的基本保证。有效利用是科技档案工作的目的，科技档案的有效利用是一个动态、持续的过程，即便是经过了系统整理并具有一定的质量水平，在频繁流动和周转中其有序、可用的状态也很容易受到破坏，因此需要科学妥善地保管以及时发现不安全、无秩序的现象并加以调整。

科技档案保管是巩固前期科技档案工作成果的基础。科技文件、科技档案一经形成，为确保其质量，科技业务人员和档案工作人员在科技档案整个生命周期进行了多角度的管理并取得相应的建设成果，包括更改管理、版本管理、收集、整理、鉴定、开发等，而这些建设成果都是以科学、妥善保管为基础的。没有妥善保管，前期基础建设成果的价值就会完全清零。

三、科技档案保管工作的基本要求

（一）以防为主，防治结合

科技档案保管工作涉及预防和治理两个方面，正确处理这两个方面的关系，对做好保管工作十分重要，为了保证科技档案的安全，延长其寿命，应始终坚持以防为主，防治结合的保管方针。科技档案的损毁通常是一个渐变的过程，但对科技档案是致命的，不可逆的。因此事前预防是科技档案保管工作的根本和主要内容，坚持以防为主，采取科学措施防患于未然，但仍要密切关注档案的载体安全和信息安全，一旦发现病菌或其他因素对科技档案造成伤害，要及时治理，将不利影响降到最小。

（二）以人为本，物质条件充足

做好科技档案保管工作，必须具备两个要素，一是物的因素，即提供必要的保管条件；二是人的因素，主要表现为保管人员的事业心和责任感。从一定意义上说人的因素比物的因素更重要，保管工作中充分发挥保管人员的主观能动性，积极发挥专业优势、创造条件、克服困难，才能将保管工作做好。保管人员缺乏高度的事业心和责任感，即便物质条件充足，也难以持续高效地做好科技档案的保管工作。

（三）分析原因，措施得当

为使保管工作科学化，必须分析和把握造成科技档案损毁的原因，科技档案损毁的因素可分为内因和外因，其中内因是指由于科技档案制成材料和记录材料导致科技档案老化或损坏，外因是科技档案外在的保管条件和保管方法等因素影响科技档案寿命，保管条件好，保管方法得当，如温湿度适宜、防护设施可靠、保管方法科学就能够相应延长科技档案的寿命，反之，就可能加速科技档案的损毁，缩短其寿命。科技档案保管，要充分认识、分析影响科技档案寿命的内因和外因，并针对影响因素，采取相应措施。

（四）更新技术，提高保管水平

科技档案保管技术较多，主要包括预防技术和修复技术，科技档案保管要求采用先进技术不断提高保管工作的水平，随着科学技术的发展，科技档案的保管技术也在不断改进。科技档案保管人员应努力钻研业务，积极引进和吸收新的技术成果，注重借鉴图书、文博等部门的先进经验，不断提高科技档案保管水平。

科技档案保管责任重大，涉及因素众多，是一项较为复杂且专业性极强的业务活动。例如，山东海阳核电一期工程顺利通过国家档案局组织的档案验收后，在接受国家档案局经科司项目处负责人采访时，当被问及山东海阳核电项目是如何加强档案安全性这一问题时，山东核电有限公司信息文档处档案科科长姚雪琴做出了如下回答：

山东核电有限公司规划建设了档案馆舍，配备温湿度和安全控制设施设备，执行库房"八防"措施，实行库房、办公、整理与借阅"四分开"和出入管理登记制度，采取人防与技防相结合的措施，保障文档实体安全和信息安全。同时，每年定期组织档案安全相关文件、制度培训，开展档案馆突发事件应急演练，提升应急组织和处置能力。通过文档管理系统进行电子文件管理，采用专门的安全软件对电子文件进行权限控制，用户根据授权查阅相关文档信息。文档数据和电子文件备份纳入公司信息系统数据备份策略，实施全库备份和增量备份相结合，定期将备份的数据磁带移交至文档部门保存。

■ 第二节 科技档案库房管理

库房是科技档案保管的重要场所，库房的安全管理至关重要。《科学技术档案工作条例》第十九条明确规定："保管科技档案必须有专用库房，库房内应当保持适当的温度和湿度，并有防盗、防火、防晒、防虫、防尘等安全措施。科技档案部门应当定期检查科技档案的保管状况，对破损或变质的档案，要及时修补和复制。"

一、科技档案库房的总体要求

（一）库房基地选址

《档案馆建筑设计规范》（JGJ 25—2010）关于档案馆的基地选址，做出了以下规定："应选择工程地质条件和水文地质条件较好的地段，并宜远离洪水、山体滑坡等自然灾害易发生的地段；远离易燃、易爆场所和污染源；交通方便、城市公用设施较完备的地段；应选择地势较高、场地干燥、排水通畅、空气流通和环境安静的地段。"

（二）档案库房的布局

库房布局是指对库房的使用安排及对库区房间和保管区段的划分，为科技档案日常管理创造条件。库房布局要考虑以下两个因素：一是适应科技档案工作实际情况的需要；二是方便科技档案工作者履行职责。《档案馆建筑设计规范》（JGJ 25—2010）对建筑设计的规定提出，档案馆建筑应根据其等级、规模和功能设置各类用房，并宜由档案库、对外服务用房、档案业务和技术用房、办公用房和附属用房组成。

其中，档案库可包括纸质档案库、音像档案库、光盘库、缩微拷贝片库、母片库、特藏库、实物档案库、图书资料库、其他特殊载体档案库等，并应根据档案馆的等级、规模和实际需要选择设置或合并设置。档案库应集中布置、自成一区。除更衣室外，档案库区内不应设置其他用房，且其他用房之间的交通也不得穿越档案库区。档案库区的平面布局应简洁紧凑。档案库区或档案库入口处应设缓冲间，其面积不应小于 6m²；当设专用封闭外廊时，可不再设缓冲间。档案库区内比库区外楼地面应高出 15mm，并应设置密闭排水口。每个档案库应设两个独立的出入口，且不宜采用串通或套间布置方式。档案库净高不应低于 2.60m。档案库内档案装具布置应成行垂直于有窗的墙面。档案装具间的通道应与外墙采光窗相对应，当无窗时，应与管道通风孔开口方向相对应。

其他各类用房可做如下布局：行政办公室根据档案馆的行政编制及工作情况设置，应安排在靠近入口的地方，既便于工作又便于用户查阅档案；阅览室是档案馆提供利用者阅览的场所，可安排在楼层较低、环境安静和光线充足的地方；业务工作室是档案工作人员整理科技档案的专门用房，档案的分类、整理、价值鉴定、编目和日常工作都要在此进行，因此要安排在相对安静的地方，以靠近库房为宜；技术处理室是对科技档案进行各种技术处理的房间，包括除尘、消毒、修复、复制和计算机用房等，为了便于工作，这些技术处理室既要相对独立，又要互相联系，还不能距档案库房太远，因此要统筹规划，作出合理安排。

如果科技档案库房较多，为了方便管理应为库房编制库位索引，作为定位管理的线索。库位号一般由房间号、柜架号和搁板号构成，从入口或楼梯口按顺时针方向自左向右顺序编排，搁板号按照自上而下的顺序编排。库位号确定后，每个房间、柜架都应在醒目的位置固定库位号标牌，并根据库房的实际使用情况编制成鸟瞰图或方框图，标明柜架的库位号，形成库位索引。

（三）科技档案柜架排列

在科技档案库房内，柜架的合理排列和使用对科技档案的保护与利用以及日常工作秩序维护都有直接的影响，柜架排列要注意以下事项。

不同形状、不同质地、不同规格的柜架应分类集中使用；柜架的两端，应与墙壁保持一定的距离，排列方向应与窗户垂直，以防阳光直射；柜架之间的通道宽度要合理实用，一般在 0.9～1.2m，同时通道的安排应呈循环迂回形式，以减轻档案工作者在调卷或巡查时的负担，便于在突发情况下对科技档案的抢救和转移；各层柜架的门板和抽屉外都应用标签注明该柜架所存放科技档案的类别、范围和档号，以便科技档案的调卷和归位；如采用活动式密集架保存科技档案，安装时要充分考虑库房建筑的负荷量。《档案馆建筑设计规范》规定，档案库楼面均布活荷载标准值不应小于 5kPa，采用密集架时不应小于 12kPa。

二、科技档案库房安全防护

库房安全防护是库房管理的重要任务，也是维护科技档案完整与安全的基本前提。安全防护通常包括防火、防水、防潮湿/防高温、防霉、防虫、防光、防尘、防盗等。

（一）防火

科技档案的制成材料大多易燃，因此防火问题事关重大，科技档案库房的安全防护应将防火放在特别突出的位置。首先要配备效果良好、数量充足的消防灭火器材，规模较大的库房还应安装自动报警、灭火装置。其次要制定并执行严格的防火制度和消防器材使用管理制度，严禁库房内吸烟、使用明火，对电源、线路、开关、灯等进行定期检查，消灭一切火灾隐患。

（二）防水

水灾对科技档案的破坏同样也是致命的，防水要求库房所处地势不能过低，库房内及附近不能有水源，同时要注意库房的屋顶、外墙、门窗及地面采取科学、适当的防水措施。

（三）防潮湿/防高温

不适宜的温湿度不仅可以直接作用于科技档案，还能够加速其他因素对科技档案的破坏。如湿度不仅能直接破坏科技档案纸张、字迹和线条的耐久性，还会加快纸张中纤维素水解，使纸张抽缩、褪色、字迹模糊等，甚至会出现档案砖现象。高温、高湿还会使纸张生霉、害虫繁衍，对档案产生不可挽回的破坏。因此防潮湿/防高温对保护科技档案具有重要作用。一般档案库房温度应控制在 14～24℃，相对湿度应控制在 45%～60%，特殊载体科技档案的温湿度另有要求。

防潮湿的方法很多，主要有两个方面：一是防止和控制库外高温、高湿影响库内，一般采用封闭的方法，设置两道房门和过渡间，窗户要严密，有条件的要设双层窗户；二是要及时降低和调节库房内的高温和高湿，一般采用通风、吸热、吸湿的方法，配备温湿度观测、控制和调节设备，加强温湿度的监测，及时降低库房内的温湿度。

（四）防霉

细菌、霉菌、放线菌等微生物具有体积小、生长繁殖快、适应能力强的特点，对档案有很大的危害。防霉实际上是对以上多种微生物防治的统称，其任务是防止和抑制霉菌为主的微生物在库房内生长、发育、繁殖以及对科技档案的破坏，防霉除了净化空气、控制温湿度、放置防霉药品外，还要求对库藏科技档案进行定期检查，如果发现库房内被微生物侵染，应采取化学和物理的灭菌措施。

（五）防虫

有害昆虫会严重危害科技档案，轻则成孔洞，重则千疮百孔、污迹斑斑、缺边少角、残缺不全，因此应严防有害昆虫对科技档案的影响，具体方法是要严格控制好库房的温湿度，保持清洁，库房及档案柜架内放置适量的防虫剂，使害虫无藏身之地，对即将入库但有虫蛀的科技档案要及时消毒，否则不得入库。对已经入库的科技档案要经常检查，一旦发现虫害要及时治理。

老鼠也会严重危害科技档案，库房内必须杜绝老鼠生存和繁殖的条件，禁止堆放食品和杂物，库房墙壁应坚固平滑，档案柜架应与墙壁保持一定的距离，发现老鼠后要尽快采取措施予以杀灭，以防鼠害蔓延。

（六）防光

无论自然光还是人工光对科技档案都有一定的破坏作用，特别是太阳光中的紫外线，具有强烈的光化作用，对科技档案的破坏性极大。防光的基本措施是选用合适的照明光源，减少光照作用时间，避免太阳光直射，库房的窗户要尽量小而少，窗户可用毛玻璃、花纹玻璃或有色玻璃，也可以用挂窗帘等方法防止光线照射档案，对库房的灯光要严加控制，无人时不开灯。此外科技档案应放入袋、盒和适当的档案装具，使科技档案尽量少接触甚至不接触光线，从而减少光对科技档案的破坏作用。

（七）防尘

灰尘成分非常复杂，如砂土、烟渣、煤屑以及其他各种机械粉末等。灰尘对科技档案有物理性、化学性和生物性等方面的破坏作用。如会使科技档案字迹、线条模糊不清，摩擦和破坏科技档案纸张的纤维，有的灰尘带有一定的酸性或碱性，对科技档案具有一定的腐蚀作用，灰尘还是微生物寄生和繁殖的载体或传播者。做好防尘工作，除库房选址时需要考虑防尘条件外，在库房周围还可以种草植树以绿化环境，库房要紧闭且保持室内清洁，库房窗口、通风筒上安装过滤装置，科技档案入库前严格检查以避免将灰尘带入库房内。

与防尘问题密切相关的是防污染问题，主要是指有害气体对科技档案的破坏，因此科技档案库房应远离污染源并具有较好的密闭功能，如果库房内有害气体超过规定标准，应及时通风、净化空气。

（八）防盗

防盗要求库房门窗坚固，出入库房随时锁门，并尽可能安装防盗报警灯、监视监控设备。《档案馆建设标准》第三十七条规定，档案馆建筑应设置门禁、报警、监视监控等安防系统，以保护科技档案的完整、安全。

第三节　科技档案保管方法

一、非文字类科技档案的保管方法

科技档案种类繁多、形式复杂、制成材料多种多样，在科技档案保管工作中，应根据各种制成材料的特点及安全利用的需求，采取适当的保管方法，科技档案中文字类档案的保管与一般档案的保管并无区别，以下主要介绍非文字类科技档案的保管方法。

（一）底图档案的保管

底图是科技活动中形成的较为常见的一种科技档案，它的主要功能是归档和复制。底图在制作过程中采用了特殊的原材料和工艺措施，其本身就具有一些不耐久的因素，在多次复制过程中经过反复高温照射，机械强度和耐久性会有所降低，容易脆裂破碎。为了延长底图保管寿命，一般应将其放在专门的底图柜内保存（图11-1），存放方法有两种：一种是平放，即按整理顺序平放在多层抽屉底图柜内，可以保证底图平整，存取也比较方便，但不适于大幅面底图的保管；另一种是卷放，即将底图档案按套或按案卷卷起来放在底图柜里，这样可以节约库房面积，尤其适用于特大特长幅面的底图，但存取不够方便。

图 11-1　底图柜

底图在保管过程中应禁止折叠保管，折叠对底图保管有两点不利影响：一是折叠后出现的印迹，在晒制蓝图时容易晒出线条，影响图纸的清晰和准确；二是折叠处时间稍久会容易断裂，影响底图的保管寿命。保护底图可以采用边缘加固的方法，将底图四周折为双层，使用缝纫机扎边或者通过压边机将胶纸粘在底图四周，周边强度加大会明显减少底图的破损。总之底图应保证在不撕、不折、不受挤压的情况下尽量减少磨损。

（二）蓝图的保管

蓝图主要供科技活动现场使用，蓝图及其他复印图机械强度较好，蓝图幅面大小不一，可采取折叠组卷的方法进行保管，蓝图以手风琴式折叠成 A4 大小，折叠时右下角的标题栏应露出以便查阅，如果需要装订，左边应留出装订线，蓝图折叠后应装入牛皮纸板双裱压制而成的卷盒或卷皮中保存。其中，图样一般采用散装的形式，而文字材料一般采取装订的形式。由于蓝图特有的制作方式，其保管应特别注意防光、防尘。

（三）感光材料的保管

科技档案中的感光材料主要有底片、胶片和照片，其中以底片的保管更为重要，因为底片是母片，一旦损毁就无法制作照片。

底片的保管需注意以下事项：底片应采用封闭包装的方法保存，珍贵的底片应存放在隔热、密封的容器内或防火柜中；存放时底片平面应与水平面垂直；底片应分类保存，即母片与拷贝片、永久保存与非永久保存的要分开存放；长期不用的底片，每隔 1～2 年要检查一次，发现异常要弄清原因并及时处理；严格控制底片库房的温湿度，底片库房的温度应控制在 13～15℃，相对湿度应控制在 35%～45%，彩色底片的保管温度应低于 2℃。

底片在入库前应进行严格检查，主要检验其外观质量、影像质量和硫代硫酸钠的残留量（小于 $0.7\mu g/cm^2$），并且要将底片水洗后才能入库，以防污染。还要注意底片出入库时，必须经过温湿度的调节过渡，以防温湿度变化过大影响寿命。在国家档案局发布的《档案缩微品保管规范》（DA/T 21—1999）中对档案缩微品的储存环境、储存设备、包装的技术要求和保管要求进行了明确、系统的规范，可用来对感光材料的保管提供指导和借鉴。

（四）磁性材料的保管

科技档案中的磁性材料主要是录音带、录像带和机读文件，磁性材料的保管要注意以下事项。

首先是防磁，这是保管磁性材料的主要问题，否则磁记录信号在外磁场中会衰减甚至消失。应把磁带放入金属柜中保存，磁带库要远离散射磁场，周围不能有变压器、电动机、电视机等电器设备。其次，磁带要平放，如果外包装盒较软，平放时不要叠加太多，以免压坏。再次，磁带要定期检查，每隔 6～12 个月需要重新卷绕一次，发现问题应及时重新转录，重要的机读文件每 3～5 年应复制一次。最后，长期不用的磁带要加隔磁材料卷绕，以防止相邻磁带互相磁化。另外，应尽可能将重要内容数字化保存到更为耐久的载体中，异质保存。国家档案局下发的《磁性载体档案管理与保护规范》（DA/T 15—1995）对以磁性材料（如计算机磁带、软磁盘、录像带、录音带等）为载体的档案的积累、归档、管理、存储、保护等环节进行了全面的规范，尤其是对磁性材料在储存前、储存、使用、运输等过程中进行了全面系统的要求，可对磁性科技档案的保管提供指导。

（五）光盘的保管

光盘是一种利用激光进行信息存取的记录载体。光盘的耐久性较差，应采取极为有效的措施加强对光盘档案的保护，包括：其一从严控制环境条件，不适宜的温湿度会大大缩短光盘的寿命，保存光盘的环境，温度以 20℃、相对湿度以 45% 为宜，灰尘和有害气体会影响光盘信息的读写效果并加速光盘的老化，要保持环境清洁，使用后的光盘放在盘盒中，避免遭受灰尘和有害物质的侵蚀。其二建立合理的保管制度，经检查符合条件的光盘才能接收入库。光盘存放时应以竖直方式放在盒内，确保不被挤压，为了保证光盘上的档案信息不被丢失，应每隔 10～15 年复制一次。此外，应尽可能将重要内容数字化保存到更为耐久的载体中，异质保存。国家档案局发布的《档案级可录类光盘 CD-R、DVD-R、DVD＋R 技术要求和应用规范》（DA/T 38—2021）、《CAD 电子文件光盘存储、归档与档案管理要求　第一部分：电子文件归档与档案管理》（GB/T 17678.1—1999）、《CAD 电子文件光盘存储、归档与档案管理要求　第二部分：光盘信息组织结构》（GB/T 17678.2—1999）等标准规范中对归档光盘的保存、使用和维护进行系统规范，可以对光盘的保管提供指导。

二、科技档案保管制度

科技档案保管制度是科技档案保管过程的依据和控制手段，是科技档案管理制度的重要组成部分，主要包括库房管理制度、保密制度和检查制度。

（一）科技档案库房管理制度

科技档案库房管理制度的内容主要包括以下几个方面。

（1）保管人员的岗位责任制，科技档案保管人员对科技档案质量和库房秩序负责，要为科技档案的保管创造必要的物质条件。科技档案保管人员要对科技档案的完整与安全负责，指导、监督利用者按规定方式利用科技档案，有权拒绝不符合规定的利用要求，对违反科技档案管理制度的行为提出劝告、制止。

（2）库房管理的分工，包括库房各区段或房间管理的分工，温、湿度监测的分工，库内仪器设备使用与保养的分工以及处理紧急情况下的分工，科学合理的分工可使库房内外的大小事务均有专人管理。

（3）库房纪律，包括不准在库房内吸烟和使用明火，不允许在库房内种花和存放杂物、食品等，不准带照相机进库房，不准无关人员进入库房，不允许在库房内开会、谈话、休息等。

（二）科技档案保密制度

保密是在科技档案工作中，保护国家和集体利益、保证科技档案信息合理交流的重要措施，是保管工作中不可忽视的重要内容，制定科技档案保密制度的依据是《中华人民共和国保守秘密法》《科学技术保密规定》以及各级主管机关的有关规定。制定保密制度要同本单位保密和保卫部门取得联系，互相协调配合，保密制度制定后，要经主管领导批准方能生效。

保密制度的内容应包括以下方面。

（1）科技档案的保密范围和机密等级，要以科学技术的特点和科技机密的划定原则作为划定科技档案保密范围的依据，按照我国有关保密法律和法规规定，凡是关系到国家安全和利益，一旦泄露会削弱国家防御和治安能力，影响我国技术在国际上的先进程度，失去我国技术的独有性，影响技术的国际竞争力，损害国家生育权利和对外关系的科学技术，都应列入保密范围，并且规定了其密级为绝密、机密和秘密。科技档案的密级应在上述三级的基础上适当增加内部使用和国内使用级别，以保护各单位知识产权。

（2）关于密级的调整，随着科技活动的发展变化，科技档案的密级也会发生相应变化，档案工作者应及时对这些科技档案的密级进行调整以确保其安全和科学有效利用。

（3）关于保密档案的管理和使用，保密档案特别是绝密档案，应该单独或由专人管理。涉密档案应控制使用，并且必须经过有关领导批准。保密制度还应规定保密档案摘抄与复制的审批手续、失密的惩处方法和保密检查的内容与方法。

（三）科技档案检查制度

科技档案的检查分为定期检查和临时检查，一般情况下，各级档案部门每年应该定期对科技档案保管状况进行一次全面检查，检查的内容主要包括科技档案的保管状况、库房管理状况、保密工作状况以及借阅制度的执行情况等，其中科技档案的保管状况为检查重点，除定期检查外，遇到特殊需要或发生意外事故应及时组织检查，这种检查就是临时性检查。

为了做好科技档案的检查工作，并通过检查促进保管工作质量，要选择好定期检查的时机，统一检查方法，组织专门的检查小组进行检查。检查后应及时将检查情况和检查结果写成报告，并对发现的疏漏提出补救措施，限期整改，针对保管工作的薄弱环节，进一步健全和完善保管制度。

课后思考题

1. 简述科技档案保管的内容及要求。
2. 简述科技档案柜架排列的注意事项。
3. 档案库房的布局要考虑哪些因素？
4. 科技档案库房安全防护工作主要有哪些？
5. 简述非文字类科技档案的保管方法。
6. 简述科技档案保管制度。

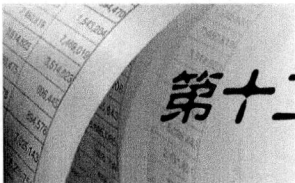

第十二章

科技档案统计

本章内容概要：科技档案统计为科技档案工作发挥指示器和矫正器的作用。本章首先阐述科技档案统计四方面的任务，揭示科技档案统计工作的依附性、双重性等特点，阐述科技档案统计工作的作用与要求。其次介绍科技档案统计工作的流程，包含了统计调查、统计整理和统计分析三个方面，从而认识和把握科技档案与科技档案工作的现状、发展趋势及内在规律。最后，将多个具有密切联系的统计指标组合成统计指标体系加以具体、系统的介绍。

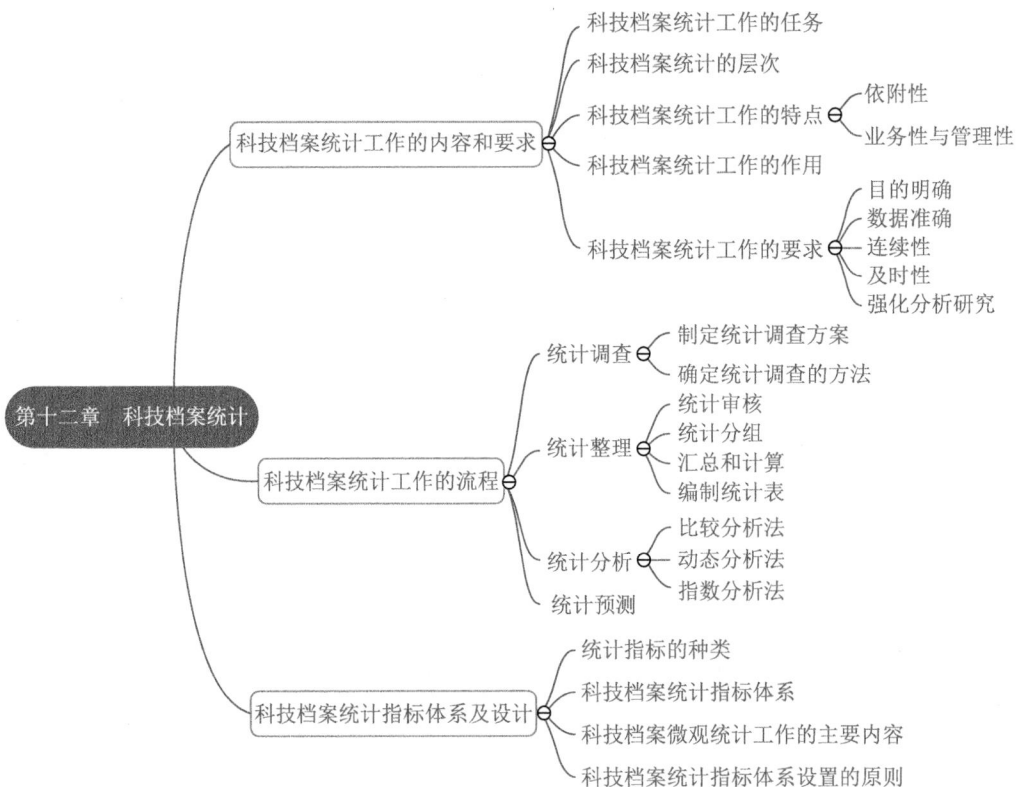

■ 第一节 科技档案统计工作的内容和要求

马克思主义哲学认为，任何事物都是质和量的统一，科技档案的统计就是从量的角度对科技档案和科技档案工作进行抽象，从质和量的相互关系中揭示其发展变化程度和规律的一项活动。因此科技档案统计就是根据统计学原理，以数字形式揭示科技档案和科技档案工作基本状况的一项业务活动，既是科技档案管理中的一个环节，又与其他科技档案活动互为基础、互相依赖。随着科技档案事业的发展，科技档案统计工作作为科技档案工作的指示器和矫正器，正在不断的完善和强化。

一、科技档案统计工作的任务

科技档案统计工作就是通过数字和报表掌握及解释科技档案宏观管理与微观管理基本情况的一项业务，其基本任务是对科技档案和科技档案工作的发展情况进行统计调查、整理、分析、提供统计资料，实行统计监督，具体包括以下四个方面。

（1）组织各种形式的科技档案统计调查，收集有关科技档案工作现状和发展的统计资料。

（2）对收集来的统计资料进行统计分析，以便对科技档案工作的发展做出科学评价。

（3）根据统计资料对科技档案工作的发展进行预测，并提供预测材料。

（4）为科技档案专业主管部门和国家统计部门提供统计资料，实行统计服务和统计监督。

二、科技档案统计的层次

科技档案统计包括宏观和微观两个层次。其中宏观统计是国家各级档案主管部门和各级专业主管机关进行的科技档案统计工作，是从国家、地方和专业系统的角度进行的科技档案统计工作，包括全国科技档案和科技档案工作基本情况统计，专业系统科技档案和科技档案工作基本情况统计，省（自治区、直辖市）、市（专区）、县科技档案和科技档案工作基本情况统计等。为了加强我国档案统计工作，国家档案局于1983年在全国范围内建立了档案统计年报制度，制定了由国家统计局批准的《全国档案事业统计年报制度》，对全国的档案工作推行统一的统计方法、统计项目和统计报表格式，以便更准确地掌握全国档案机构、人员、馆藏、库房、利用和编研等方面的基本情况，对全国的工作实行统计监督。微观统计是指基层科技档案机构、科技专业档案馆对本部门、本单位科技档案和科技档案管理工作进行的统计，其内容包括档案数量统计、档案管理统计、档案利用统计以及人员、设备、环境和财物等方面的统计。宏观统计和微观统计是科技档案统计中两个不同的层次，虽然不同层次的主体、内容、工具各不相同，但二者密不可分，共同构成了我国科技档案统计工作的整体，宏观统计必须建立在微观统计的基础之上，微观统计工作是否科学，数字是否准确，将直接影响宏观统计的质量和作用。将档案统计（包括科技档案统计）纳入我国国民经济和社会发展的统计指标体系，是对科技档案在国民经济和社会发展中的地位的肯定。

三、科技档案统计工作的特点

（一）依附性

科技档案统计工作是一项独立的业务活动，这一点与收集、整理、鉴定、保管和利用工作是一样的，但与其他科技档案业务活动不同的是，统计工作需要依附于其他各项科技档案业务活动，其他各项业务活动都是针对科技档案这一对象展开的，对科技档案的存在状态、保存时间、利用效果等产生直接影响。统计工作是对其他业务活动和科技档案现状进行统计分析，再对科技档案及科技档案工作产生影响。如通过对科技档案完整率的统计，反映了有关单位收集工作的质量及问题，统计分析的结果帮助有关单位制定适当的补救等措施来改善其收集工作质量。因此统计工作必须与其他具体的业务工作密切结合才有意义，将统计工作建立在其他业务活动的基础之上或贯穿于其他业务活动的过程之中，才能发挥统计监督和服务的控制反馈功能。

（二）业务性与管理性

统计工作具有微观统计和宏观统计两个层次，既是科技档案管理的业务内容，又是科技档案事业管理的组成部分。科技档案统计是人们认识科技档案和科技档案工作基本情况，是指导科技档案宏观管理和微观管理不可缺少的重要手段，因此科技档案统计工作具有双重性。

四、科技档案统计工作的作用

统计是进行数量调查和数量分析的重要手段，做好科技档案的统计工作，对基层单位和科技专业档案馆的科技档案管理工作，对加强科技档案宏观指导工作，对发展国家规模的科技档案事业都具有重要意义。

（1）科技档案统计工作是掌握库藏、实现科技档案科学管理的重要措施。科技档案是国家的重要财富，需要妥善、科学管理。为了实现科学管理，科技档案部门必须及时、准确地了解库藏科技档案的数量和质量，了解和掌握科技档案提供利用的情况，以便发现薄弱环节，改进并加强科技档案的管理水平。

实现科技档案的科学管理，必须注意各项业务工作协调发展，把握科技档案工作中的各种数量关系，如库藏数量、质量、保管状况同科技档案利用之间的关系，科技档案基础管理工作和科技档案开发之间的关系等。总之，科技档案的科学管理，离不开最基本的数量统计和数量分析，科技档案的科学管理必须建立在对各项科技档案工作情况进行基本统计和定量分析的基础之上。

（2）科技档案统计工作是国家进行管理决策和宏观指导，发展国家规模的科技档案事业的必要条件。我国的科技档案事业，是社会主义经济建设的重要环节，必须同整个国家经济建设和科技文化事业协调发展，为社会主义现代化建设提供支撑和服务，为此国家和各地方、各部门必须及时了解科技档案和科技档案工作的实际状况与发展水平，必须实行必要的监督和计划指导。科技档案的宏观统计工作，能够及时为国家对科技档案工作的监督、指导提供系统、可靠的统计资料，为科技档案行政管理部门准确把握科技档案及其管理工作的现状和基础，分析其发展趋势和规律提供数据依据，保证科技档案事业规划与决策的科学性，从而推动和促进科技档案事业的健康发展。

（3）科技档案统计工作是增强社会档案意识的主要途径。在全国档案事业统计调查制度中明确说明，档案事业统计报表的全国性综合统计数据由国家档案局于报表上报当年以统计数据摘要形式在国家档案局网站公布，各省（自治区、直辖市）及副省级市部分综合统计数据于《中国档案年鉴》公布。通过科技档案统计制度，可定期向社会公布科技档案统计信息，使社会了解我国科技档案工作基本情况，也是对档案工作有效宣传的一种手段，能够有效提高全社会档案意识。

五、科技档案统计工作的要求

（一）目的明确

目的明确是统计工作有效的前提，需要根据统计目的设计统计指标和指标体系、确定统计的具体方法，若统计指标、指标体系和统计方法的设定不与统计目的相适宜，则会导致统计工作无效。明确统计目的就是要根据科技档案工作的实际需要具体安排统计工作，这是保证统计工作有效性的前提。

（二）数据准确

准确的数据是统计工作的生命，科技档案统计工作是从质和量的辩证统一中研究科技档案及其管理工作的数量关系，用数据来精准反映事实，不以准确数据做支撑的科技档案统计工作是毫无意义的，因此要有严肃认真的工作态度和严格的统计纪律，建立和规定科学的统计指标体系与统计方法以保证统计数据的价值。

（三）连续性

科技档案统计工作不仅要反映科技档案及其管理工作现状，还要通过持续性的数据以反映其发展过程和规律。在全国档案事业统计调查制度中规定统计报表的报送时间为统计年度次年的3月31日，为实现统计工作的目的，保证统计质量，科技档案的统计工作需要持续进行，如果统计工作不连续，那么统计数据的准确性就难以保证，无法反映统计对象的发展变化的规律，无法实现统计目的。因此科技档案管理中应加强科技档案相关数据的积累，重视科技档案的日常登记，为统计工作积累必要的数据。

（四）及时性

及时是保证统计准确、维护统计纪律、实现统计目的的重要条件，及时性要贯穿于统计工作的全程。原始数据收集、原始数据整理以及数据的分析、研究，都应体现出及时性的要求。

（五）强化分析研究

统计工作的目的不是获得统计数据，而是通过对数据进行科学的分析研究，发现问题、改进工作、探索规律，以实现科技档案统计工作的服务职能和监督职能，但这是目前科技档案统计工作中的薄弱环节，应当充分利用数据分析、数据挖掘及数据呈现技术强化对科技档案统计数据的分析研究，发掘数据背后的规律。

第二节　科技档案统计工作的流程

科技档案统计工作是包括科技档案和科技档案工作的统计调查、统计整理和统计分析在内的完整过程，其中统计调查是收集和记载反映科技档案与科技档案工作中有关特征的统计资料，统计整理是把这些反映个体特征的统计资料整合为反映总体特征的统计资料，最后对经过整理的统计资料进行分析研究，认识和把握科技档案与科技档案工作的现状、发展趋势及内在规律。

一、统计调查

统计调查是科技档案统计工作的第一步，即根据统计任务，收集、登记、全面详细地占有统计资料的过程。按照调查的范围，统计调查可分为普遍调查、抽样调查、专题调查、重点调查等多种类型。按照调查目的，统计调查可分为常规调查、临时调查等形式。虽然统计调查有不同形式，但基本方法是一致的。

（一）制定统计调查方案

统计调查是一项细致而复杂的工作，开展统计调查之前，需要制定一个科学、周密的统计调查方案，以对统计调查做好全方面的部署和安排，参加统计的工作人员能够据此统一认识、统一行动。统计调查方案中应包括的内容有：调查目的、调查对象、调查单位、调查项目、调查表、调查方式、收集调查资料的方法和调查组织实施方案等。

（1）明确调查目的。确定调查的任务或要解决的问题，以便参加调查的工作人员能够有一致的方向和目标，能够按照具体要求和计划开展调查，因此调查目的必须具体，突出一到两个中心，避免面面俱到。

（2）确定调查对象和调查单位。调查对象是指要进行调查的整体，是由许多性质相同的调查单位组成的，调查单位的确定取决于调查目的，如要调查科技档案中产品档案的情况，所有产品档案的案卷构成调查对象，而其中的产品档案案卷就是调查单位。确定调查对象可以明确调查总体界限，确定调查单位可以明确具体的调查客体，尤其是在非全面调查中，调查单位并不是构成调查对象总体的全部单位，更要予以慎重选择和明确界定。

（3）确定调查项目。调查项目是指拟调查的内容，包括拟调查的基本统计数据和基本情况。确定调查项目要注意下列问题。

①调查项目必须是根据调查目的，结合实际情况来设计，一些不必要或不可能得到的标志，不要列入调查项目。

②调查项目含义要明确，不能有歧义，如有必要可对调查项目含义作出更详细的说明。

③调查项目之间要有内在联系，以便对有关项目能够相互核对、检查错误。

④规定统计项目的计量单位、时期和时点以便调查中统一标准。

⑤确定调查项目的答案形式，如采用文字式、数字式或是否式。

⑥注意本次调查项目和以往调查项目之间的衔接性，以保持调查工作的连续性。

（4）制定调查表。调查表是把确定好的调查项目，按照合理的顺序排列而成的一种表格。调查表是科技档案统计工作的载体和工具，直接影响统计工作的质量和水平。

（5）制定统计调查的组织实施方案。为了保证科技档案统计调查的顺利进行，还必须制订出调查的组织实施计划，其内容包括调查时间、调查方式、组织领导、调查前的准备工作等。

（二）确定统计调查的方法

按照统计调查的组织方式，统计调查可分为统计报表和专门调查两类。

1. 统计报表

统计报表是按照单位或部门的隶属关系分发统计调查表，由被调查单位按照国家统一的表格形式、指标体系、报送时间和报送程序，向上级报送统计资料的一种统计调查方式，是宏观统计调查的基本方法。我国从 1983 年开始实施统计报表制度，由包括科技档案部门在内的档案机构在规定的时间内统一填报《档案行政管理部门基本情况表》《档案馆基本情况表》《档案室基本情况表》，填报的数据来源于日常的原始记录和统计台账。

其中，原始记录是各级各类档案部门在日常档案工作中对科技档案及其科技档案工作所进行的最初登记，如在收集时要建立科技档案收进登记册，在整理时要建立科技档案分类登记册，在提供利用时要建立利用登记册、科技档案借出登记册，所有这些原始记录，对于今后做好统计调查、执行统计报表制度都是极为重要的。而统计台账是按照统计报表的要求，用一定的表格形式将分散的原始记录，按照报表的要求和时间顺序，集中登录的各种表册，它实际上是介于原始记录和统计报表之间的一个中间环节。

（1）统计报表的种类。我国档案统计报表有基本统计报表、专业档案统计表和地方档案统计表。其中基本统计报表是由国家档案局制定，国家统计局批准，发至各省（自治区、直辖市）以及中央、国家各级档案机构，以调查全国档案事业情况的统计报表，如《档案行政管理部门基本情况表》《档案馆基本情况表》《档案室基本情况表》。专业档案统计表是中央各专业主管机关根据自身工作需要制发、调查本专业或本系统档案工作基本情况的统计报表。地方档案统计表是各省（自治区、直辖市）的档案主管部门与同级统计部门制定，以了解本地区有关档案工作基本情况的统计报表。

（2）统计报表的结构。广义上讲，统计表是指统计工作各环节使用的所有表格，如统计调查表、汇总表、分析表等，狭义上讲，统计表是指经过汇总后，把得出的若干说明档案现象和过程的数据资料，按照一定的顺序表现出来的表格。统计报表的结构主要包括总标题（是统计表的具体名称，用来概括说明该统计表的内容和目的，置于统计表上端中间部位）、表号（统计表的代号或序号，置于总标题的左端）、横行标题（又称横标目，用来反映统计表的主要项目，是统计表所要说明的总体或其他各组的名称）、竖栏标题（又称纵标目，用来说明横行标题所列各项统计资料的内容）、表身（统计表中填写数据的部分，反映横行标题和竖栏标题规定的具体内容）。如图12-1为截取全国档案事业统计调查制度中的档案行政管理部门基本情况年报的一部分。

（一）档案行政管理部门基本情况表

表　　号：	DA-1表
制定机关：	国家档案局
批准机关：	国家统计局
批准文号：	国统制〔2019〕8号
有效期至：	2022年1月

单位名称：
单位类别代码：
统一社会信用代码：　　　　　　　20　年

指标名称	计量单位	代码	数量
甲	乙	丙	1
一、机构数	个	1	
二、定编	人	2	
三、专职人员	人	3	
其中：女性	人	4	
文化程度	—	—	—
博士研究生	人	5	
50岁及以上	人	6	
35—49岁	人	7	
34岁及以下	人	8	
硕士研究生	人	9	
50岁及以上	人	10	
35—49岁	人	11	
34岁及以下	人	12	
研究生班研究生	人	13	
50岁及以上	人	14	
35—49岁	人	15	
34岁及以下	人	16	
双学士	人	17	
50岁及以上	人	18	
35—49岁	人	19	
34岁及以下	人	20	

图 12-1　全国档案事业统计调查制度中的档案行政管理部门基本情况年报（部分）

设计统计报表的注意事项如下。

第一，统计表的内容应明确，科技档案统计表是揭示科技档案现象及其相互关系的工具和手段，为使统计人员和有关人员能够比较容易地从表中获取相关信息，并得出必要结论，科技档案统计表的内容应鲜明、易读易懂。这就要求，一方面科技档案统计表要做到主题明确、内容集中，不同于一般的文字材料，统计表容量有限，不能过于烦琐，一个包罗万象的统计表看起来内容丰富，实则主题庞杂，影响其作用的正常发挥。另一方面，横行标题和竖栏标题的设计应符合统计的目的，科技档案统计表的主题是通过横行标题和竖栏标题所规定的各项指标体现的，为了使科技档案统计表的内容鲜明、重点突出，横行标题和竖栏标题的设计必须紧紧围绕统计表的主题与统计工作的需要。另外，总标题应简明、确切地概括统计表的基本内容、统计时间与统计单位，总标题既不能是有关内容的简单罗列，也不能简略到使人无法准确了解统计表的主题，为了进一步明确统计表中的有关内容，必要时可用最简洁的文字在表格的下面作出说明和注释。

第二，统计表的结构应简明、紧凑，统计表的栏目较多时可对各主词栏和宾词栏分别编号。统计表的数字资料应标明相应计量单位，如果全表只有一个计量单位，可以把计量单位写在表头的右上角。

2. 专门调查

如果统计报表是为了定期调查科技档案工作基本情况，专门调查则是为了解决某些具体问题而进行的调查，包括普查、重点调查、典型调查和抽样调查。

普查是对科技档案工作在某一时间点上进行的全面调查，普查的作用在于收集比较全面、细致、精确的统计资料，使国家了解科技档案工作全方面的具体情况，为制定科技档案工作的方针、政策提供服务。普查具有很强的时效性，工作量大，牵涉面广，过程也较为复杂，主要包括：根据普查目的和任务颁布普查方案；组织普查工作人员学习普查方案和有关文件，并进行试点工作；进行正式普查登记和普查质量登记的抽样检查；将普查结果及时报送有关机关；汇总出全面资料，并进行分析研究，报送有关部门，公布普查结果；总结普查工作。

重点调查属于非全面调查，即在调查总体中选出少数重点单位进行调查，以了解基本情况的一种调查方式，这些重点单位在全部单位中虽然只是一部分，但它们在所研究的标志总量中却占有很大的比重，因而对这些单位进行调查就能够反映研究对象的基本情况。例如，要分析科技档案利用情况，可分别从科技档案和利用者入手进行调查。调查科技档案时，选择利用频率高的科技档案作为重点，调查利用者时，选择经常利用档案的用户。重点调查的优点在于节约人力、物力和时间，迅速取得调查总体的基本情况，如果调查任务是要求掌握基本情况，而部分单位又能够比较集中地反映所研究的问题，则宜采用重点调查。

典型调查也是一种非全面调查，是根据调查的目的和要求，在对研究对象全面分析的基础上，选择具有代表性的典型单位进行周密系统的调查，以认识研究对象发展变化规律的一种调查方法。典型调查的关键在于确定典型单位，常用的方法是划类选典，即将调查对象划分为若干类别，然后在每一类中选择一定数量的具有典型意义的对象进行重点调查。

虽然典型调查和重点调查都属于非全面调查，但二者还是有所区别的，如调查目的不同，重点调查是为了了解调查对象某一方面的发展趋势，而典型调查是为了认识调查对象的本质；调查单位不同，重点调查的调查单位是某种现象较为集中的单位，典型调查的调查单位是选择具有代表性的单位。

调查抽样也是一种非全面调查，是随机从总体中选择一部分调查单位进行观察，用以推算全体状况，如要调查某档案部门的档案的完整率，可从已有档案中随机抽取一定套数的科技档案进行调查。抽样调查的特点是按照随机原则抽取调查单位，抽样的过程摆脱了主观选择的过程，抽样调查的任务是通过部分推算总体。

二、统计整理

统计整理是对统计调查所取得的原始资料进行科学的分类、汇总和综合，使其系统化的过程，主要包括以下内容。

（1）统计审核。统计审核主要是对统计资料的审核，统计资料是统计工作的依据，不能出现任何遗漏和错误，因此要对所获得的统计资料进行认真审核，主要是调查资料的完整性和正确性，如统计项目和调查单位是否合理、完整，统计报表中的数字计算是否正确、逻辑关系是否合理等。

（2）统计分组。在被统计的总体中，总是存在着各种各样的差别，如科技档案机构一定存在着机构形式、库存数量、专业系统等方面的差别，为了便于进行更为细致的数量描述和数量分析，需要根据统计的目的和任务，将统计调查所获得的原始资料分成若干组，以进一步揭示它们的本质和特点。

（3）汇总和计算。统计资料经分组后即可根据统计目的或需要进行汇总和计算，科技档案宏观统计资料的汇总可以采用逐级汇总和集中汇总两种方式进行，其中逐级汇总是将统计资料按地区、按部门逐级汇总上报，集中汇总则是把所有统计调查资料全部集中到相关部门进行汇总计算。

（4）编制统计表。统计表是统计整理结果的有效表现形式，它以简明扼要的表格形式表述统计汇总的结果，反映统计对象在数量方面的具体表现和有关联系。

三、统计分析

统计分析是指对科技档案统计资料进行分析、研究，以认识科技档案工作的现状及发展规律，找出解决矛盾的方法，是形成并提供科技档案统计成果的阶段，也是发挥统计工作的认识、监督检查作用的阶段。

科技档案统计分析通常包括三个环节：一是计算符合分析内容所需要的分组数、平均数、相对数、动态数列等；二是由量的分析上升到质的认识，从统计数据中探索科技档案工作发展的规律，观察其发展变化趋势，分析影响因素；三是抓住当前亟待解决的问题，提出解决矛盾、改进工作的建议。科技档案统计分析成果的表现形式有很多，其中以统计分析报告居多，也就是将统计分析成果，以文字报告的形式表现出来，以供使用或参考。

科技档案统计分析的方法较多，应根据统计工作的具体目的和需求选择适当的方法，一般而言，主要有以下几种方法。

（1）比较分析法。比较是认识事物的基本方法，比较分析法是用两个或两个以上相互联系的统计数据进行比较，以更加深刻地认识档案工作中的现象或规律，是科技档案统计分析的基本方法，如将科技档案的收进数和移出数相比较，以探索科技档案库藏变化的规律。

（2）动态分析法。为了研究某一现象在时间上的发展变化规律，需要用动态分析的方法，把反映某种科技档案现象的不同时期的统计资料以时间的顺序进行排列，形成动态数列，并对不同时期的科技档案现象进行分析研究。

（3）指数分析法。指数分析法是动态分析法的深入和发展，即利用指数分析科技档案现象的发展动态及其相关因素的影响程度。

四、统计预测

统计预测是以大量科技档案统计数据为依据，研究科技档案现象在数量上的变化规律，根据规律推断科技档案现象未来的发展趋势。科技档案统计预测包括静态预测和动态预测，静态预测是根据科技档案现象之间的依存制约关系在一定时期内具有相对稳定性时进行的预测，动态预测是指根据科技档案现象随时间推移而发生的变化，预测其变化速度和即将达到的状态。

■ 第三节 科技档案统计指标体系及设计

科技档案统计指标是表明科技档案工作总体的某种属性与特征的概念和数值，一个统计指标，只能反映科技档案总体的某个侧面或某一侧面的某一特征，如科技档案库藏量、科技档案利用率等。但科技档案工作涉及很多方面，各个方面是相互关联、彼此制约的，要深入、全面地了解和认识科技档案工作，就必须将多个具有密切联系的统计指标组合成统计指标体系，因此统计指标体系实际上是反映科技档案和科技档案工作数量方面所包含的各种统计指标以及这些统计指标之间的相互关系。

一、统计指标的种类

常用的统计指标可分为总量指标、相对指标、平均指标三类。

（1）总量指标是反映在一定时间、地点或条件下科技档案工作总体规模或水平的统计指标，如科技档案库房的总面积、科技档案的库藏总量等。这类指标往往是通过全面调查、逐步汇总得出的，故称为总量指标，表现形式为绝对数。

（2）相对指标是指在科技档案现象中，用两个相互联系的指标数值之比来反映指标之间的数量关系，如归档率、完整率、准确率、查全率、查准率等，表现形式为系数、倍数、百分数等。

（3）平均指标是表示同类科技档案现象在一定时间、地点、条件下所达到的一般水平，如科技档案工作者的平均年龄、平均日整理量等，表现形式为平均数。

二、科技档案统计指标体系

为了全面详细地反映科技档案和科技档案工作现象，从总体上看，科技档案统计指标体系一般包括以下八个方面。

（1）机构、人员统计指标体系，包括：机构数（行政管理部门的级别与数量，档案馆数量，档案室、处、科的数量）；人数（定编数、现有人数、女性人数等）；人员情况（年龄、文化程度、档案专业程度、技术职称情况等）。

（2）科技专业档案馆馆藏数量指标体系，包括：总数、统计期内接收档案数、征集档案数、移出档案数、销毁档案数等。

（3）档案室保存数量和科技档案完整率统计指标体系，包括：总数，统计期内接收档案数和库藏科技档案完整率，移交档案数量。

（4）科技专业档案馆利用情况统计指标体系，包括：开放档案情况（开放档案的数量、开放目录数量），利用人次，利用档案情况，复制档案数，编研档案资料册数和科技档案检索工具种类及数量。

（5）档案室利用情况统计指标体系，包括：人次（本单位、外单位），利用总数和利用效率，利用资料（人次、册数），复印档案数，编研档案资料册数和检索工具种类及数量。

（6）馆（室）库建设和设备购置统计指标体系，包括：馆（室）库建筑（总面积、库房面积），缩微设备，计算机，复印机，空调机，去湿机等。

（7）科技档案专业教育统计指标体系。

（8）其他相关项目统计指标体系。

三、科技档案微观统计工作的主要内容

当前基层科技档案部门和科技专业档案馆进行的科技档案及科技档案工作统计，主要包括以下几个方面的内容。

（一）库藏量统计

科技档案库藏量的统计是科技档案统计分析的基本依据，主要包括以下指标。

（1）收进数，指在统计周期内收集科技档案的数量，是掌握科技档案数量的最基本依据。为保证统计数值的可比性，统计时应注意使用正确的计量单位。一般而言，科技

档案应以卷或米为单位进行统计。卷是科技档案载体形态的基本单位，但由于科技档案组卷具有多种规格，为准确起见，可同时反映其上架排列的长度——米。另外，由于科技档案载体类型较多，还应注意选用相适应的计量单位，如底图档案可采用张数，磁带或胶卷可采用盘和米等。

（2）移出数，是指在统计调查周期内向档案馆、上级单位和外单位移交科技档案的数量。

（3）封存数，是指在统计调查周期内，处于封存期，准备销毁的科技档案的数量。

（4）销毁数，是指统计调查周期，经鉴定后剔除并销毁的科技档案的数量。

（5）实存数，是指调查周期内科技档案室或科技专业档案馆实际保存的科技档案的数量。

此外还可以根据需要进行库存量的专题统计，如各类科技档案的数量统计，不同密级或保管期限的数量统计等。

（二）科技档案业务工作统计

科技档案业务工作统计主要包括科技档案收集工作统计、整理工作统计、鉴定工作统计、保管工作统计。

收集工作统计主要包括业务部门档案专、兼职人员以及科技档案室和科技专业档案馆等收集、接收或征集到的科技档案的数量等。

整理工作统计主要统计业务部门专、兼职人员以及科技档案室和科技专业档案馆等整理科技档案案卷的数量以及案卷目录编制、案卷上架等方面的情况。

鉴定工作统计主要统计业务部门专、兼职人员以及科技档案室和科技专业档案馆等鉴定科技档案案卷数量以及不同保管期限科技档案案卷的数量统计等。

保管工作统计主要统计科技档案室和科技专业档案馆保管、破损、修复破损、失密泄密等科技档案数量及相关情况。

（三）档案利用情况统计

科技档案利用情况统计是衡量和完善科技档案利用工作的重要尺度和手段，主要包括以下内容。

（1）检索工具数，是指已经编制的各种目录或索引的种类和数量。

（2）利用人次和效率，其中利用人次是指统计期内利用科技档案的人次，如有需要，还可以将利用者细分为科研人员、工程技术人员、科技管理人员等分别统计。利用效率包括查全率、查准率、调卷时间等，查全率是指提供给利用者利用的科技档案数量与库存内与利用者需求相关的科技档案数量之比。查准率是指与利用者需求相关的科技档案数量与提供给利用者利用的数量（调卷数量）之比。

（3）阅览数，指统计期内利用者阅览科技档案的数量，一般每调一次卷为一卷次。

（4）借出数，指统计期内利用者借出科技档案的数量。

（5）复制数，指利用科技档案进行复制而形成的复制本的数量。

（6）咨询时数和人次，指统计期内科技档案人员在咨询服务中花费的总小时数和接待的人次。

（7）套用率，指统计期内复用图总量与总出图量之比。

（8）编研成果数，是指统计期内已完成的科技档案编研成品的种数和数量。

（9）利用效益，是利用科技档案产生的社会效益和经济效益，社会效益只能用文字表达，经济效益可量化。

（四）科技档案工作条件统计

科技档案工作条件统计是指科技档案室或科技专业档案馆开展各项业务建设必须具备的物质条件，包括科技档案库房、设备、装具等的数量，其中设备和装具类型很多，一般包括缩微阅读设备、计算机、复印机、晒图机、空调机、去湿机、档案箱、档案柜、密集架等。库房主要包括档案馆（室）建筑总面积、使用面积和库房面积等。

（五）科技档案完整率统计

科技档案完整率是反映科技档案库藏状况和质量的基本数据，主要包括科技项目归档率和成套科技档案的完整率。

科技项目归档率是指已归档的科技项目数同应归档的科技项目数的比值，一个立档单位的科技档案是由所有应归档项目科技档案组成的有机整体，它们共同记述和反映该单位科技生产活动的历史面貌和全部内容，科技项目归档率是反映库藏档案整体是否完整的重要指标，是衡量该单位科技档案库藏状况和管理状况的重要指标。

成套科技档案的完整率是反映一个科技项目科技档案的完整情况的重要指标，是每一个归档项目中科技档案实际数量同应归档科技档案数量的比值，分析科技档案库藏的完整情况，不仅要从总体上把握科技项目的归档率，还要从个体上掌握每一套科技档案的完整率以及每种科技档案的完整率。

四、科技档案统计指标体系设置的原则

由于科技档案工作本身的复杂性，要全面、完整地对其进行反映（或反映其中的某一方面），往往需要多个相关的统计指标，但也并不是要罗列所有的统计指标，而是根据统计工作特定的目的、任务和需要设计统计指标体系。设计统计指标体系应注意以下几个方面。

首先，统计指标应全面，统计指标体系要完整。因为每个统计指标只能反映档案现象的某一方面或某一方面的某一侧面，因此要根据需要来设计一系列相关的统计指标共同反映科技档案现象。

其次，要根据统计的需要与可能来设计统计指标体系，如同是统计档案利用情况，

在不同层面、针对不同主体设计的统计指标体系肯定是不同的，同时统计指标体系中统计指标的安排，还要适合科技档案工作实际水平，具有可操作性，如果没有相关的工作基础，增设过多指标是没有意义的。

再次，统计指标和统计指标体系要具有相对的稳定性、适当的灵活性。一方面保持稳定性便于保持统计工作的持续性，有利于研究科技档案事业发展的趋势和规律，另一方面科技档案工作不断发展变化，有时甚至会产生一些新的矛盾，这也要求统计指标体系保持一定的灵活性，不能死板。

最后，统计指标应与规划指标相统一，统计指标和统计指标体系是规划科技档案工作的基础，规划指标和统计指标都可用来反映科技档案现象，所不同的是规划指标是面向将来的，统计指标是面向当下的，这两种指标应该协调统一，以便进行联系和比较，进而保证统计服务和监督功能的实现。

课后思考题

1. 简述科技档案统计工作的任务和特点。
2. 说明科技档案统计工作的意义和要求。
3. 简述科技档案统计工作的流程。
4. 科技档案统计分析方法主要有哪几种？
5. 科技档案统计指标体系一般包括哪些方面？它设置的原则是什么？

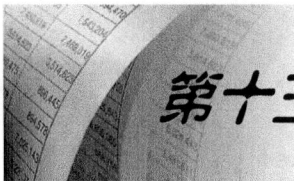

第十三章

科技档案资源开发

本章内容概要：科技档案资源开发在实现科技档案价值与科技档案工作目的中起到至关重要的作用，本章介绍科技档案资源开发的含义以及科技档案资源、科技档案工作者和利用者等要素，阐述了科技档案资源开发内容、开发流程及管理，以充分实现科技档案开发的效益。

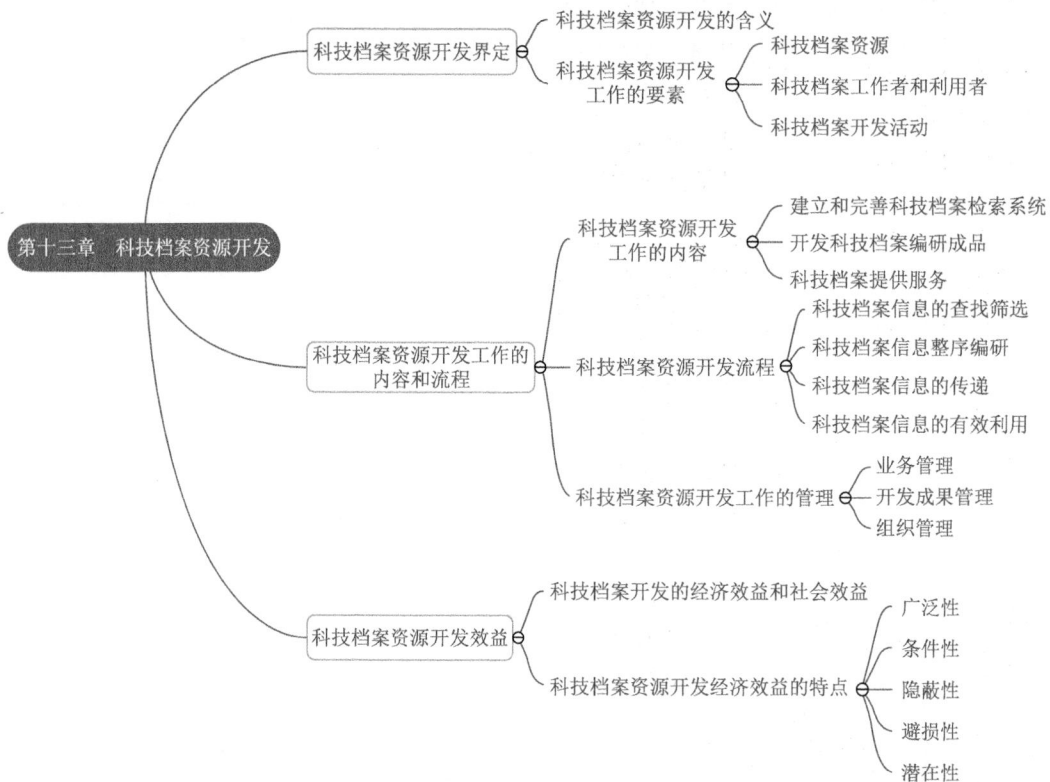

第十三章　科技档案资源开发
- 科技档案资源开发界定
  - 科技档案资源开发的含义
  - 科技档案资源开发工作的要素
    - 科技档案资源
    - 科技档案工作者和利用者
    - 科技档案开发活动
- 科技档案资源开发工作的内容和流程
  - 科技档案资源开发工作的内容
    - 建立和完善科技档案检索系统
    - 开发科技档案编研成品
    - 科技档案提供服务
  - 科技档案资源开发流程
    - 科技档案信息的查找筛选
    - 科技档案信息整序编研
    - 科技档案信息的传递
    - 科技档案信息的有效利用
  - 科技档案资源开发工作的管理
    - 业务管理
    - 开发成果管理
    - 组织管理
- 科技档案资源开发效益
  - 科技档案开发的经济效益和社会效益
  - 科技档案资源开发经济效益的特点
    - 广泛性
    - 条件性
    - 隐蔽性
    - 避损性
    - 潜在性

在各种信息资源中，科技档案因其与科技活动的紧密关联和所载信息的原始性、真实性等特点，在国民经济和社会发展中占有重要地位。科技档案资源开发是实现科技档案价值的保障，因而成为各级各类档案部门的重要任务。

第一节　科技档案资源开发界定

一、科技档案资源开发的含义

科技档案资源开发是档案部门通过科学手段对科技档案资源进行多层次的加工、整理，将蕴藏于其中的有价值的、适合利用者需求和社会发展需要的各种信息挖掘出来，提供给利用者，并通过利用者利用实现科技档案价值的过程。

由此定义可以看出，科技档案资源开发是由主体、客体及档案业务活动共同构成的一项专门的、独立的业务活动，但该项活动与其他档案业务活动以及科技活动密不可分。科技档案资源开发是以科技档案的收集、整理等业务活动为基础的，同时通过科技档案资源开发能够为科技活动及相关社会活动提供原生信息及各种层次加工后的信息产品，提供信息支持，提高科技活动及相关社会活动的效率和效果，从而创造多元的社会效益和经济效益。

二、科技档案资源开发工作的要素

科技档案资源开发工作主要由科技档案资源（客体）、科技档案工作者和利用者（主体）、科技档案开发活动三要素构成。

（一）科技档案资源

科技档案作为一种重要的科技信息资源，不仅具有一般信息资源特征，还具有一些特殊性（如专业技术性、现实使用性等），科技档案资源开发必须充分认识和把握科技档案资源的特殊性，以便充分发挥这些特性。

首先，科技档案具有独立的开发价值，从本体论上看，信息是事物的存在方式和运动状态的表现形式，科技档案是科技活动过程和结果的表现形式，是科技活动的另一种存在形态，能够在不影响科技成果本身存在状态和方式的同时被多人共享，其作用范围远超其产生领域，具有更广泛的现实需求。

其次，科技档案信息必须经过识别和加工才能有效地发挥作用。科技档案蕴含的科技信息包罗万象，具有重要价值，但若没有识别和加工，其价值发挥空间较为有限。即便对于某一特定科技活动或形成单位而言，科技档案是集中、有序的，但总体而言是处于分散、无序的状态，识别和加工就在于判断科技档案信息之间的相互关系，以特定的方式予以揭示或整合，使分散的科技档案成为系统有序的科技档案资源，为利用提供必要的条件。

最后，科技档案信息必须经过传播才能实现开发的目的，档案部门不是科技档案信息的产生者，也并非其主要利用者，只有通过传播才能实现科技档案应有的意义。无论从宏观角度科技档案信息的共时交流和历时交流，还是从微观角度科技档案信息的推介或传递，都需要为利用者获取、利用科技档案创造必要条件。信息技术的日益现代化和传播渠道的日益多样化，为科技档案信息的利用提供了更为广泛的空间。

（二）科技档案工作者和利用者

科技档案资源开发中的主体不仅是科技档案工作者，也包括利用者。科技档案工作者通过科学的手段对科技档案进行加工，充分揭示科技档案的内容特征和形式特征，并将其提供给利用者。科技档案利用者利用档案部门提供的档案信息及成品，实现档案资源的"活化"，最终产生一定的经济效益和社会效益。科技档案工作者是科技档案资源开发的必要条件，而满足利用者需求是科技档案资源开发的最终目的。将科技档案利用者纳入科技档案信息资源开发主体是建立开放的科技档案资源开发系统的必然要求，能够改变档案部门只重视开发成品种类和数量而忽视效益的状况。科技档案资源价值的实现主要取决于两个方面的因素：一是凝结在科技档案中的人类劳动（包括档案形成者的劳动和档案工作者的劳动），二是利用者对科技档案资源的利用需求，前者是决定科技档案价值的基础因素，后者是决定其可开发性的条件因素。利用者是科技档案资源开发必须要研究的重要因素，满足利用者需求应是科技档案资源开发工作的宗旨。

（三）科技档案开发活动

科技档案工作是围绕科技档案的完整保存、科学管理和方便利用而建立起来的一系列科技档案业务活动。科技档案工作的目的是科学地管理、开发和利用科技档案，充分发挥科技档案的作用。根据系统论、协同论的指导，科技档案资源开发活动作为科技档案工作的组成部分，同其他科技档案业务活动之间存在着整体性、依存性和协同有序性的关系。

其中，整体性体现在科技档案工作系统中，科技档案资源开发的效益必然受到科技档案工作系统各构成要素的规制，科技档案工作系统以科技档案为管理对象，由科技档案的收集、整理、鉴定、统计、保管和开发利用等活动共同构成，这些活动具有各自的目的，但又彼此关联和协调，科技档案资源开发与其他构成要素相互联结、密切联系。依存性主要体现在科技档案工作系统的各构成要素的功能与系统总体功能的依存，科技档案资源开发与提供利用是科技档案工作系统的目的，失去这个目的，科技档案工作会陷入盲目运行。科技档案工作系统价值是通过开发利用得以实现的，不进行开发，科技档案工作系统无法维持动态平衡，总体功能将难以实现。虽然科技档案资源开发是一项具有独立性的业务活动，但这种独立性是相对而言的，离开科技档案工作系统，科技档案资源开发也将不复存在，科技档案工作系统只有具备了科技档案资源开发这一要素，才能成为一个完整、科学和有效的工作系统。科技档案工作系统的整体功能建立在各构成要素协同有序的基础上，一方面各构成要素之间必须保持一定的有机联系，另一方面各构成要素必须围绕系统目标实现协同，如科技档案工作系统的各个构成要素必须按照科技档案的运动规律有序组织在一起，才能实现整体系统功能的最优化。

科技档案资源开发必须与科技档案工作要求保持协调一致。一是服务性的要求，服务性是对科技档案工作的基本要求，科技档案工作是为科技活动提供服务的工作，这种服务就包括通过提供科技档案信息助力科技人员了解掌握专业技术，提高实际工作能力，助力管理者科学决策、准确指挥。科技档案资源开发工作如果背离了服务性这一根本要求，也就失去了自身存在的意义。二是科学性的要求，科学性是对服务性要求的补充和提升，面对数量日益增长、内容日益繁杂的科技档案信息，只有采用科学的理论和方法才能发掘与揭示科技档案价值，进行科学分类、著录和标引，设计科学的服务方式和途径。三是政策性要求，科技档案是国家重要的科技财富，遵守国家有关政策和法令，确保科技档案的完整与安全是科技档案工作的一项政策性要求，政策性在各个环节中都有所体现，但更集中地体现在科技档案提供利用工作中，如在确定科技档案的开放范围和保密范围，确定科技档案的传播与开放等方面均应在政策性要求下进行。

■ 第二节　科技档案资源开发工作的内容和流程

一、科技档案资源开发工作的内容

科技档案资源开发是通过各种科学有效的手段将有价值的档案信息挖掘出来，供利用者在科技生产、生活中利用。科技档案资源开发工作的基本内容主要包括以下三个方面。

（一）建立和完善科技档案检索系统

科技档案检索系统是档案部门在科技档案实体整理的基础上，揭示和存储具有检索意义的科技档案信息，并组织成各种科技档案检索工具，用以报道和介绍馆藏科技档案的内容，帮助利用者便捷、准确地查找到所需科技档案信息，从而达到有效利用科技档案资源的目的。对于馆藏单位而言，应该着力完善科技档案检索系统，包括编制科技档案检索工具，建设科技档案检索系统，维护科技档案检索服务等，使其具备多种有效的检索功能，这是科技档案资源开发利用中的基础性工作。关于科技档案检索的具体内容将在第十四章详细阐述。

（二）开发科技档案编研成品

科技档案编研是科技档案部门紧密结合科技活动及管理的需要，根据科技档案库藏的实际情况，在信息分析研究的基础上，将相对分散、数量众多的科技档案信息进行科学的加工与组织，形成相对系统、优质、形式多样的科技档案编研成品。科技档案编研成品是开发科技档案信息形成的二次、三次成品的总称。编研是科技档案工作发展到一定阶段，为进一步满足利用者需求，充分发挥科技档案资源作用而进行的一项高要求的专业活动。通过选题、拟定编研方案、选材、档案信息加工与编排、编研成品审核与批准等一系列活动，实现对科技档案信息的智能控制，提升科技档案信息质量，拓宽科技档案信息服务的途径。关于科技档案编研的具体内容将在第十五章详细阐述。

（三）科技档案提供服务

科技档案提供服务是档案部门向利用者提供科技档案及相关信息成品，以满足利用者需求，是科技档案资源开发工作的核心内容，也是开发工作成果的集中体现。通过提供服务将科技档案资源与利用者直接联系在一起，增强公众的档案意识，实现科技档案资源的价值。针对科技档案的内容、形式、特点和利用需求，在实践中形成了多种多样的服务方式，包括借阅、咨询、信息交流等。随着科学技术的进步，科技档案内容与形式不断丰富，档案部门应根据客观需要合理设计、选择更加适宜的提供服务方式。关于科技档案提供服务的具体内容将在第十六章详细阐述。

二、科技档案资源开发流程

科技档案资源开发是对科技档案信息进行筛选、加工、传递、活化的过程。虽然科技档案资源开发成品包罗万象，但其总体流程大致相同，主要包括以下环节。

（一）科技档案信息的查找筛选

开发科技档案信息资源，首先要围绕一定的选题，查找科技档案信息并加以筛选，去粗取精，去伪存真，从而将有开发价值的科技档案及相关信息，输入到开发系统中。

科技档案信息查找必须围绕事先确定的选题来进行，选题可能来自主管部门下达的指令，也可能是利用者的委托，还可能是科技档案部门自主选择的，但无论哪种选题，都必须紧密围绕库藏科技档案的实际情况，否则开发工作将成为无源之水，无本之木。按照选题查找科技档案信息通常有三种方法：一是利用各种检索工具检索，也就是利用目录、索引、指南等检索工具进行查找，在把握选题要求、确定合理检索范围的基础上检索出最有价值的信息。二是知识挖掘，根据科技档案信息之间的各种联系，扩大查找线索。科技活动的综合性决定了科技档案信息之间在专业技术、工艺方法、内容结构、主体、时间等方面的关联，掌握并分析这些关联可以深入挖掘相关的科技档案信息，为开发工作提供丰富的信息源。三是实测，这实际上是一种补充科技档案信息的方法，在实际工作中，针对科技档案数量不完整、内容不准确等情况，在条件允许的情况下，对科技档案内容所反映的实体对象进行实际测量，补全、更正所需信息。

　　科技档案信息的筛选是为了确定所查找的科技档案信息的价值和可用性，筛选时主要依据以下标准：一是可靠性，要求科技档案信息内容真实，不虚假，只有真实可靠的信息才能在科技、生产、生活中起到依据、凭证、指导的作用，反之会起到反作用。二是先进性，要求科技档案信息所反映的事实、成果、观念等在一定的时间、空间范围内有创新或突破，能够反映未来的发展方向，具有广泛的应用范围和较高的使用价值。三是适用性，要求科技档案资源能够满足利用需求，预测利用者需求及利用效果至关重要。

（二）科技档案信息整序编研

　　为了更好地满足用户对科技档案信息利用的需要，还需对查找、筛选后的科技档案进一步加工，加工的内容主要包括两个方面：一是对科技档案信息进行技术性加工，也就是整序；二是对科技档案信息内容做深度加工，也就是编研。科技档案信息整序是根据一定的分类原则和方法，结合科技档案的内容特征和形式特征，确定著录项目，编制必要的检索工具。编研是运用一定的方法，对科技档案信息内容做深度加工，形成编研成品，最大限度地满足用户的各种需求。

（三）科技档案信息的传递

　　科技档案信息传递是将开发出来的科技档案信息，通过各种方式和渠道传递给利用者的过程。科技档案信息一旦生成，便要通过正式或非正式的方式从形成者流向利用者。二者的区别在于，非正式传递是由信息生成者直接流向利用者，中间不需要其他主体参与，而正式传递中信息生成者和利用者之间需要有相关主体对信息资源进行接收、处理、存储和传递，以实现信息在更广泛的空间、时间范围内发挥作用，而档案部门本身就能够起到这种中介的作用，是一种信息栈，因而通过档案部门进行的信息传递属于正式传递。根据档案信息传递过程中档案部门是否具有主动性，档案信息传递可分为主动传递和被动传递，根据信息利用者是否为特定，档案信息传递可分为单向传递和多向传递。

　　结合上述两个分类角度，档案信息传递可分为四种：一是多向主动传递，向广大的不确定的利用者主动提供有价值的信息，如出版、展览等。二是单向主动传递，向事先确定的利用者主动提供档案信息，如推荐等。三是多向被动传递，面向整个社会、某个专业系统或者某个范围的广大利用者，按照他们的需要提供信息，如阅览、复制、数据库检索等。四是单向被动传递，是档案部门面向个别特定的利用者，根据其具体要求提供档案信息，如专题报告、信息咨询、证明等。

（四）科技档案信息的有效利用

　　科技档案信息经传播后，还需要经过有效利用，使蕴藏在科技档案中的有价值信息得以活化，才能产生经济效益和社会效益，实现科技档案的价值，因此档案工作者必须对有效利用给予足够的重视，首先，要明确权利和义务，科技档案信息在提供利用时会涉及多方面的关系，提供利用时必须处理好保密与合理利用、涉及知识产权的科技档案信息的合法利用以及科技档案信息的有偿利用问题，以更好地规范科技档案信息利用中的各种行为，避免不必要的纠纷。其次，活化信息，产生效益，用户在取得科技档案信息的合法利用权以后，就可对科技档案信息充分利用，使之产生新的经济效益和社会效益，但总体来看科技档案信息活化十分复杂。最后，要注意收集利用者的反馈信息，总结经验，利用者在利用科技档案信息取得一定效益之后，应该及时地将利用效果以及利用中存在的问题反馈给科技档案部门，通过对反馈信息的分析研究可为更有效地开展档案管理、提供利用提供参考，形成良性循环。

三、科技档案资源开发工作的管理

科技档案资源开发是由一系列相互独立、紧密衔接的环节构成的完整系统，需要科学管理才能保持其良性运转。科技档案资源开发工作的科学管理需要从业务、成果及组织等多个角度进行。

（一）业务管理

科技档案资源开发的业务管理主要是通过制订计划、组织协调人财物等各种要素并根据形势的发展和需求的变化，对开发活动进行指挥和控制，以促使开发工作各个环节的协调发展。主要内容包括制订业务计划、组织协调、质量控制和开发工作标准化四个方面。其中业务计划是为了有效管理科技档案资源开发工作而对整个工作统筹安排，主要包括开发工作的目的和要求、内容和范围、组织分工、进度安排、与有关单位和部门的协作以及其他事项。

组织协调是为档案资源开发工作各环节保持一致，需要进行整体协调，包括开发工作总体层面以及开发全程的组织协调，总体层面的协调是档案主管部门和专业主管机关依据有关的总体发展目标，在管理体制、任务安排、力量选配、资源配置和经费投入等方面进行协调控制，开发全程的组织协调由预先性的组织协调、过程性的组织协调和反馈性的组织协调构成，以保证开发工作自始至终都处于协调、有序状态。

质量控制主要是对开发成品、信息服务的全过程进行的控制，开发成品及信息服务都要接受利用者的检验，并通过利用效果反映出来，因此要实行全面质量管理，一方面没有高质量开发成品就很难吸引利用者，当然也就难以产生社会效益和经济效益，另一方面，利用者对信息产品和服务的要求越来越高，只有高质量的开发成品才能满足利用者需求。一般可将利用率、效益的转化率、易用性、服务方式、开发周期、满意度等多个角度进行综合以反映成品及服务质量。

开发工作标准化是指开发工作中的各项技术规范的遵守情况，通过标准化开发工作，可保证开发流程科学严谨、开发成品的优质通用，主要从信息代码、格式、检索语言等多方面的标准化开展。

（二）开发成果管理

开发成果主要是通过档案资源开发而得到的成品和服务，开发成果管理的核心内容是对开发成果的综合评价，主要包括四个方面：一是效益，是开发成果在科技活动中已经产生或可能产生的经济效益和社会效益；二是水平，是开发成果的观点、方法、理论对科学技术发展的作用和影响，其技术、理念等方面体现出的先进水平；三是难易程度，是开发的深度和广度以及开发过程的复杂程度和协作规模；四是适用性，是开发成果在科技活动的实际应用情况。开发成果评价是以上多种因素综合考虑的结果。

（三）组织管理

科技档案资源开发需要一定的主体来承担，这就涉及有效的组织管理以使各项任务及管理落到实处。组织管理对外主要是在社会、经济、科学、文化、技术等多方面的错综复杂、千变万化中了解用户需求，以做到开发工作的针对性。对内主要是对开发工作人员的考核、评估以调动工作人员的积极性。组织管理还有一项内容是公共关系，主要任务是内求团结、外求发展，树立良好的形象，对内增强开发人员的凝聚力，对外产生吸引力，增进了解，加强合作。

■ 第三节　科技档案资源开发效益

一、科技档案开发的经济效益和社会效益

科技档案资源开发成品在满足社会多方面需求的同时创造出了多种效益，包括经济效益和社会效益。其中经济效益一般是指在科技活动中所取得的经济利益，也就是说，人们在从事科技活动的过程中，利用科技档案资源开发成品，减少劳动消耗，取得更多的劳动成果而产生的经济效益，如基本建设活动中，从基建工程的勘测、设计、施工到竣工、使用、维修、改建扩建等过程中，开发利用科技档案资源，能够获取可靠的技术依据，提高工作效率和工作质量，避免重复劳动物资浪费，节约大量在人力、时间、物资等方面的投入。科技档案资源开发能产生经济效益，是因为科技档案是人们在科技生产活动中形成的原始记录，是反映科技活动过程和结果的另一种形式，而科技活动这种形式的存在能够保证科技活动不是"零起点"，而是能够"站在巨人的肩膀上"，具有一定的支持和基础。而且这种形式的存在在科学技术转化为生产力，创造新的价值，创造经济效益过程中起着十分重要的作用。

科技档案资源在解决社会问题、促进社会进步过程中也体现出了较强的社会效益，但与经济效益不同，社会效益很难从数量的角度进行定量描述，但它是一个客观存在，如在各行业领域的编史修志、宣传教育等方面，科技档案资源可以作为生动形象、最有说服力的素材和依据。

开发科技档案信息资源，既能创造经济效益又能创造社会效益，从逻辑上看，社会效益是一个更为广泛的概念，经济效益是社会效益的一部分，二者是总体与部分的关系，但通常我们总是约定俗成地将二者看成是并列关系，各有侧重，要正确处理好二者的关系尤为重要。

一方面经济效益和社会效益是并列而非对立的，在特定的条件下，二者可以相互转化，如将开发成果用于宣传教育和提高劳动者素质，从而促进经济效益的增长，实现社会效益向经济效益的转化，另一方面，科技档案资源开发创造的效益既包括经济效益也包括社会效益，这两者之间又以经济效益为主，这是由科技档案的形成规律和利用规律决定的。在科技档案资源开发中要考虑经济效益也不能忽视社会效益。

二、科技档案资源开发经济效益的特点

（一）广泛性

由于科技活动的广泛性以及科技档案信息的集成性、可共享性等特点，科技档案资源开发的经济效益总体上呈现出广泛性的特点，一方面其经济效益体现在各个行业领域之中，包括农业、工业、基本建设、交通运输等，另一方面其作用突破形成者范畴，广泛地作用在本单位内部及相关主体，并因此带来更多的经济效益。

（二）条件性

科技档案资源开发创造经济效益是以一定条件为前提的，一是经费投入，即需要支付一定的管理、保护和开发费用，确保科技档案齐全完整，确保开发成品的品质；二是需要利用者的密切配合，充分发挥利用者在科技档案资源开发中的主体作用，如果开发成品得不到利用者的认可，也就不可能产生经济效益。

（三）隐蔽性

隐蔽性意味着科技档案资源开发在其他更为显性要素的衬托下比较容易被人忽视，一方面，从科技档案的形成和管理过程来看，科技档案的内容记述着科技生产活动过程和成果，凝聚着科技生产人员的辛勤劳动，相较而言，科技档案工作比较容易被忽视，另一方面，科技档案资源开发是以科技档案为对象，从收集、整理到开发、提供利用的整个过程，相较而言，收集、整理等工作更容易得到大家的关注，因此科技档案资源开发的经济效益具有隐蔽性的特点。

（四）避损性

一般的经济效益都表现为正增长，如创收多少、获利多少，而科技档案资源开发的

经济效益可能通过向外单位有偿提供科技档案复制件、增加产量、扩大销售等形式实现经济效益的正增长，但也可能通过节约原材料、节约工作量等形式避免损失，这样的效益虽然没有实现正向增长但减少了投入和损耗，也是经济效益的体现。

（五）潜在性

科技档案资源开发的经济效益往往不是直接体现出来的，而是需要和人力、技术、设备等其他要素结合实现的，也就是说是多种要素共同作用的结果，很难准确界定在所产生的经济效益中，科技档案所占的比重，在这种情况下不同人观察问题的视角不同，有时并不能明确地将科技档案的经济效益识别出来。科技档案资源开发的经济效益主要体现在经济活动中，有时还需要通过社会效益转变，也就是说，其经济效益的实现往往不是"立竿见影"的，会有一定的滞后，也容易将其经济效益"隐藏"起来。

课后思考题

1. 简述科技档案资源开发的含义、要素和内容。
2. 简述科技档案资源开发流程。
3. 科技档案资源开发工作的科学管理如何开展？
4. 如何处理科技档案资源开发社会效益和经济效益之间的关系？

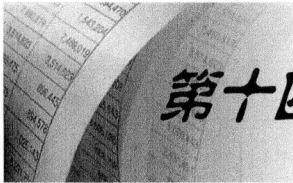

第十四章

科技档案检索

本章内容概要：科技档案检索为迅速、准确地利用科技档案创造了条件，促进了科技档案信息交流，促进了科技档案业务建设的规范化。本章首先对科技档案检索的概念与体系进行阐述，其次由于科技档案检索过程离不开检索语言的使用，介绍主题语言、分类语言两大检索语言。最后，科技档案著录、标引是形成检索工具的基础，介绍著录和标引的使用规则以及常见的科技档案检索工具。

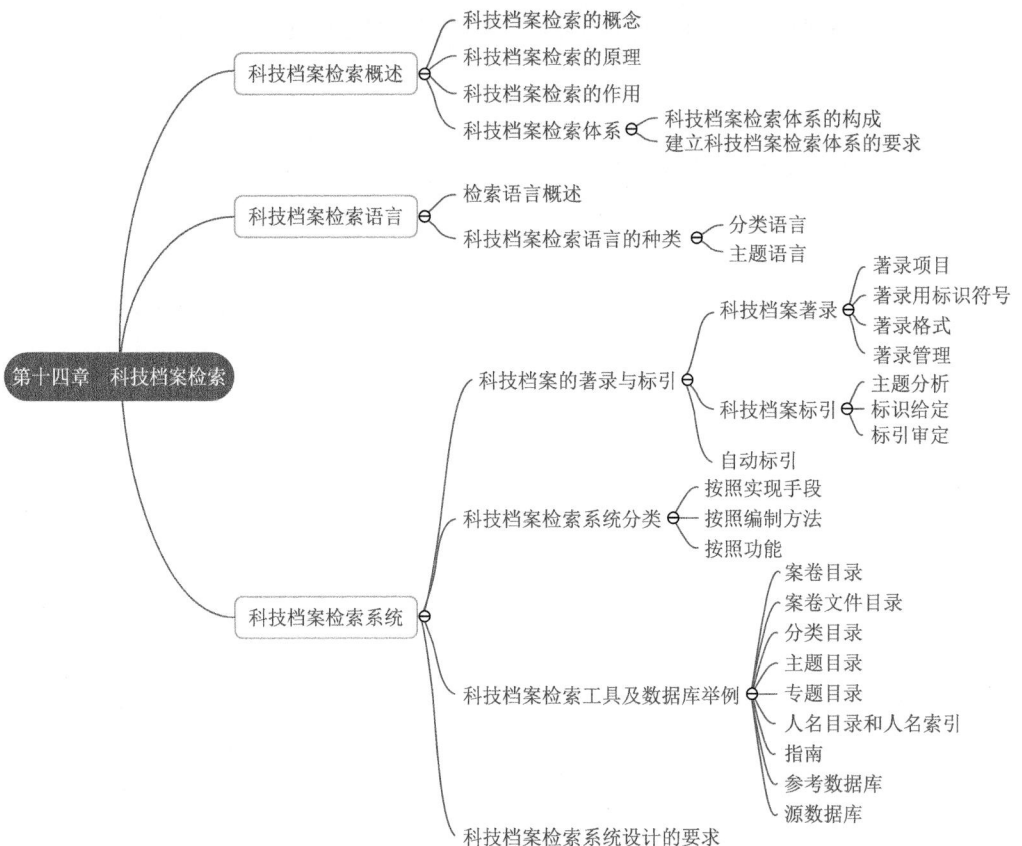

■ 第一节　科技档案检索概述

一、科技档案检索的概念

　　从一般意义上看，科技档案检索是从科技档案信息集合中查找到所需档案信息的过程。从科技档案的查找必须以有效存储为基础，没有存储，检索也就无从谈起，并且随着信息检索技术的日渐成熟和广泛应用，大部分科技档案检索可由用户自行完成，而档案工作者的工作重心需要从检索的"前台"（帮助利用者查找）转移到检索的"后台"（科学、有效的存储），因此从专业的角度看，科技档案的检索是指选择、加工、存储科技档案信息，形成各种检索工具或检索系统，并根据利用者需求开展科技档案信息查检服务的一项业务工作。也就是说，科技档案检索包括科技档案信息存储和信息查找两个密切联系、互相依存的环节，存储是指在科技档案信息选择的基础上，对其内部特征和外部特征进行描述、加工并形成有序信息集合的过程，查找是根据利用者需求，利用检索工具和检索系统，采用一系列检索方法和策略，从已有信息集合中查找到所需档案信息的过程。存储是查找的前提和基础，没有科学存储就没有有效查找，查找是存储的目的，没有查找需求的存储是没有意义的，二者密切联系，互为依存，缺一不可。

二、科技档案检索的原理

　　科技档案检索实质上就是将利用者的信息需求与存储在检索系统中的档案信息标识进行比较与匹配，并将两者相符或部分相符的档案信息输出的过程。检索原理如图 14-1 所示。

　　由图 14-1 可以看出，科技档案检索可概括为科技档案信息集合与利用者需求集合选择和匹配的过程。其一，科技档案信息集合，是由基层科技档案机构、科技专业档案馆等各主体按照归档范围和各自职责收集、整理、鉴定而形成的档案信息集合体，为了保

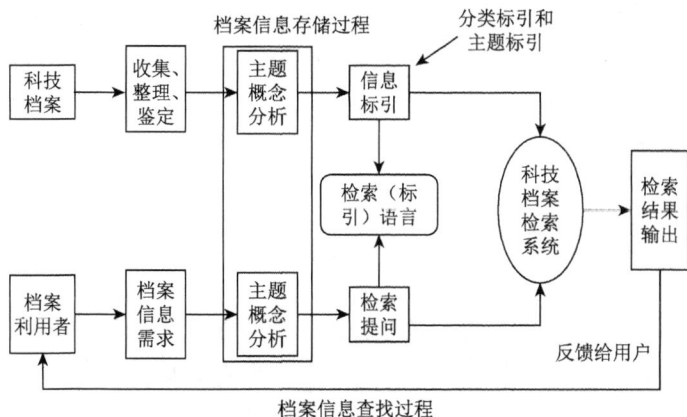

图 14-1　科技档案检索原理图

证检索效果，需要对档案集合中的档案资源进行加工，分析其形式特征和内容特征，进行规范化的著录、标引，形成特征标识，如分类号、主题词等，将分析、提取出来的特征存储起来就形成了检索系统，成为存储的成果和查找的依据。其二，利用者需求集合，是由在社会实践中产生的众多不同形态的利用需求汇集而成的。利用者需求的产生及其满足是科技档案检索的目的所在，如同对科技档案信息集合进行特征化标识一样，对利用者需求也要进行加工、处理及分析，提取出主题或其他属性，并利用与信息集合相同的规范及检索语言来表示需求中的概念和属性，从而得到利用者的检索提问标识。其三，匹配与选择，通过匹配与选择机制，将利用者需求集合与科技档案信息集合进行某种相似性比较和判断，进而选择出符合利用者需求的档案信息。在科技档案信息集合与利用者需求集合都进行了特征化标识的基础上，二者之间的匹配就简化为检索提问与已建立的检索系统之间的匹配。

三、科技档案检索的作用

（一）为迅速、准确地利用科技档案创造了条件

科技档案内容复杂、种类繁多、数量巨大，随着我国科技档案库藏量的增加和科学技术的发展，档案利用需求求快、求全、求准、求新的要求会越来越高，科技档案信息的无序、分散与利用者需求越来越高之间的矛盾日益突出。科技档案检索以其专业化的方式浓缩了科技档案信息，简化了查找过程，利用者能够方便地获取相关科技档案信息，迅速发展的存储与检索技术能够使相关科技档案信息实现逻辑集中，进而提高查全率和查准率，更好地满足利用者需求。

（二）促进了科技档案信息交流

科技档案是国家重要的科技信息资源，对于提升科技实力起着举足轻重的作用，但科技档案是产生于科技活动的原生信息，具有唯一性和不可替代性，并且数量较多，不可能以科技档案为载体进行广泛交流，而通过著录、标引等加工而生成的档案信息可视为科技档案原始信息的缩影，能够替代科技档案实体进行信息交流，创造了更广泛科技档案信息交流的可能性。

（三）促进了科技档案业务建设的规范化

科技档案检索是以档案信息的存储为前提的，而存储又是通过规范化的著录和标引工作形成规范标识的过程，并按照规范化要求形成检索工具或检索系统，这一系列规范化的业务活动必将对立卷、登记、整理等业务建设活动提出规范性要求，进而提升科技档案科学管理的水平。

四、科技档案检索体系

（一）科技档案检索体系的构成

科技档案检索体系是指为实现科技档案检索而建立的，由检索过程中涉及的各种因素组成的有机整体，包括著录标引子系统、检索语言子系统、查询子系统、匹配子系统。

（1）著录标引子系统，也就是科技档案信息加工存储系统，根据科技档案著录、标引规则，选择需要被存储的科技档案，分析其内容特征和形式特征，并将其转化为规范化的检索标识，加以存储的过程。

（2）检索语言子系统，检索语言是用来表达科技档案主题内容和查找提问内容的一种规范标识系统，主要有分类语言和主题语言，在科技档案检索过程中起着沟通档案生成者、档案信息加工者、档案利用者等不同主体的桥梁作用。

（3）查询子系统，是科技档案信息检索的服务系统，主要根据利用者需求确定检索策略，并将其转化成规范的检索表达式。

（4）匹配子系统，是将检索要求与科技档案存储信息进行比较、匹配，将与检索需求相匹配的科技档案信息视为检索结果提供给利用者。

（二）建立科技档案检索体系的要求

（1）灵活、全面、准确、迅速。为了充分满足利用者需要，建立的检索体系必须要灵活、全面、准确、迅速，否则检索体系将失去意义。其中，灵活是指检索入口的多元性，能够满足利用者多途径、多角度的检索，如既可以提供分类号、主题词、责任者、时间等多种途径的检索，也允许利用者将两个或两个以上途径组配起来进行高级检索，还应充分利用现代检索技术，如语义检索、CBIR（content-based image retrieval，基于内容的图像检索）等以便利用者对文字、图像等多种形式信息进行精确检索和模糊检索，充分满足利用者的各种检索需要。全面是为了提高科技档案的查全率而提出的要求，在科技档案检索体系中储存的科技档案信息必须要有一定的广度，不仅要揭示科技档案题名、责任者等形式特征还要揭示主题、类别等内容特征，不仅要反映显性主题还要揭示科技档案内容中的隐性主题，这样才能保证较高的查全率。准确是为了提高科技档案的查准率而提出的要求，在科技档案检索体系中存储的科技档案信息，必须保证一定的深度和针对性，这样利用者无论是查找某一组科技档案信息还是查找科技档案信息中的某个数据，都能比较具体、准确，尽量减少冗余。迅速是指提高检索速度，节省检索时间。

（2）科学与实用相结合。完善的科技档案检索体系应建立在科学和实用有效结合的基础上，科学性要求选择检索语言时，首先，要充分考虑科技档案和科技档案工作的实际需要，保证检索标识能够准确表达科技生产活动的基本内容。其次，著录、标引用语应是标准的、规范的，著录标引用语的标准化程度直接影响检索的质量和效率。最后，检索工具应合理有效，包括检索的深度和方式要适当，各种数据库的结构要合理，各种检索工具的功能相匹配，以保证检索工具作用的有效发挥。

实用性的要求是指编制的检索工具要注意时效，既要有基础性的检索工具，又要有辅助性的检索工具，既要满足现实利用的需求，又要兼顾长远发展的需要，从实际出发配备检索工具和相关设备。

■ 第二节　科技档案检索语言

一、检索语言概述

（一）科技档案检索语言的概念

检索语言是根据存储和查找的需要而创建的一种人工语言，是表示科技档案内容信息及其相互关系的概念标识系统。由科技档案检索原理图可以看出，检索语言是在存储和查找时共同使用的一种约定，以达到存储和查找的一致性。作为沟通存储和查找的桥梁，不但能够保证不同标引人员描述档案特征时的一致性，而且能够保证检索提问与特征标识的一致性，从而保证检索的质量和效果。

（二）科技档案检索语言的作用

首先，检索语言是科技档案检索体系中的语言保证，在存储环节使用检索语言描述科技档案的形式特征和内容特征，形成检索标识，在查找环节使用检索语言，描述利用者需求，形成提问标识，以此来保证存储与查找用语的一致性，以便进行相符性比较。

其次，明确检索标识的含义和范围，科技档案检索语言能够将意思相近或相关概念之间的逻辑关系揭示出来，如分类语言中通过类目之间的等级关系、主题语言中通过主题词的参照系统，以便于人们准确地把握其含义，提高检索语言使用时的准确性。

再次，便于调整检索途径，保证检索效果，检索语言揭示检索标识之间的逻辑关系或语义关系，将相关概念联系起来，人们可以根据概念之间的关系以及检索结果灵活有效地调整检索途径。

最后，信息存储集中化、系统化、有序化，便于检索人员按一定的次序排列检索条目，如按分类号的自然顺序或按照主题词的字顺等。

（三）科技档案检索语言的特点

首先，检索语言与自然语言一样，由词汇和语法构成，词汇是登录在类表、词表中的全部标志，一个标志（如分类号、主题词）就是它的语词，分类表、词表则是它的词典。语法是指如何创造和运用这些标志及如何组合标志来正确表达档案的主题概念，并有效实现检索的一套规则，主要是各种标引规则，这是检索语言的构成特点。

其次，检索语言的规范化程度较高，与自然语言不同，科技档案检索语言以概念逻辑为基础，词汇与概念一一对应，一词一义，排除了多词同义、一词多义等现象，保证了检索语言的单义性，从而帮助档案工作者又快又准地进行标引和检索。

最后，检索语言简洁，便于比较和识别，词典尽量收录少而短的语词，同时又具有一定专指性以区分事物。

二、科技档案检索语言的种类

依据不同的标准，检索语言有不同的分类结果，如按结构或原理，可分为分类语言、主题语言、代码语言；按标志的组合方式，可分为先组式语言和后组式语言；按语言的规范程度，可分为人工语言和自然语言。以下主要介绍科技档案工作中常用的检索语言：分类语言和主题语言。

（一）分类语言

分类语言也称分类法，是将类目根据一定的原则组织起来，通过分类号来表达各级类目并固定其先后次序的分类体系。分类法是直接体现知识分类的概念标识系统，是对概括文献内容特征和某些形式特征的概念运用逻辑方法进行系统排列而构成的。以学科、专业为中心的系统性是其主要特点，分类语言又可分为体系分类语言、分面分类语言和半分面分类语言。

《中国档案分类法》是根据体系分类语言原理建立的一种专用分类检索语言，是通过对揭示档案内容特征的概念进行逻辑分类，并以分类号作为检索标志的一种等级列举式的分类语言。《中国档案分类法》于 1987 年编制出版，1996 年出版第二版，类目由 5000 条增至 10 万条。《中国档案分类法》的编制原则是以马克思列宁主义毛泽东思想为指导，以国家、机构和社会组织的职能分工为基础，结合档案内容论述和反映的事物属性，从总体上包容各个时期的各种档案，以层层列举、逐级展开的方式构成了一个从总到分，从一般到具体的类目体系。

《中国档案分类法》由编制说明、分类表、附录三部分构成。其中编制说明主要包括编制目的和适用范围、编制原则、基本类目的设置及次序安排、对各种分类问题的处理方法、标记符号、注释以及分类法的管理等。

《中国档案分类法》是一个套表，其分类表由《中华人民共和国档案分类表》、《新民主主义档案分类表》、《民国档案分类表》和《清代档案分类表》构成。四个分类表都由主表和复分表构成。主表设置基本大类，基本大类根据需要分设若干属类，每个大类或属类都是由类名、类号和注释构成的。下面以《中华人民共和国档案分类表》为例介绍分类表的体系结构。

《中华人民共和国档案分类表》的主表是将中华人民共和国成立以来的档案信息依据职能分工原则区分为三大部类，即政治、文化、经济，三大部类是类目表中最概括、最本质类类别划分，实践中并不具有指导档案分类的意义。在基本部类的基础上，划分出

A	中国共产党党务
B	国家政务总类
C	政法
D	军事
E	外交
F	政协、民主党派、群众团体
G	文化、教育、卫生、体育
H	科学研究
J	计划、经济管理
K	财政、金融
L	贸易、旅游
M	农业、林业、水利
N	工业
P	交通
Q	邮电
R	城乡建设、建筑业
S	环境保护、土地管理
T	海洋、气象、地震、测绘
U	标准、计量、专利

图 14-2 《中华人民共和国档案
分类表》基本大类

19 个基本大类（类名及类号详见图 14-2），在大类的基础上再根据档案内容的实际情况开展二级类目的划分，有的基本大类细分到五级、六级甚至更细的子类，总体上形成的一个等级分明、层次清楚的科学系统。

《中国档案分类法》的标记符号采用汉语拼音字母和阿拉伯数字相结合的混合号码制。基本大类用拼音字母标出，并以字母的自然顺序反映大类的顺序，《中华人民共和国档案分类表》除了用拼音字母标出 19 个基本大类外，对于工业类下的二级类目，因范围广泛，内容繁多，采用了双字母制，在字母之后采用了阿拉伯数字表示下属类的划分，并按数字的自然顺序排列。《中国档案分类法》的编号基本遵循了层累制原则，即分类号的数位反映其在分类体系中的级别。但为了使号码适应类目设置的需要，在基本层累制的基础上适当采用了较为灵活的方法，如当同位类目超过 10 个，并在 16 个以内时采用八分制，当同位类超过 16 个时为避免分类号码冗长，采用了双位制。

复分表又称附表、辅助表，复分表的产生是由于主表中有许多类目在进行进一步细分时，都采用的是同一标准（如时间、区域等），因此细分出的子类就会大致相同，因此将这样一些具有共性问题的类目抽取出来，专门编制，以供主表内相应类目拓展时共同使用，也就形成了复分表。《中国档案分类法》的复分表主要包括综合复分表、世界各国和地区表、中国行政区划表、中国民族表、科技档案复分表等。复分表的设置有利于节省主表篇幅，增强类目表的灵活性，并增强分类法的内在规律性，使其等级关系更加明确、体系更加严谨。

附录包括编委会名单、综合审编组名单、审定委员会名单和后记等。

《中国档案分类法》是遵循体系分类的原则并结合档案的特殊性编制而成的，其特点主要体现在以下方面。首先，在分类依据上，《中国档案分类法》以职能分工为基本依据，任何国家机构和社会组织都具有特定的职能，这是该机构或组织存在的基本条件，也是与其他机构和组织区别的重要标志，档案分类与一般信息分类的主要区别就在于基本分类的依据不同，一般信息分类都是以学科或与专业性质为基本依据的。其次，在类目设置和处理上，为了类目的准确、科学、简洁，《中国档案分类法》除大类外其他类目都使用了简化概念，使用时需联系其上下位类的概念或者根据类目注释才能完整了解类目的含义，为了控制类目数量，设置了一些组合类目，也就是根据各项社会活动形成的档案的实际情况，在不影响正常使用的前提下，允许将某些有一定联系而且档案数量不多的类目合并，以减少类目的数量并提高类目的使用频率。最后，从类号上看，《中国档案分类法》采用混合制号码体系，为避免与数字混淆，字母中暂时没有使用 O 和 I 两个汉语拼音字母，分类号采用基本层累制，并为适应某些档案同位类较多的情况，在层累制的基础上，适当采用了八分制、双位制等较灵活的方法。

（二）主题语言

主题是指信息资源中所论述的主要对象，包括事物、问题、对象等，那些经过选择用来表达信息资源主题的语词称为主题词。主题语言是采用表达某一事物或概念的名词术语作为主题标识，用于标引、存储和检索文献的一种检索语言。主题语言以特定事物、问题为对象即以主题为中心集中信息资源，以语词作为存储和检索标志，以字顺为主要检索途径。

主题语言的构成原理：主题词是规范化的自然语言，有较好的直观性和单一性；主题法借鉴分类思想，通过参照系统揭示其含义及主题词之间的逻辑关系；主题词表主要收录表示单元概念的词，并具有较强的组配功能，可在词量一定的情况下，由多个主题词组配深入、具体地揭示较为复杂的主题概念；主题词依字顺排列，方便查找。从上述原理可以看出，主题语言具有以下几个特点：用词接近自然语言，使用方便，易于识别；容量大，便于扩充，如果需要增加新的主题词，只需按字顺排列即可，并不影响与其他主题词的关系；专指性强，通过科学组配，可揭示专深主题，反映事物的具体特征；标引难度大，组配标引过程较复杂。

《中国档案主题词表》是一部由反映档案内容的主题词组成的规范化词典，是供档案部门或文书部门标引和检索档案时使用的词语控制工具。《中国档案主题词表》选词时以马克思列宁主义、毛泽东思想为指导，坚持辩证唯物主义和历史唯物主义观点，力求思想性、科学性和实用性的统一，选用的主题词能够反映综合性档案馆、机关档案室库藏档案内容的主题概念，在标引和检索中具有一定的使用价值和使用频率，选用的主题词符合汉语的结构特点，词形简练，概念明确，词义单一。

《中国档案主题词表》主要收录 20 世纪初叶以来反映政党、政府机关各项管理工作内容的名词，党政公文中经常涉及的政治活动、科学研究、生产技术、经济建设等方面的名词术语，以及反映新事物概念的专用名词。

《中国档案主题词表》的体系结构由主表、附表、辅助索引三部分构成。

1. 主表

主表是《中国档案主题词表》的正文，是进行主题标引和检索的主要依据，是由主题词款目按照同音同形集中，按音序笔画编排的。主题词款目是主表的基本构成单元。目前主表是由 22 589 个款目组成的，每一个词款目至少包含汉语拼音、款目主题词、范畴号，有的还包括限定注释，词义注释、参照系统等。例如：

Mao Yi Cha e —————————— 款目主题词的汉语拼音

款目词——贸易差额[05RA] ——— 范畴号

Balance of trade———— 款目词的英文译名

注：指某国在一定时期中进出口商品的对比——词义注释

F 贸易顺差

贸易逆差

C 进口

出口

参照系统

其中，汉语拼音是款目主题词的汉语拼音，便于按音排序和查词。款目词是在主表中占据一个款目的主题词，是此款目的中心，通常以黑体形式置于汉语拼音下方。款目词分正式款目主题词和非正式款目主题词两种，前者是一种规范化的用于标引和检索档案的词和词组，是正式的标引用词，而后者是前者的同义词或准同义词，只做指引用词，不能用于标引和检索。限定注释是为多义词保持词义单一、专指而采用的一种处置方法，将注释的内容放在小括号内并置于款目词的右侧，限定注释是款目词的组成部分，在标引和检索提问中都不能省略。词义注释是除限定注释以外，其他对款目词特定含义或政治倾向等方面的说明文字，置于款目词下方，词义注释只是供理解、使用款目词，而不是款目词的组成部分，在标引和检索提问时不必带入。范畴号是款目词所属的范畴类目代号，表示并固定款目词在范畴索引中的位置，在主表中每个款目词都有一个范畴号（部分款目词有两个甚至三个范畴号），在范畴索引中每个范畴号下都聚集着一定数量的主题词，范畴号以加方括弧形式置于主表款目词右侧，一方面用来表示该词所属类别，另一方面用来衔接主表和范畴索引，借助范畴号可以在范畴索引中查询与该主题词同属一类的有关主题词。参照系统也称词间关系，是将与款目主题词具有等同关系、属分关系、相关关系的主题词（包括正式主题词和非正式主题词），按照 D（代）、Y（用）、S（属）、F（分）、Z（族）、C（参）的顺序，列在款目词的下方，用于表达、规范款目词的含义，并便于在标引或检索时，选择与档案内容或利用者提问更为贴切的主题词，提高检索效率。

参照系统实际上是主题语言中设计的一种隐蔽的分类体系，主要作用有：一是供标引和检索人员直接从概念的字面形式出发，按字顺迅速查找所需的主题词；二是可通过参照系统获知与所查词有密切关系的词，可提高选词的正确性，有助于在检索中扩大、缩小或改变检索范围；三是通过其标注的范畴号和族首词，比较容易进入范畴索引和词族索引；四是还可获得与主题词相关的其他信息（如注释、拼音等）。

2. 附表

附表实际上是专有主题词字顺表，是由一些特殊领域的众多专有名词单独抽出后另行按字顺编排的词汇表。设置附表的目的：一是控制主表的词量，避免主表过于庞大臃肿；二是方便利用者按照人物或机构查找有关方面的专有主题词。

《中国档案主题词表》有两个附表。一是人名表，收录了明清、民国至中央党政机关档案中叙述的名人 11 771 位。由于主题词表主要对标引和检索用词起规范作用，因此一些没有别名的名人就没有收录，但有别名的名人则力求收全。对各地区、各系统档案中涉及的本地区、本系统的名人不予收录，必要时各单位可自行选编。人名表的款目结构基本上与主表相同，也是由汉语拼音、款目词、注释、参照系统构成的。参照系统主要包括 D 项和 Y 项，注释主要包括人的生卒年月和籍贯等相关信息。

二是机构名表，收录了明、清、民国至今中央党、政、军、群、企事业机构名称共1900 个，机构名不同于一般名词或人名那样经常多种称谓同时或交替使用，机构名除了繁称、简称外，在同一时期一般不会有两个或两个以上的名称。机构名表中的款目结构也与主表基本相同，由汉语拼音、款目词、参照系统构成。

3. 辅助索引

辅助索引是将主表中的主题词根据某种特定的标引和检索需求，分别采取不同的方式，从不同的角度排列起来的一些对主表起补充配套作用的表，相对于参照系统的隐形分类运用而言，辅助索引则是一种公开的分类方法，其目的是进一步优化词表的功能。

目前《中国档案主题词表》设两种辅助索引。

一是范畴索引。范畴索引是主表主题词分类查找的辅助工具，即将主表中的全部主题词（包括正式主题词和非正式主题词），按照既定的类目进行分类排列，形成一个类似等级列举式的分类体系。范畴索引的类目是按职能分工为主、词义为辅的原则设计的，其中一级类目为 20 个，二级类目为 103 个，三级类目为 37 个，索引体系与《中国档案分类法》的分类体系相似，也是按照政党、政务、政法、军事、外事等顺序排列，但是增加了一个"一般概念"类。范畴索引的类目符号也与《中国档案分类法》大体一致。一般情况下，一个主题词划归为一个类目，当一个主题词按其属性应划入两个或两个以上的类目时，在有关类目中重复出现。这种将有双重属性的词在范畴索引的不同类目中重复出现的做法，是根据事物多向成族的特点设计的。这一设计有助于标引人员和检索人员在不同的类目中查找到有关类目，不致因类目的单线排列而造成某些类目的不完整。

二是词族索引。词族索引是主表主题词按等级查找的辅助工具，即将主表中具有属分关系的全部正式主题词集中在一起，以概念最大的上位词为族首词，按概念的层次关系分别将全部下位类词列于其后而形成的索引。词族索引的功能是可以从一词族中外延最广的主题词（即族首词）出发，找到其全部的同族词，并且可以明确它们之间的隶属关系，从而弥补主表族性检索功能不足的缺点。

■ 第三节 科技档案检索系统

科技档案检索系统是根据利用者需求将一定范围内的科技档案信息进行收集、加工、存储，进而为利用者提供检索服务的信息集合。检索系统是由多种检索工具或相互关联的数据库系统组合而成的，以从总体上提供多种检索途径和检索效果。从实现手段上看，既包括传统的手工检索工具，也包括计算机检索系统，二者虽然实现手段不同，但原理相同，都是通过存储来实现信息输入，并通过检索、查找实现信息输出的过程。其中存储突出表现为著录、标引等具体任务。

一、科技档案的著录与标引

科技档案检索系统的基本单元是条目，条目是著录、标引的结果，著录、标引是形成检索系统的基础，其标准化、规范化程度直接决定了检索系统的质量和水平。

（一）科技档案著录

科技档案著录是对科技档案内容特征和形式特征进行分析、选择和记录的过程。其中，内容特征是对科技档案主题的揭示，其结果表现为科技档案的分类号、主题词、摘要等，形式特征是对科技档案标题、作者、形成时间、地点、档号、文种、载体等属性的记录。科技档案检索系统中的条目分为标准条目和非标准条目两种形式，标准条目是依照《档案著录规则》编制的，著录项目、著录格式规范，通用性强，利于信息共享。非标准条目虽然也包括科技档案的内容特征和形式特征，但其规范性差，不能在较大范围内共享。为了建立国家档案检索系统，国家档案局于 20 世纪 80 年代颁布了《档案著录规则》，截至目前已经进行了多次更新，用于指导全国档案的著录工作。在《档案著录规则》的指导下，各领域结合活动及档案内容，纷纷制定相应的著录规则，如《地质资料档案著录细则》《电影艺术档案著录规则》等。

1. 著录项目

《档案著录规则》将著录项目分为七项，其中每一项又分为若干个著录小项。

（1）题名与责任说明项。题名又称标题、题目，是表达档案中心内容、形式特征的名称。包括正题名、并列题名、副题名及说明题名的文字、文件编号以及责任说明和相关附件。

（2）稿本与文种项。其中，稿本是指档案的文稿、文本和版本，著录时依据档案实际情况著录草稿、定稿、手稿、草图、原图、底图、蓝图、正本、副本、原版、试行版、修订版、影印版、各种文字本等。文种依实际情况著录为命令、决议、指示、通知、报告、批复、函、会议纪要、说明书、协议书、鉴定书、任务书、判决书、国书、照会、敕、奏折等。

（3）密级与保管期限项。密级是档案保密程度的等级，包括：公开级、国内级、内部级、秘密级、机密级、绝密级。保管期限是档案应该保存的时间，一般分为永久、长期、短期。

（4）时间项。如果著录对象是单份文件则著录其形成时间，如果著录对象是案卷则著录其卷内文件的起止时间。

（5）载体形态项。载体形态是指科技档案载体的物理形态特征，包括其载体类型、数量及单位（页、张、卷、本、枚等）、规格。

（6）附注及提要项。附注是对各著录项目加以说明和补充的项目，提要是对科技档案内容的简介或评述。

（7）排检与编号项。排检与编号项是科技档案目录排检和管理业务的注记项，包括分类号、档案馆代号、档号、电子文档号、缩微号、主题词或关键词等。

2. 著录用标识符号

标识符号为识别各著录项目、单元（小项）及其内容而添加的标记，便于固定著录项目的顺序、识别不同的著录项目，主要有如下标识符。

.— 置于稿本与文种项、密级与保管期限项、时间项、载体形态项、附注项等（题名与责任说明项、排检与编号项除外）各大项之前；

= 置于并列题名之前；

： 置于副题名及说明题名文字、文件编号、文种、保管期限、数量及单位、规格等各著录单元之前；

/ 置于第一个责任者之前；

； 置于多个文件编号之间、多个责任者之间；

， 用于相同职责、身份省略时的责任者之间或同一责任者的不同职责、身份之间；

+ 置于每一个附件之前；

[] 置于自拟著录内容、文件编号中的年度、责任者省略时的"等"字两端；

（）置于责任者所属机构名称、责任者真实姓名、责任者职责或身份、外国责任者国别及姓名原文、中国责任者时代等著录内容的两端；

？ 用于不能确定的著录内容，一般与"[]"号配合使用；

-用于日期起止和档号、电子文档号、缩微号各层次之间；

… 用于节略内容；

□ 用于表示每一个残缺文字和未考证出时间的每一数字，未考证出的责任者及难以计数的残缺文字用三个"□"号。

除"题名与责任说明项、排检与编号项"外，各项目连续著录时，其前均冠".—"，如回行，也不可省略该标识符，但各项目另起段落著录时则可省略该标识符；".—"符占两格，在回行时不应拆开；"；"和"，"各占一格，前后均不再空格；如某个项目缺少第一个小项时，应将现位于首位的单元原规定的标识符改为".—"；凡重复著录一个项目或单元时，其标识符也需重复；不著录的项目或单元，其标识符应连同该项目或单元一并省略。

3. 著录格式

著录格式即著录条目中各个著录项目的排列顺序及表达方式，按照《档案著录规则》的规定，一般采用段落符号式的著录格式，实际工作中，也可根据需要采用表格式条目格式。

段落符号式条目格式如下所示：

分类号　　　　　　　　　　　　　　　档案馆代号

档　号　　　　　电子文档号　　　　　缩　微　号

正题名＝并列题名：副题名及说明题名文字：文件编号/责任者＋附件.—稿本：文种.—密级：保管期限.—时间.—载体类型：数量及单位：规格.—附注

提要

主题词或关键词

4. 著录管理

著录管理主要包括著录级别的选择和著录深度的确定。

（1）著录级别的选择。根据著录对象的不同，科技档案著录条目可以分为文件级、案卷级、项目级、组合级四种级别。其中，文件级是以单份文件或单份图纸为单位形成的著录条目；案卷级是以案卷为单位形成的著录条目；项目级是以成套的科技档案为单位形成的条目；项目组合级是以若干份文件或若干个案卷为单位形成的著录条目。

著录级别的选择，对于科技档案著录效率和条目的检索功能有着重要的影响，科技档案部门应该根据科技档案的具体情况和检索的实际需要合理地选择。一般而言应以某一级别为主，并以其他级别为辅。

（2）著录深度的确定。著录深度是反映著录条目中著录项目的程度，著录深度对科技档案检索系统的专指性有很大的影响，是影响科技档案检索体系功能的主要因素之一。科技档案的著录深度，主要分为简要级和详细级，仅著录必要项目则为简要级，除著录必要项目外，还著录部分或全部选择项目则为详细级。不同著录级别，一方面是为了适应基层单位和科技专业档案馆的不同规模，保持档案著录工作的灵活性，另一方面是为了控制科技档案条目质量，保证著录的规范化。著录项目中的必要项目包括正题名、第一责任者、时间、分类号、档号、缩微号、主题词；选择项目包括并列题名、副题名及题名说明文字、文件编号、载体类型、其他责任者、密级、保管期限、载体形态、附注、提要、档案馆（室）代号、电子文档号等。

（二）科技档案标引

标引是对档案内容进行分析和选择，并赋予其规范化检索标识的过程。其中，赋予其分类号的过程称为分类标引，赋予其主题词的过程称为主题标引。标引的目的是揭示科技档案的主题内容，以便为从内容方面进行查找提供途径。

科技档案的标引分为主题分析、标识给定、标引审定三个环节。

1. 主题分析

主题分析是指在标引过程中了解、选择科技档案的内容、分析并形成主题概念的环节。具体来说，是通过审读了解其内容和表现形式，选择内容单元并确定主题数量，概括单元内容而形成主题概念，并分析主题的结构和类型，必要时判定主题所属的职能领域的一个过程，主题分析是标引的基础环节，它的质量不仅直接影响标引的质量，还从根本上影响检索工具的检索效率。主题分析包括对档案主题的类型、结构进行分析。

（1）主题类型分析。关于主题类型，根据不同标准划分出来的结果也各不相同，首先，根据其主题数量分为单主题和多主题。单主题是指该档案只涉及一个中心对象或问题，可以是概括论述某一特定的事物、对象或问题，也可以是论述事物对象中某一部分、方面或与其他事物对象之间的联系。对单主题一般还要根据其主题构成进一步分析主题类型。多主题是指该档案同时涉及或研究两个或多个事物、对象或问题，按照这些事物、对象或问题之间的关系，可以将多主题进一步分析为并列关系多主题、从属关系多主题等，多主题中的各个主题还需进一步分析其构成及关系，以便进行正确标引。

　　根据主题中主题概念的数量及其关系，可划分为单元主题、复合主题和相关主题。其中单元主题是指由一个基本概念构成的主题，是结构最为简单的主题，只有一个主题因素，也就是其主体因素，如档案学、档案，该类型主题只要直接将其析出即可。复合主题是指该主题是由两个或多个主题概念结合而成的主题，需要根据相结合的主题概念之间的逻辑关系进一步细分为概念限定型复合主题、概念交叉型复合主题。相关主题又称为概念联结型主题，是指同时涉及两个或多个主题对象之间联系的一种主题类型，主题对象之间的关系包括：应用关系，如激光在医学中的应用；比较关系，如分类标引和主题标引的区别；影响关系，如森林对气候的影响；因果关系；倾向关系等。对于概念联结型主题，不仅要分析其主题构成，还需要分析其关系类型，以便根据不同关系的类型特点加以揭示。

　　根据主题被表达的充分程度，可分为显性主题和隐性主题。显性主题即通过文字已经较为充分、明确地揭示出来的主题，隐性主题即暗含的、文字表达并不充分的主题，但往往这一主题对利用者也具有一定的参考作用，需要标引人员予以揭示。如"水果保鲜"，其显性主题为水果保鲜，但也暗含着"水果防腐"这一主题。

　　（2）主题结构分析。主题结构是指主题的主题要素、主题中心和主题面的构成形式及其相互关系。分析主题结构是在主题类型分析的基础上，进一步对档案中复合主题的成分进行分析，以便查明主题构成因素及其相互关系，对主题概念进行提炼。在我国的主题分面公式中，将文献的主题成分分为五个范畴面，即 A 主体面（主体因素）、B 通用面（通用因素）、C 空间面（空间因素）、D 时间面（时间因素）、E 文献类型面（文献类型因素），每个面即为一种主题因素，其中主体面是文献论述的关键性主题，包括各种事物、学科、问题、现象等具有独立检索意义的基本概念，是标引和检索的中心与主要依据，通用因素是指与主体因素密切相连但没有独立检索意义的一般概念，空间、时间、文献类型因素则是论述对象所处的空间或地理位置、时间及所采用的文献类型，如果文献的主体因素不止一个，可将主体因素进一步展开，如 A1 为研究对象、A2 为材料、A3 为方法、A4 为过程、A5 为条件等。利用这个公式，可对文献主题构成成分和关系进行分析，把分析结果作为提炼的依据。

　　单元主题的结构公式为：A。

　　概念限定型复合主题的结构公式为：A（A1，A2，A3，A4，A5）-B-C-D-E。

　　概念交叉型复合主题的结构公式为：A：A：A：A：A。

　　概念联结型主题的结构公式为：A-B-A。

2. 标识给定

　　标识给定是在主题分析的基础上，将主题分析的结果转化为规范的检索标识的过程，将被标引的主题概念转换为分类号的过程称为分类标引，转换为正式的主题词的过程称为主题标引。

　　在分类号给定的过程中，应遵循相应的规范和准则，为保证分类标引的质量，实现归类正确、充分揭示、方便检索的目的，在分类标引过程中，应以档案职能及其内容所表现出的主题作为主要依据，要体现分类法的逻辑体系和相应的层次关系，将档案归入使用性最强的类，分类必须以档案的内容为首要依据，而不能仅仅凭借题名进行标引。

在主题标引过程中，若依据一定的词表，将析出的主题概念转换为规范的主题词，再根据检索系统的要求对标识作出处理为受控主题标引，反之直接用自然语言进行标引则称为自由标引。主题概念的转换有概念的直接转换和概念的分解转换两种形式，直接转换是指待标引的主题概念，可直接用词表中一个对应叙词加以表述，这种转换方式比较简单、易实现，概念分解转换是指没有现成的主题词可用来直接标引待标引的主题概念，必须将其分解成若干个简单的主题概念，然后再分别用相应的主题词进行转换。分解转换是主题标引的难点和关键，主题概念分解时必须是概念分解，而不是字面拆分，要按照从专指到泛指的顺序查找，析出最专指的分解形式。如"交通运输地下建筑设计"这一复杂主题（称为复杂主题，是因为该主题的主体因素为"交通运输地下建筑"，限定因素为"设计"，主体因素本身也是一个概念交叉型的复合主题），在进行分解转换时，词表中有收录"交通运输地下建筑"，则不需要再分解，而词表中有收录"建筑设计"和"设计"，按照专指到泛指的顺序，使用"建筑设计"作为标引用词。

在选择标引用词时要遵循下列方案：当词表中有专指用词时必须使用词表中的专指用词标引；当词表中无专指用词时，选用词表中最接近的两个或多个主题词进行组配标引；当词表中既无专指用词又不能进行组配标引时，可选用一个最接近的上位词进行标引，即上位词标引；当词表中既没有相应的专指词，又没有相应的多个或一个上位词，即无法进行专指词标引，也无法进行组配标引和上位词标引时，只好选用与被标引概念相近的近义词标引，又称为靠词标引；当无法进行上述任何一种标引或不宜采用专指词标引之外的任何一种标引方案时，应考虑增词标引。

3. 标引审定

标引审定即对上述主题分析、标识给定的质量进行审核，是确保标引质量的重要环节。审定主要从以下几个方面着眼：主题提炼是否准确、全面，主题概念是否准确、恰当，是否遗漏了隐含主题，所标主题是否真正具有检索意义，是否存在标引过度或标引不足的问题，分类标引是否符合分类标引的规则，主题标引是否符合主题标引规则和相应组配规则，标引的类号、主题词是否充分、准确，对同一主题的标引是否一致等。

（三）自动标引

随着计算机技术在档案工作中应用的日渐深入、成熟，由计算机代替人来"阅读""分析"被标引档案并赋予相应检索标识的自动标引得到了一定的发展。自动标引包括自动分类标引和自动主题标引。

其中，自动分类标引主要是通过自动归类和自动聚类实现的。自动归类是指先分析待分类对象的特征，将其与已经存在的各类别对象具有的共同特征进行比较，再将待分类对象归入特征最接近的一类，并赋予相应号码的过程，自动归类根据实现时所使用的技术不同通常可分为基于词的自动归类和基于专家系统的自动分类。自动聚类是指从待分类对象中提取特征，再将提取的全部特征进行比较，并按一定原则将具有相同或相近特征的对象定义为一类，设法使各类中包含的对象大体相当的过程。自动聚类中最重要的一个概念就是待分类对象之间的距离，即相似性，目前自动聚类可采用单篇聚类法、小中取大距离分类法、密度测试法等多种算法实现。

自动主题标引主要分为自动抽词标引和自动赋词标引。其中自动抽词标引是直接从原文的正文、摘要或标题中抽取词或短语作为标引用词来描述档案的主题内容，以该词在档案中出现的频率作为抽词的基础，该方法的主要思想是词在档案中的出现频率是该词对该档案重要性的有效指标，档案中的那些词频介于高频和低频之间的词汇才适合做标引用词，也就是说词频过高或过低的词汇不适合做标引用词。自动赋词标引需要人工预先编制好高质量的受控词表，自动分析正文或者摘要，找出重要的关键词，再将关键词与受控词表进行比较，如果匹配一致，则将其作为标引用词。目前已有不少自动标引系统采用了自动赋词标引的方法，其实现主要有基于概率的自动赋词标引法和基于概念的赋词标引法。

二、科技档案检索系统分类

科技档案检索系统在科技档案部门和利用者之间架起了一道桥梁，为查找、利用科技档案提供了重要的保障，同时科技档案检索系统储存了大量的科技档案信息，也可以成为科技档案部门与利用者之间以及科技档案部门之间的交流工具，利用者借助检索系统可以了解科技档案的分布、价值、内容等信息，档案部门可以借助检索系统了解库藏情况，不同科技档案部门之间可以互通有无。检索系统记录了科技档案的内容特征和形式特征，科技档案工作者可以通过检索系统了解库藏科技档案的内容、形式、数量等方面的情况。

科技检索系统是由多种检索工具或相互关联的数据库系统组合而成的，按照不同的标准可以进行不同的分类。目前常见的分类主要有以下几种。

按照实现手段，可分为手工检索系统和计算机检索系统。其中，手工检索系统是以印刷型检索工具为基础的检索系统，如印刷版的目录、索引、文摘等，该类检索工具可直接利用，不需要依赖计算机或其他设备，但收录范围有限，更新不及时且检索效率较低。计算机检索系统由硬件、软件、数据库三个部分构成，其检索速度快、效率高、利用不受时空因素的制约，是科技档案检索的主流。

按照编制方法，可分为目录、索引、指南。其中，目录是将科技档案诸多条目按照一定次序编排而成的检索工具，分为分类目录、主题目录、专题目录、库藏目录等。索引是记录科技档案某一内容或特征及其出处并按照一定的原则和方法排列起来的检索工具，如专题索引、文号索引等。指南是以文章叙述的方式综合介绍科技档案情况的一种工具，如专题指南、全宗指南、档案馆指南等。

按照功能，可分为库藏性检索工具、查检性检索工具和报道性检索工具。库藏性检索工具是反映科技档案实体整理体系及其相互关系的检索工具，如案卷目录、卷内文件目录等，其主要功能是固定和反映实体整理顺序，帮助科技档案工作者了解和分析库藏情况，并便于按科技档案整理顺序查找。受科技档案整理顺序的限制，库藏性检索工具检索途径单一，深度不够。查检性检索工具反映科技档案的内容特征或形式特征，专门为利用者提供按照某一检索途径进行查找，如分类目录、主题目录、专题目录、专题索引等。查检性检索工具的主要功能是建立多种检索标识，提供多种检索途径，并且不受档案整理顺序的限制，可增强检索的深度。报道性检索工具主要是介绍和报道科技档案内容及其有关情况，如专题指南、档案馆指南等，作用是全面概括地介绍科技档案的情况，客观评述科技档案的价值，发挥宣传报道作用，并向利用者提供一定的科技档案线索。

三、科技档案检索工具及数据库举例

1. 案卷目录

案卷目录是以科技档案案卷为单位，依据科技档案整理结果和库存排架顺序编制而成的目录。案卷目录的主要作用是固定科技档案实体整理和排架的次序，并作为日常保管和统计的依据，便于从科技档案形成部门、时间或活动过程的角度来检索科技档案，案卷目录通常包括科技档案总目录、科技档案实体分类目录、底图目录、新型载体档案目录等。

2. 案卷文件目录

案卷文件目录也称为全引目录或综合目录，是在案卷目录的基础上，结合卷内文件目录的内容编制而成的，其作用与案卷目录基本相同，并且能够进一步揭示案卷内包含的文件。

3. 分类目录

分类目录是以反映科技档案主题内容的分类号为检索标志，按照档案分类体系，突破全宗界限和库存排架顺序而编制的目录。其作用主要是系统揭示科技档案部门以及地区、专业系统范围内档案机构所藏科技档案的主题内容，便于进行族性检索，是档案目录中心的一种常设检索工具。

4. 主题目录

主题目录是以反映科技档案主题内容的主题词作为检索标志，按照主题词的字顺打破全宗界限和库藏排列顺序而编制的目录。其作用主要是集中揭示档案部门以及地区、专业系统范围内档案机构所藏科技档案的主题内容，便于进行特性检索，也是档案目录中心的一种常设检索工具。

5. 专题目录

专题目录系统揭示科技档案中某个专题档案的目录，作为一种查检性检索工具，主要作用与分类目录基本一致，但揭示科技档案的内容可适当专深。

6. 人名目录和人名索引

人名目录是揭示库藏科技档案涉及的人名及其简要情况的目录，人名索引则是揭示库藏科技档案涉及的人名并指明人名所在案卷的档号、页码等出处，二者均为查检性检索工具。人名目录分为综合性人名目录和专题性人名目录。其中，综合性人名目录包括库藏科技档案所涉及的全部人名及其简要情况，专题性人名目录仅包括某种专题中所涉及的人名及其简要情况，如奖惩、科技项目责任者等，人名目录的作用是能够迅速准确地查找到涉及某人的档案，提供有关人物的信息，也可作为人事管理、科技管理的一种工具。人名索引也可分为综合性和专题性两种。人名索引只著录姓名、档号、页码等出处线索，不包括人的简要情况，其作用主要是帮助科技档案工作者或用户迅速查找到涉及某人的档案，因此人名索引通常作为一种辅助性检索工具用于扩大检索线索。

7. 指南

指南包括全宗指南、专题指南和档案馆指南，分别用来介绍包括科技档案在内的企事业单位档案、全宗中某个专题档案或科技档案馆档案的情况，属于报道性检索工具，一般采用文字叙述的形式。其作用是报道交流不同范围的科技档案信息，提供进一步查找的线索，同时，也有利于科技档案工作者熟悉科技档案的内容和成分，更好地从事各项业务管理工作。

8. 参考数据库

数据库是计算机检索系统的核心组成部分，根据数据库中字段、记录、文档的结构与特点，以及数据库的使用效果，检索系统中的数据库包括两种情况：参考数据库和源数据库。其中，参考数据库一般为传统检索工具数字化的结果，如案卷目录、分类目录、主题索引、指南等。参考数据库的数据结构较为简单，记录格式也比较固定，一般目的在于为利用者提供线索，为利用者获得科技档案提供指引。

9. 源数据库

源数据库是在科技档案存量数字化存储的基础上，将科技档案中有检索意义的档案资源进行加工处理形成的数字档案资源的集合。相较于参考数据库而言，其文档、记录的结构更为复杂，著录的字段更为多元，常见的源数据库有数值数据库、全文数据库、术语数据库、图样数据库、多媒体数据库等。源数据库不仅能使利用者对特定范围内的科技档案形成整体认识，更能直接将其所需要的档案信息提供出来。在计算机技术和网络技术的支撑下，源数据库更能满足科技档案在数量、表现形式、成套性等方面的管理需求和利用者在个性化、智能化、实时性、方便快捷等方面的利用需求。

四、科技档案检索系统设计的要求

为便于提供检索服务，基于一定馆藏可开发出多种检索工具及数据库，不同检索工具及数据库的特点和功能各不相同，为满足利用者多种检索需求，科技档案部门要将多种不同的、在功能上互补的检索工具或数据库有机组合，形成科技档案检索系统。一定意义上，一个档案部门的检索系统，标志着它能提供的全部检索途径，并直接影响整个检索系统的效率。因此无论企事业单位的档案部门，还是科技专业档案馆，都应建设一个科学合理的检索系统，提高整体的检索功能。一般而言，在不同档案部门，利用者需求不同，检索系统功能也不相同，但从整体上来看，检索系统应满足以下基本要求。

（1）检索系统需要由有一定数量的检索工具或数据库组合而成，一般而言单一的检索工具或数据库能提供的检索途径有限，满足检索需求也比较有限，而利用者的需求常常是多方面、多角度的，因此从数量上看检索系统要能够提供多种途径的检索。

（2）不同种类的检索工具要功能互补，检索系统的实质在于整体功能的齐全，因此并不能简单追求种类数量的多寡，而应着眼于功能齐全、互补，如检索系统应同时满足库藏性、查检性、报道性的检索需求，三者不可偏废，以追求总体检索功能的最优化。

（3）检索途径的设置要与利用需求相吻合，从理论上看，科技档案著录时的每一种内容特征和形式特征都可作为一种检索途径，然而事实上并没有必要这样做，因为有些项目并不具有检索意义，科技档案机构设置的检索途径，应从用户需求分析出发。

课后思考题

1. 什么是科技档案检索？它的原理和作用是什么？
2. 简述科技档案检索体系的构成和要求。
3. 说明科技档案检索语言的概念、作用和特点。
4. 简述《中国档案分类法》的编制原则与体系结构。
5. 简述《中国档案主题词表》的选词原则、范围和体系结构。
6. 简述科技档案著录规则。
7. 科技档案标引主要分为几个环节？简述每个环节的内容。

第十五章

科技档案编研

本章内容概要：科技档案编研是科技档案信息资源开发利用的核心内容之一。本章对科技档案编研进行界定，并从存真性、适用性、最优化和合法性四个方面提出要求。一部完整的科技档案编研成品一般分为主体结构和辅助结构两部分，为保证编研成品的科学性和可用性，需要按照选题、制定编研方案、选材、加工/编排与编写、审校与批准的流程进行。

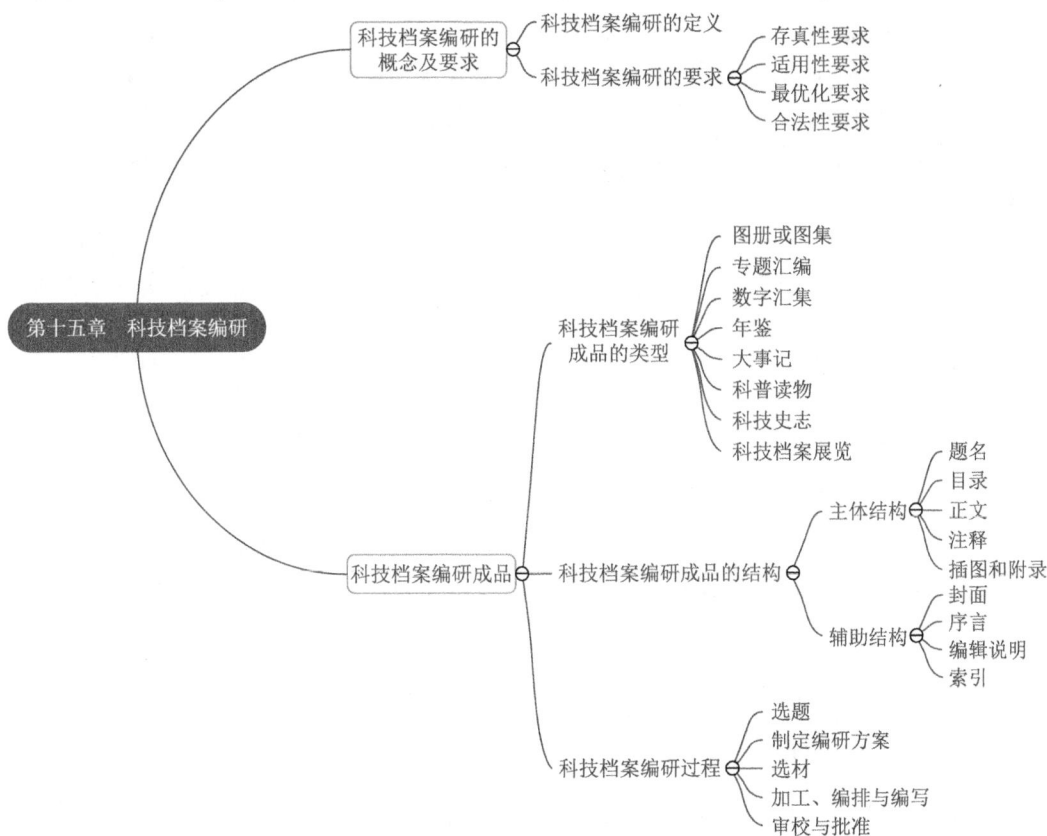

- 第十五章 科技档案编研
  - 科技档案编研的概念及要求
    - 科技档案编研的定义
    - 科技档案编研的要求
      - 存真性要求
      - 适用性要求
      - 最优化要求
      - 合法性要求
  - 科技档案编研成品
    - 科技档案编研成品的类型
      - 图册或图集
      - 专题汇编
      - 数字汇集
      - 年鉴
      - 大事记
      - 科普读物
      - 科技史志
      - 科技档案展览
    - 科技档案编研成品的结构
      - 主体结构
        - 题名
        - 目录
        - 正文
        - 注释
        - 插图和附录
      - 辅助结构
        - 封面
        - 序言
        - 编辑说明
        - 索引
    - 科技档案编研过程
      - 选题
      - 制定编研方案
      - 选材
      - 加工、编排与编写
      - 审校与批准

第一节 科技档案编研的概念及要求

一、科技档案编研的定义

科技档案编研，是指根据客观需要，对科技档案信息进行选择、集中、分析、研究，并将它们加工成具有一定主题、不同形式的编研成品的过程。科技档案的编研是以利用者需求为出发点，以科技档案信息为原材料，通过对科技档案信息的不断加工和创造，为利用者提供服务、不断满足利用者需求的一项业务活动，也是科技档案信息资源开发利用的核心内容。

首先，科技档案编研以科技档案信息为研究对象，这是科技档案编研工作与其他类型信息编研、开发相区别的主要依据，决定了科技档案编研工作在内容、原则和方法上的特殊之处。

其次，科技档案编研是面向利用者需求进行的一种主动开发，为此档案工作者一方面要开拓视野，主动了解利用者，把握利用者需求（包括潜在需求），要具有一定的预见性和前瞻性，另一方面要深入档案资源，把握所拥有的科技档案及其内容、成分、结构、价值、密级等方面的实际情况，掌握相关现代信息技术并将其应用于编研工作，只有向内、向外双重"发力"，才能使编研成品满足利用者需求，彰显编研工作的价值，实现编研工作的可持续发展。

再次，从编研工作的流程来看，"研究"贯穿于编研的整个流程，无论对原材料的收集、选择、分析，还是形成成品过程中对档案信息进行的整合与编排，无不体现"研究"的实质，信息加工则是它的表现形式，没有信息研究，信息加工也就无从谈起，二者相辅相成。

最后，从编研成果来看，编研成品凝结了大量科技档案信息中的精华，不仅增强了科技档案信息密度，还在保护相关权益人应有权益的前提下拓展了科技档案信息的利用空间，克服科技档案原件在利用范围方面的一些限制，实现了科技档案信息的增值，是提供利用的高级形式。

二、科技档案编研的要求

科技档案编研扩展了科技档案利用范围，满足了更广泛的社会需求，是科技档案工作中的重要一环，为保证科技档案编研工作的质量和效益，在编研工作中应注意以下几点要求。

（一）存真性要求

存真性要求是科技档案编研中的首要要求，编研成品的权威性与可靠性，是科技档案编研工作的生命，是编研工作的价值基础，没有权威性与可靠性作保障，科技档案编研不仅不具有任何的社会效益和经济效益，反而可能会因信息不真、数据不全对社会实践造成重大损失。因此从原材料选材到加工、编排的整个过程都必须要满足存真性要求。

首先，科技档案是科技、生产活动的记录与反映，但由于一项科技活动跨时较长，涉及主体众多，情况较为复杂，可能会导致所获取的档案信息存在偏差，因此编研工作取材时，一定要对所获取的信息进行反复核实、分析，任何疑惑务必要反复查证，从"入口"处确保信息的真实性。

其次，在信息加工过程中，要特别注意尊重科技档案的原始性，维护其真实性，使用专业的编研技术、方法和流程，如确实有必要修改或补充相关内容应进行多方查证，要注意选择编研成品的类型和传播形式，尤其是电子编研成品要注意确保在传播过程中档案信息不发生变化，防止以讹传讹。

（二）适用性要求

科技档案编研是面向利用者需求的，编研成品的主题、内容、结构、形式适应利用者的多元需求，是编研成品存在的价值基础，许多档案工作者"抱怨"档案部门在编研上下了很大功夫却得不到利用者的认可，其中一个最为重要的原因是这些编研成品与利用者需要匹配度不高。

首先，要求档案工作者要在对库藏档案全面、细致把握的基础上，及时掌握利用者需求及动态，根据一定规模的客观需求确定编研成品的主题和体系形式，确保编研工作是"从需求中来，到需求中去"。

其次，根据利用者的信息素养水平决定信息加工的形式和深度，确保编研成品是用户所需，能为用户所用。

最后，编研成品的内容要能够反映特定主题的先进性、实用性，反映特定领域的新技术和新成就，以便赢得利用者的信赖，在社会实践中发挥应有的作用，达到投入与编研成品利用之间的最佳平衡，保持编研工作的可持续性发展。

（三）最优化要求

最优化要求强调的是通过对编研信息的优选和编研方法的优化，提供高质量科技档案信息和信息服务。一方面要求科技档案信息是最优选择的结果，由于每一编研成品的目的和主题不尽相同，信息优化选择的标准也就不同。例如，为决策服务的编研成品，其信息要注重典型性和多样性；为内部使用的编研成品，其信息更注重稀缺性和新颖性。另一方面要求信息加工方法的最优化，科技档案信息加工方法多样，如提炼、浓缩、复制、改编、转化等，不同的加工方法会使科技档案信息呈现出各自不同的变化，如专业性、凝练程度等。科技档案工作者需要根据利用者的实际情况选择最优的加工方法。

（四）合法性要求

科技档案编研是档案部门将其所保存的科技档案信息予以公布和提供利用的一项工作。从选题、加工到成果发布、传播，不免会涉及一些技术、经济等方面的问题，科技档案编研要遵守《中华人民共和国档案法》《中华人民共和国保守国家秘密法》《中华人民共和国专利法》《中华人民共和国知识产权法》等法律法规的要求。一方面，编研人员可依法享有法律赋予的相关权利，如根据《中华人民共和国著作权法》的相关规定，科技档案编研成品为编辑作品，其编研人员应享有部分著作权。另一方面，编研人员在行使著作权时不得侵犯原作品的著作权，应尊重原作者的精神劳动，主动处理好与原作者的关系，如应事先告知档案原作者准备开发科技档案的内容或目的，必要时还需要征得他们的同意，未与原作者商议不得擅自对科技档案原文进行实质性修改，并应以一定的形式对档案的形成者表示尊重和感谢。

第二节　科技档案编研成品

一、科技档案编研成品的类型

科技档案编研成品是编研工作成果的总称，是指经过加工、处理后所形成的科技档案信息产品。由于科技档案内容丰富，不同利用者的利用目的和需求不同，科技档案编研成品也呈现出多样化的特点。根据编研成品的加工深度不同，科技档案编研成品可分为汇编型、文摘型和编纂型三类。其中，汇编型成品是根据一定的专题，选取科技档案并加以复制、注释、编排、汇集而成的科技档案汇编，汇编型成品有两个特点：一是不改变科技档案原文、原图及数字内容，是科技档案的复制品，可以替代科技档案原件使用，二是按专题汇总并经过系统编排和注释，便于用户按专题查阅科技档案，研究某特定问题，汇编型成品是最基础的编研成品。文摘型成品是按照一定的专题对科技档案内容加以摘录、整理、编辑而成的，其特点是摘取科技档案原件中的"精华"，在忠于科技档案原件内容的基础上变换形式，以更为浓缩、更为精炼的形式呈现科技档案内容，比汇编成品的加工程度更深。编纂型成品是利用科技档案进行再创造的成果，是编研工作中的最高层次，与前两个层次的不同之处在于编纂型成品是将科技档案仅作为素材来使用，重在研究而不是进行简单的加工，提供的不是仍保留科技档案形态的一般编研成品，而是新的知识成品。根据科技档案自身特点及利用者的利用需求，常见的科技档案编研成品主要有以下几种。

1. 图册或图集

图册或图集是以各种各样专业图样（如设计图、示意图等）为主体配以必要的数据和文字说明而形成的汇编成品，集中揭示科技图纸信息，具有直观性和实用性的特点，能够直观反映相关产品、设备或工程项目的技术、经济特征，为利用者从事科技生产活动及其管理工作提供依据。

2. 专题汇编

专题汇编是针对某一特定主题，选择相关科技档案，将全文或科技档案中的精华，经过加工、转化而成的（如手册、简介等），专题汇编主题多样，视需而定，档案来源广泛，能发挥多方面的作用，如全面反映某特定主题科技活动的发展历程，总结特定主题科技活动的经验和问题，为优化特定领域科技活动及其管理提供支撑。例如，某研究院针对科研工作定期内刊《专题调研》，既是一种科技档案编研成果，也可视为一种与科技档案编研相结合的情报研究成果。该刊从选题、资料收集、分析研究，直到最终的定稿、校对和出版，都以本单位的科技档案为基础。该刊所载内容，围绕本单位的科研工作，能够为一线科研提供重要的信息支持，是该研究院重要的信息流通平台（王斌等，2019）。

3. 数字汇集

数字汇集是以数字的形式反映某一方面或某一范围基本情况的汇编，常称为统计数字汇集或基础数字汇集，从内容上看，汇集数字可分为企事业单位的、地区的和专业系统的三类。从时间上看，可分为一年的和多年的两类。从综合性上看，可分为专题性的和综合性的两类。

4. 年鉴

年鉴是逐年编纂并连续地反映某一地区、某一专业或某一单位一年内重要科技生产活动和科技成就的资料性工具书，年鉴具有资料性、权威性、时间性、连续性等特点，能够集中持续地反映一年中各方面的基本情况和事件，为科技活动及管理提供翔实的科技档案信息，具有较高价值。年鉴主要收录所针对年度内形成的科技档案，一年一编，在内容上能够保持相互联系、持续地反映特定对象的历史面貌。

5. 大事记

大事记是按照时间顺序简要记载一定历史时期内重要科技活动和重大科技事件的编纂型成品，大事记具有简洁、准确、时序性强的特点，一般只客观记载大事、要事，如实反映特定范围的科技内容而不做述评。大事记的每一条内容严格按时间顺序编排，时间既是大事记的编排依据，又是查找线索，常见的大事记有综合性大事记也有专题性大事记。

6. 科普读物

科技档案中蕴藏了丰富的科学知识和科技信息，将此挖掘出来，编印成科普读物，向社会介绍、推广会产生良好的社会效益，科普读物具有知识性、趣味性、普及性的特点。编撰科普读物，所选择的科技档案以科研档案、自然现象观测档案居多。

7. 科技史志

科技史志是根据有关科技档案及其编研成品撰写的，反映一定历史时期，某地区、某专业、某单位或某项科技活动的历史面貌及其发展规律的编研成品，科技史志具有概括性，以系统阐述科技发展规律为目的，具有历史研究和现实指导意义，从内容上看，科技史志也具有综合性和专业性之分。

8. 科技档案展览

科技档案展览是指围绕特定主题，利用各种形式的科技档案布置而成的档案陈列，举办科技档案展览，能够充分利用科技档案库藏，发挥科技档案内容与形式叠加的综合信息优势，强化了观众的亲身参与感，传播效果突出，是科技档案编研成品的特殊形式，主要包括企业面貌展、科技成果推广展、科技人物展等。其中，企业面貌展是许多单位利用历史照片、录像、实物档案等举办的反映企业发展历程的展览，能够起到对内教育员工、对外宣传企业文化，树立企业形象的双重作用。科技成果推广展是将所属单位的科技成果档案（如获奖证书、科技成果的实物照片、媒体的有关报道等）制作成展板，集中展示科技成果，能够起到重要的宣传、评价作用。

二、科技档案编研成品的结构

一部完整的科技档案编研成品一般分为主体结构和辅助结构两部分，其中主体结构包括题名、目录、正文、注释、插图和附录等，辅助结构包括封面、序言、编辑说明、索引等。这两部分通过合理编排，按照一定逻辑顺序有机结合，共同构成科技档案编研成品。

（一）主体结构

1. 题名

题名用于概括科技档案编研成品的主题或其中部分正文的主题，因此有总题名和正文章节题名之分，题名既是利用者利用信息的向导，又是编排目录的依据，因此题名应该能够完整、准确地揭示编研成品或部分正文的主题，文字表达应简明扼要，避免冗长。

2. 目录

目录是反映编研成品各部分主要内容，固定其排列顺序的一种工具，目录主要由三部分构成，即顺序号、章节题名、页码。目录能帮助利用者快速了解编研成品的基本内容，为查阅科技档案信息提供线索。

3. 正文

正文是科技档案编研成品的主体，是将经过选择和加工所形成的科技档案信息单元，按照一定的体例进行组织和编排，成为具有某种逻辑关系的科技档案信息体系。常见的正文编排体例有按时间、地理位置、系列、规格、结构、性能、专业、专题、问题等顺序编排。

4. 注释

注释是对正文中某些内容和加工情况所做的文字说明，可以帮助用户了解正文的加工情况，从而更准确、客观地理解并加以利用。同时也体现出编研工作的严肃性和内容的可信性。

5. 插图和附录

插图是与编研成品的正文信息形式不同的图样、表格、照片等，附录是为了帮助利用者理解编研成品而另外选编的其他相关文献，二者的作用都是帮助利用者加深对编研成品内容的理解，从编排上看，插图一般编排在正文中的相应位置，附录则编排在正文之后。

（二）辅助结构

1. 封面

封面反映编研成品的总题名、编辑出版单位、时间、使用范围、机密等级等内容，不仅对编研成品实体起到保护作用，还能够醒目地介绍编研成品的主要内容和有关事项，方便用户选择使用。

2. 序言

序言是位于正文之前的评述性文章，一般包括编研成品的目的、意义、编研成品设计的背景以及客观评价等。

3. 编辑说明

编辑说明是位于正文之前的介绍性文章，包括编研成品选材来源、内容范围、完整准确程度、选材依据、选材标准等；编研成品正文的编排体例、加工方法、统一使用的符号；承担主编与分工协作的单位、人员名单等。

4. 索引

索引是以编研成品中具有检索意义的信息内容为对象编制而成的辅助性检索工具，可帮助利用者快速、多角度、多途径地查找利用编研成品，编研成品可视需要编制一种或多种索引，常用的有主题索引、人名索引、地名索引等。

三、科技档案编研过程

科技档案编研是一项专业性、研究性较强的工作，为保证编研成品的科学性和可用性，需要按照选题、制定编研方案、选材、加工/编排与编写、审校与批准的流程进行。

（一）选题

科技档案编研是科技档案信息资源开发的重要内容，选题是否合适不仅关系到整个编研成品的质量也关系到整个开发工作的效益，编研工作选题时要考虑的经济建设和科技发展的客观需要、库藏科技档案的基础以及档案部门的自身条件，概括来讲就是要将必要性、可行性结合起来确定选题。

从经济建设和科技发展的客观需要来看，选题要将当前现实需要和今后长期发展需要相结合，即将当前科技生产活动及管理工作的需要与今后长远需要相结合；要将满足高层管理人员需要与基层管理人员、科技人员的需要相结合，以满足不同主体在实践活动中的需要；要将特殊、临时需要与系统、长期需要相结合。

从库藏科技档案的基础来看，编研工作要具有充分的信息基础，确定的选题一定要有充足的、高质量的科技档案为保障，再辅以其他信息源。

从科技档案部门的自身条件尤其是人员条件来看，由于各行各业对科技档案编研成果的需求越来越高，档案工作者不仅要具备较高的档案专业素养，还应熟悉本行业知识，具备一定的文字表达能力和信息素养，具有发散性、开创性思维，对本单位、本行业的实际情况和发展趋势有预测力与判断力，以其独特领悟力去确定有研究价值的选题。由于科技档案的专业性强，不少编研工作仅由档案工作者是不太可能完成的，必要时需要专业人员、工程技术人员参与。

（二）制定编研方案

编研方案是对整个编研工作的全面安排，是系统性的计划纲要，是保证编研工作有序进行的重要措施。编研方案的基本内容主要包括：编研主题、目的和要求；编研的内容范围，即编研用科技档案所涉及的内容和时间范畴；编研成品的服务对象；编研成品的结构、体例；编研工作的时间安排和工作步骤；编研人员的组织分工等。

为保证编研方案的实践指导作用，编研方案应经全体编写人员充分讨论后确定，对其中的各项内容要形成统一认识，以便得到贯彻执行，必要时还应广泛征得有关领导和科技人员的意见，另外还应注意编研实践工作的发展变化，必要时及时调整编研方案。

（三）选材

选材就是选取与选题相关的科技档案和相关信息。选材的总原则是所选之材与选题一致，满足真实性、多样性。一致性就是要切题，既要避免重要档案的遗漏，又要避免重复。真实性就是选用的科技档案必须经过严格的审查、核实，确保真实无误。多样性就是选材类型要多样，在以科技档案为主的前提下，也可适当选择有关科技情报、科技资料予以补充。一般选材可分为初选、复选、定选三个步骤。

科技档案编研成品类型不同，选材的要求也不同，如汇编工作需要选用科技档案的全文、全图，选好之后要进行复制，并用复制件进行编排；摘编工作是从科技档案中摘录有关内容，要求内容更加精炼；编纂工作是从科技档案及相关信息中广泛选择并加以整合。

（四）加工、编排与编写

加工、编排与编写主要是对入选的科技档案信息进行加工组织，形成编研成品的正文。其中，加工是在科技档案信息研究的基础上，一般通过考订、选录、摘要、复制、绘制等方式对科技档案信息进行优化，对文字、符号、图形进行标准化处理，对难以理解的信息加以注释，形成基本的信息单元。

编排是按照确定的体例对加工而成的科技档案信息单元进行系统化的组织编排，编研成品的体例形式直接影响编研成品的系统性和使用效果，比较适宜的体例形式有按照时间顺序组织的，如企业年鉴、科技史料等；有按照规格、性能组织编排的，如图册或图集；有按照生产能力或建设规模组织编排的；有按照地区特征组织编排的；还有按照专业性质、技术水平、重要程度等特征编排而成的。

编写是编纂型成品特有的工作内容，就是以已经选出来的、并经过考订的科技档案为素材，按照一定的规则创造出新的知识产品的过程。

（五）审校与批准

审校分为初审和终审，初审一般与科技档案信息加工相结合，主要是编研人员自行对编研初稿进行的全面审查，审查内容包括选材是否得当、信息是否准确、体例是否科学、编排是否可行、文字/符号/图形是否有误。终审应当委托专业技术部门的负责人或相关专家完成。审定还涉及对编研成品的传播方式，如版式、印刷方式、印刷数量、发放范围、发放方式等问题的认可。

课后思考题

1. 简述科技档案编研的定义与要求。
2. 常见的科技档案编研成品主要有哪几种？
3. 简述科技档案编研成品的结构。
4. 简述科技档案编研过程。

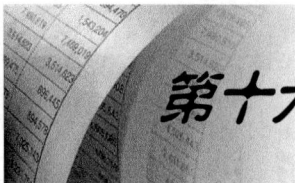

第十六章

科技档案提供利用

本章内容概要： 提供利用是科技档案工作的"重要窗口"。本章对科技档案提供利用的概念和特点进行概括，提出了科技档案提供利用的主动性、时效性、社会性、安全性、针对性、易用性和多样性的基本要求与注意事项，将科技档案提供利用形式划分为基于科技档案原件的提供利用和基于科技档案信息及知识的提供利用，介绍了信息需求的层次、信息需求理论和利用者的信息行为及规律，得出了科技档案提供利用与服务呈现出了移动化、智能化和线上线下融合的发展趋势。

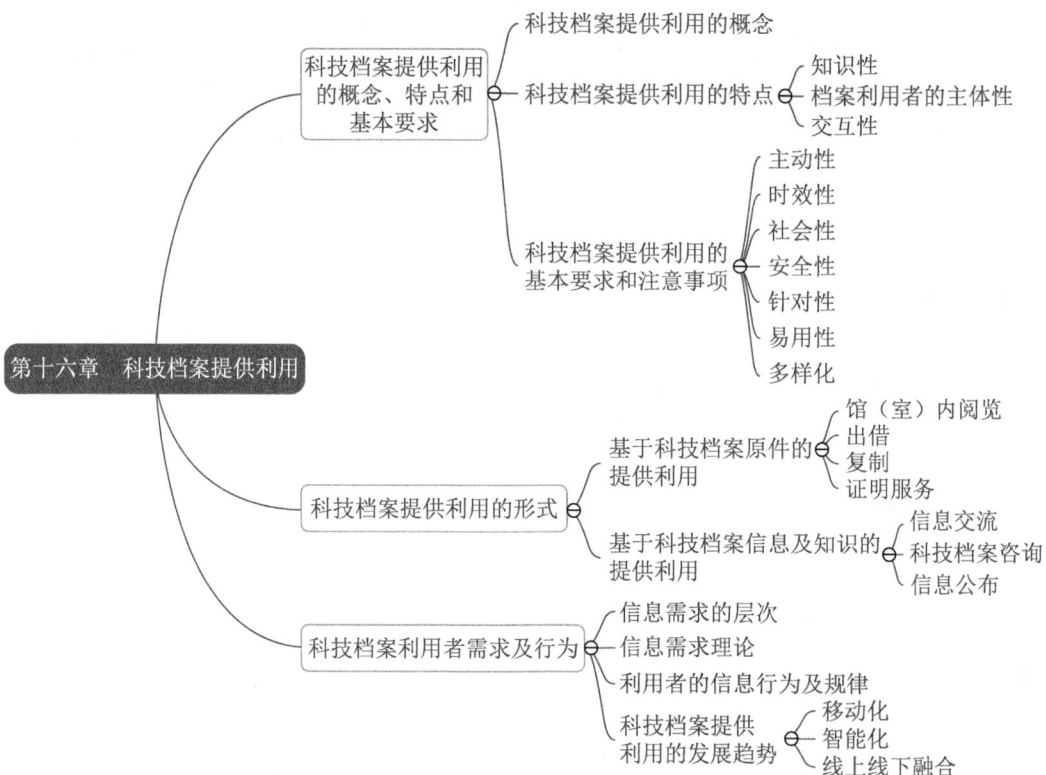

```
                                            ┌── 科技档案提供利用的概念
                   ┌── 科技档案提供利用                              ┌── 知识性
                   │   的概念、特点和    ──┤── 科技档案提供利用的特点 ──┤── 档案利用者的主体性
                   │     基本要求                                   └── 交互性
                   │                                           ┌── 主动性
                   │                                           ├── 时效性
                   │                                           ├── 社会性
                   │                   ┌── 科技档案提供利用的    ──┼── 安全性
                   │                   │   基本要求和注意事项       ├── 针对性
                   │                                           ├── 易用性
 第十六章  科技档案提供利用 ┤                                           └── 多样化
                   │
                   │                                                 ┌── 馆（室）内阅览
                   │                   ┌── 基于科技档案原件的        ──┤── 出借
                   │                   │   提供利用                   ├── 复制
                   ├── 科技档案提供利用的形式 ┤                           └── 证明服务
                   │                   │                             ┌── 信息交流
                   │                   └── 基于科技档案信息及知识的  ──┤── 科技档案咨询
                   │                       提供利用                   └── 信息公布
                   │                                   ┌── 信息需求的层次
                   │                                   ├── 信息需求理论
                   └── 科技档案利用者需求及行为 ──┤── 利用者的信息行为及规律
                                                       ┌── 移动化
                                       ┌── 科技档案提供  ──┤── 智能化
                                       └── 利用的发展趋势   └── 线上线下融合
```

第一节　科技档案提供利用的概念、特点和基本要求

一、科技档案提供利用的概念

科技档案提供利用是科技档案管理的出发点和归宿，在科技档案管理活动中，档案工作者通过收集、征集、鉴定、存储、建设检索系统、开发编研成品等一系列活动将形成于科技活动中的科技档案加工处理，成为便于利用者利用的多种形式，而科技档案提供利用是指采用多种有效的方式，将科技档案及其信息成品，及时、准确地提供给利用者，以满足利用者多种需求的过程。

在科技档案提供利用过程中，科技档案及其信息产品、档案利用者、提供利用的方式是三个关键要素，对于档案工作者而言，为保证档案提供利用的有效性，首先需要熟悉库藏档案的内容和成分，了解科技活动及流程，掌握利用者对档案信息的需求，这样才能使提供利用工作有的放矢，才能保证档案利用服务的效果。其次通过档案咨询、交流等方式，把整理、开发出来的科技档案及其信息产品提供给利用者，使其满足利用者需要，将合适的档案资源在合适的时间以合适的方式提供给合适的人，彰显科技档案的价值。

科技档案资源开发利用的主体是由档案工作者与利用者共同组成的，两个主体充分沟通不可忽视任何其一，通过提供利用工作，档案工作者的主动性、服务性得以体现，档案利用者的需求得以满足，档案价值由"潜在"转变成"显性"，可以说，提供利用是连接、沟通科技档案工作者和利用者之间的桥梁。

二、科技档案提供利用的特点

提供利用是科技档案工作中最为"活跃"的一环，其特点主要体现在以下方面。

1. 知识性

科技档案提供利用的知识性是由科技活动的专业性和科技档案内容的知识性决定的。一方面，档案工作人员要具有较高的专业素质和知识水平，能够根据利用者需求作出判断，优化提供利用的内容和形式；另一方面，科技档案利用者往往也都具有相应的知识储备，只有当利用者本身的知识和所提供的知识相匹配时才能更为有效地利用科技档案。

2. 档案利用者的主体性

在科技档案提供利用过程中，利用者并不是被动的接受者，而是重要主体，甚至是主导。但由于档案利用者的信息需求存在较多层次，尤其是大量潜在需求不易被明确表达，档案提供利用者需要与档案利用者进行充分的交流沟通，了解其现实需求，才能进行有效的提供利用。

3. 交互性

交互性主要是指档案工作者与档案利用者之间的交互性，档案提供利用是一种面向利用者动态、个性化需求而提供利用的工作，由于利用者需求多样且充满许多不确定因素，可能会随时发生变化，档案工作者要随时关注、充分了解利用者需求及动态变化，不断为其提供智能化、个性化的服务，因此档案提供利用中需要利用者高度参与，甚至由利用者自发驱动，如在 Web2.0 环境下，利用者不仅要接受专业部门提供的服务，还能够将自己制作而成的内容通过网络与更多的利用者共享。

三、科技档案提供利用的基本要求和注意事项

为确保科技档案提供利用的科学有效性，需要注意以下几点要求。

（一）主动性

存储在科技档案中的信息资源内容广泛，门类丰富，堪称"宝藏"，但这些"宝藏"若仅靠档案利用者到档案部门提出需求再提供利用会极大地限制科技档案作用的发挥，档案工作者应改变"等利用者来用"的思维模式，确立"为档案找用户"的观念，变被动为主动。为此，档案工作者需抓住科技活动中信息需求量大的特点，主动提供服务，采取各种方法、技术和手段，将蕴藏在科技档案中的静态信息与生产力各要素紧密结合，转化为现实生产力。为了主动提供利用，档案工作者一方面需要熟悉库藏科技档案的种类、内容和成分，将库藏科技档案与利用需求衔接起来，对哪些科技档案能够在哪些科技活动中提供参考和依据，做到心中有数，另一方面要了解并掌握科技档案利用需求的规律和特点，能够根据不同人员的不同需求，主动提供服务。

（二）时效性

时效性也就是及时有效，科技档案提供利用需要在特定的时间范围内才会发挥效用，过早或过晚都会导致提供利用的价值大打折扣，因此时效性在科技档案提供利用中非常重要。科技档案作为一种信息资源，如果只是"静置"在档案部门就会失去价值，并且对于大多数科技活动而言，时间就是生命，时间就意味着机会和效益，在决策、研发、生产、经营等活动中及时得到科技档案资源就意味着赢得竞争和发展的优势，为保证时效性，档案工作者除要把握科技档案的种类、内容、特点及用户需求外，还要熟悉各种科技活动及业务工作流程，以便科学预测及时满足利用需求。

（三）社会性

科技档案不仅能够满足形成科技档案的科技活动的需要，也能对形成活动之外的其

他社会活动（如其他科技活动、行政管理、文化、教育、宣传等）产生参考、研究价值。因此档案信息的利用者可能是档案形成者（个人或组织机构），也可能是形成者之外的其他主体。科技档案提供利用的社会性，是指科技档案提供利用是面向广大社会成员的。科技信息是现代社会的一种战略性资源，而科技档案信息是科技信息中独特且重要的一部分，不仅对形成者有用，对其他社会主体也有重要作用，科技档案在对外提供利用时还会为自身带来较好的经济效益和社会效益，从某种意义上来说，社会化程度也是衡量科技档案提供利用水平的重要标志。

（四）安全性

安全性主要指在提供利用过程中科技档案的实体安全和信息内容安全。实体安全是指在科技档案提供利用过程中，无论在档案部门内部利用还是被借出档案部门之外都应该通过建设并执行健全的利用制度，通过技防、人防等各种措施防止档案实体的破损、丢失，如重要档案尽量利用复制件代替原件提供利用，非必要不提供原件，档案阅览场所要提供良好的利用环境等。信息内容安全是由于科技档案在一定的时空范围内往往带有一定的机密性，因此在提供利用时要特别注意保护科技档案信息的安全，通过区别不同密级科技档案内容和不同档案利用者利用权限加以严格控制。首先对不同机密等级的科技档案要区别对待，如一般的科技档案可以提供阅览、借阅，而涉及技术、专利、产品配方等内容的档案则必须严格保管，只有具有利用权限的用户才能够查阅利用，其次，对不同的档案利用者也应该区别对待，科技档案信息的保密性是相对的，而不是绝对的，科技档案信息利用要控制在一定的范围内，档案密级越高，利用者范围越小，反之利用者范围越大。要保证科技档案信息安全，对不同级别的利用者区别对待，授予其不同权限，必须采取可行的措施，如制定并执行利用登记制度、奖惩制度等。

（五）针对性

满足特定用户在特定时间内的特定需求是提供利用工作的基本出发点，档案工作者要认真研究利用者的信息需求及变化，掌握利用者的利用习惯和特征，选择符合其需求的信息内容、载体、渠道，从而有针对性地提供利用。

（六）易用性

科技档案及其相关信息是否方便、易用在很大程度上影响了利用者的选择。对于利用者而言，利用档案必然要花费一定的成本，包括时间成本和资金成本，但如果利用档案本身过于复杂，甚至对其造成了额外的负担，利用者可能会比较排斥利用档案资源，档案价值就无法彰显，久而久之会导致恶性循环。因此，科技档案部门应尽最大的努力为利用者提供便利条件，确保利用者以最小的成本获得最大收益。

（七）多样化

多样化主要体现为服务方式和服务手段的多样化，这是由科技档案的特点和利用者信息需求的特点决定的。一方面，档案门类众多，载体复杂，另一方面档案利用者往往带有不同的利用需求和目的，多样的档案内容和多元的利用需求，必然要求多样化的提供利用工作与之相适应，主要体现在两个层次：一是提供方式的多样化，如出借、阅览、咨询等多种方式；二是提供利用内容的多样化，既包括档案信息也包括非档案信息，因为仅靠利用科技档案信息已不能满足利用者多样化的信息需求，档案部门应同图书情报以及其他信息部门密切配合，采取跟踪服务、定题服务等多种形式，把整合而成的信息提供给利用者。科技档案工作者既应该认识到科技档案信息是信息家族中重要的组成部分，真实性、准确性是其得天独厚的优势，又应该认识到科技档案信息必须与其他信息充分整合、综合利用，才能发挥其最大价值。

科技档案提供利用工作需要正确处理各种关系，才能保证科技档案提供利用的效果，尤其是利用和保密的关系。提供利用是科技档案工作的根本目的，维护科技档案的安全，特别是保守科技档案机密是科技档案提供利用乃至整个科技档案工作的基本原则之一，二者是辩证统一的关系。

首先，提供利用和保密之间存在一定的矛盾。科技档案的内容性质决定了其具有一定的机密性，一方面科技档案具有一定的经济性，科技档案产生于各种科技活动中，记录和反映了企事业单位的各种科技活动内容与成果，是自身科技实力的体现，各主体为在激烈的竞争中保持一定的优势，就需要合理使用和保护本单位、本地区的尖端技术和科技成果，就要适当地保守有关科技档案机密，避免泄露机密而损害本单位、行业或国家的利益。另一方面，科技档案具有一定的政治性，科技档案是国家财富的重要组成部分，其内容体现了国家利益，这一点在国家各类尖端技术生产研发部门和军事建设部门表现尤为突出，保守科技档案机密，在纷繁复杂的国际环境下尤为必要。

其次，科技档案提供利用和保密又是统一的。开发利用和维护科技档案安全、保守机密是党和国家赋予档案部门的两个不同方面的重要职能，都具有一定的政策性和科学性，二者之间是辩证统一的。一方面，科技档案的提供利用和保密都是相对的，提供利用是档案工作的根本目的，提供利用是否科学有效，直接影响科技档案工作的效益及其存在价值。另一方面，任何形式的提供利用都不是毫无限制的，都是需要一定的控制机制为保障的，维护科技档案安全、保守科技档案机密实际上是一种控制手段，本身也是开发利用工作的组成部分，科学的保密观念和保密措施对开发利用工作起着良好的促进和控制作用。

最后，科技档案提供利用和保密的政策性与科学性是一致的，因为二者的根本目的是一致的，因此在工作实践中需注意以下几点。一是正确划定保密的范围，保密不仅不能影响科技档案的正常利用，还应促进科技档案更为科学有效地利用。二是即便在保密范围内的科技档案也要开展一定的提供利用工作，保密不等于完全封闭，即使是密级最高的科技档案也总要在一定的范围内被利用，因此对于保密的科技档案必须依据其密级确定相应的利用范围以及需办理的相关手续。三是保密是有时间性的，科技档案的机密等级不是一成不变的，随着时间的推移和科学技术的不断发展，原定的密级会逐渐降低，甚至完全放开，科技档案机密的时间性要求档案部门及时做好科技档案利用范围的调整和利用手续的简化工作。四是如果仅是源于科技档案经济性而保密的档案，可通过有偿的方式，让受让方得到必要的经济补偿，当然这只局限在部分科技档案范围之内，有偿服务只是处理保密与利用关系的一种特殊形式。

第二节　科技档案提供利用的形式

科技档案利用者的目的、角度日渐多样，也必然要求有多种提供利用形式与之相契合，丰富提供利用的形式也是对档案工作者的必然要求。从总体上看，科技档案提供利用的形式主要可以划分为基于科技档案原件的提供利用和基于科技档案信息及知识的提供利用。

一、基于科技档案原件的提供利用

1. 馆（室）内阅览

馆（室）内阅览，是指档案部门开辟阅览室，针对利用者的需求，提供科技档案就地服务的方式，科技档案不仅具备原始性和客观性，还具有较强的专业性和经济性，这就使得科技档案实体的提供利用即便是在线利用方式比较方便的情况下，仍然是一种不可替代方式。馆（室）内阅览便于档案部门对利用者监督、指导，便于科技档案的安全和保护。馆（室）内阅览包括开架阅览和闭架阅览两种形式，开架阅览是档案部门开辟单独的开架阅览室，公开陈列部分科技档案供利用者查找利用，这种形式要特别注意，所陈列的科技档案不能涉及秘密事项，陈列的内容主题应该在一定时间内具有相对普遍的需求。闭架阅览是档案人员根据利用者提供的线索调出相关科技档案，供利用者使用，这种形式具有交互性、利用方便、可控制等优势，但对于不熟悉科技档案的利用者而言，却存在一定的盲目性，有时需反复调卷才能达到目的。

2. 出借

出借是指档案部门根据相关制度允许利用者通过办理一定的审批手续，将科技档案带回工作场所，利用一段时间后再按时归还的一种服务方式。出借的优点是允许利用者根据自己的习惯、不受时间限制，更有利于利用者进行深入研究，提高利用效果，但由于借出的科技档案远离档案人员视线，难以实行有效监督和控制，科技档案面临一定的安全风险。因此必须强化科技档案的安全保障措施，完善出借制度。

首先，建设并完善出借制度，出借制度的基本内容包括以下几个方面。第一是关于出借科技档案的范围，一般允许出借的科技档案应该是副本，且不涉及秘密，如有特殊需要须经领导批准，出借科技档案的内容范围应与借阅者的职务活动范围一致，对同一借阅者一次出借科技档案的数量应有具体限制，以保证其他借阅行为能够正常进行。第二是关于保护科技档案的义务，利用者必须爱护并妥善保管借出的科技档案，不得涂改、勾画或做其他任何标记，严禁将借出的科技档案带离工作场所，避免遗失或泄密，不得转借给他人，档案利用完毕后及时归还，总之利用者对借出科技档案及其信息的安全负有全部责任。第三是关于出借科技档案的手续，利用者必须持借阅证借阅科技档案，出借重要项目或关键性科技档案必须经过相关负责人批准，科技档案出入库要经过档案人员清点并将有关情况据实填写入档案的调卷记录卡。第四是认真清点借阅归还的科技档案，及时做好签收或注销的工作，这是科技档案出借的必要手续和控制重点，也是科技档案出入库管理的重要内容，清点检查归还的案卷不仅要检查其数量，还要检查档案实体的状况，如是否存在缺页、破损、勾画、涂抹等现象，一旦发现问题，应及时处置并按制度追究责任。

其次，建设并完善科技档案的催还续借与调离认可制度，催还续借是指当借出的科技档案将到归还日期时，档案部门应提醒借阅者归还，如确因工作需要，暂时不能归还者，应办理续借手续。调离认可是本单位人员离职的确认手续，档案部门应负责确认借出的科技档案是否已经全部归还，这是堵塞因人员流动可能造成的科技档案损失，维护信息安全的有效措施。科技档案是重要的战略资源，在一定时期内的利用需求较为集中，建立催还续借与调离认可制度，有利于加速科技档案周转，便于更多的利用者利用，同时也是保护科技档案完整、安全，规避散失、泄密等风险的有效措施。

最后，实施科技档案的"双卡制"，双卡是指科技档案借阅卡和科技档案案卷记录卡。科技档案借阅卡是用于证明持卡人利用科技档案的资格和权限，记录其案卷借阅情况，借阅卡的内容除持卡人姓名、所属单位、职务编号等信息外，还应包含所借档案号、案卷或文件名称、数量、密级、借阅日期、归还日期等信息。科技档案案卷记录卡也就是代卷卡，用于记录每个案卷的借调情况，案卷借出时作为案卷的替代品留在案卷的存放地点，能够直接反映案卷的去向，便于及时催还，对维护库藏秩序具有积极作用。

3. 复制

复制是档案部门按利用者的需求提供科技档案复制件，随着技术进步，科技档案复制手段不断丰富，复制成为一种经常性的服务工作。科技档案复制件内容与原件相同，能够实现部分原件的功能，并且方便利用，不受时空限制，减少对原件的使用，延长其寿命。在科技活动中适时提供复制件能避免重复设计，缩短研制时间，减少劳动投入，是档案部门参与科技活动的重要形式。复制一般面向内部员工，其他人员的复制要求必须经过严格的审批手续，如因合作需要提供复制件，应按协议或合同执行。

4. 证明服务

证明服务是档案部门制发档案证明的一种服务，一般是根据利用者的申请，为证实某种事实在档案中有无记载或如何记载，而摘抄或复制的书面证明材料，证明服务是发挥科技档案凭证作用的一种主要形式。证明服务是一项政策性、针对性和时效性很强的工作，科技档案部门必须严肃对待，及时办理，办好后须校对审核，加盖公章方可生效。档案证明服务既可以用于科技人员考核，也可用于解决科技生产活动中的一些纠纷，档案部门在进行证明服务时要注意两点：一是档案部门不是公证机构，更不是终审机构，不能越权；二是在摘抄时要以引用或节录科技档案原文为主，不可擅自对科技档案内容进行解释，以免影响证明的准确性和可靠性。

二、基于科技档案信息及知识的提供利用

1. 信息交流

信息交流是档案部门以科技档案信息产品作为交流媒介，以推介或交换的方式促进科技档案信息的社会传播，充分实现其价值的一种主动服务。

（1）科技档案信息推介。通过信息推介能够吸引利用者对科技档案信息的注意力，引导利用者将潜在的信息需求转化为实际的利用行动，其具体方式包括：发放宣传报道性科技档案编研成品，播放科技档案视频信息，通过网站、移动互联网等方式向利用者发送相关科技档案信息产品，举办科技档案专题讲座，定期举办专题报告或科技档案信息发布会，邀请相关专业的专家和档案信息开发人员介绍各领域或各专业科技成果及其科技档案资源，及时将最新的科技档案信息推送给利用者。

（2）科技档案信息交换。科技档案中记载了大量的经验和知识，利用科技档案信息能够给利用者带来一定的技术效益和经济效益，因此档案部门可根据交流客体所涉及的知识产权和可能创造的技术经济效益，提出科技档案信息对等交流的具体要求，如要求提供所掌握的相关科技信息以及该信息产品的利用反馈，要求对方提供相关信息技术或相关科技档案信息产品等。

（3）有偿提供科技的信息产品。涉及知识产权的科技档案信息交流，不仅要坚持对等交流，还应要求等值交换，如果对方不能提供等值的信息产品，或者单方面提出索取科技档案编研成品的要求，提供方可根据该信息产品应用的结果决定是否提供帮助，还可要求索取者提供一定的费用。

2. 科技档案咨询

科技档案咨询主要是指档案人员针对利用者的要求，以科技档案信息为依据，结合自己的知识、经验和技术向利用者提供专业信息或专业解决方案的个性化服务。档案咨询是针对咨询委托人需求而展开的，目前利用者需求主要有三种。

一是科技档案利用咨询，也就是档案人员针对利用者就科技档案检索、调卷等利用工作中遇到的困难和问题进行辅导或提供建议。由于科技档案内容复杂，检索专业性较强，利用者特别是不经常利用科技档案的人往往对科技档案利用方式不够了解，需要咨询科技档案工作人员。这类问题通常比较简单，咨询人员可凭借专业素养与工作经验对利用者进行辅导或当场解答利用者提出的要求。

二是科技档案信息咨询，即科技档案咨询人员针对利用者提出的专业信息要求，运用专业技术手段查找、分析相关科技档案信息，提供个性化科技档案信息服务，咨询结果表现为系统的科技档案信息。档案部门拥有得天独厚的档案信息优势，能够较好地胜任科技档案咨询服务。根据信息咨询的效果可进一步分为决策信息咨询、技术信息咨询和其他信息咨询。决策信息咨询是为领导和管理人员的决策活动提供综合性、战略性档

案信息，如档案部门根据科技信息或科技发展的趋势定期为决策部门提供相关专业科学技术发展动态、本单位科技状况分析等决策支持信息。技术信息咨询是指档案咨询人员利用丰富的专业知识和经验为咨询人提供系统的技术信息或相关信息发展的综述或述评，提供相关信息的研究报告等。由于科技档案的专业性和时效性较强，科技活动中科技人员需要了解相关新技术、新工艺、新材料、新产品、新设备、新流程的运用、开发情况，档案咨询人员以此为咨询目标，为委托人提供相关科技信息、可行性研究等咨询服务，也是目前较为常见的科技档案咨询方式。其他信息咨询是针对委托人提出的决策咨询和技术咨询以外的其他专业问题而提供的信息咨询。

三是科技档案业务咨询，是针对科技档案管理实践的需要，提供信息支撑、方案评估或业务指导等，业务咨询的委托人一般都是社会机构或组织，其咨询的目的是改善本单位的档案工作，提高档案管理的专业化水平，科技档案人员根据本单位业务实践和自身专业管理经验，就科技档案业务建设问题提供指导。

科技档案咨询服务目的、形式较为多样，但总体上看具有以下相同特点。一是知识性，科技档案咨询不是简单地提供科技档案信息，科技档案作为咨询工作中的"原料"需经过一定程度的加工并与咨询人员的专业经验或实践结合起来形成个性化咨询成果，科技档案咨询的实质是提供科技档案专业知识、专业技术和经验。二是综合性，利用者提出的咨询问题，一般都是自己难以解决的，科技档案咨询人员正是依托综合优势，掌握各专业知识及其现状与发展，利用自身综合优势，采取综合的方法，向委托者提供具有综合性、前瞻性或战略性的咨询建议。三是增值性，一方面咨询成果凝结着咨询人员创造性的智力劳动，另一方面咨询成果必须满足委托人的要求，在相关科技活动中能够明显改善现状、创造出可观的技术经济效益。四是成果的个性化，一方面科技档案咨询服务都是一对一的，需要解决的问题都是委托人根据自己的特殊情况提出来的，因此咨询问题是个性化的，另一方面咨询服务人员都是根据自身的专业优势，通过自己的方式与渠道收集、整理相关信息，在与委托人互动中不断调整，最终形成双方满意的个性咨询方案，因此咨询方案也是个性化的。

科技档案咨询信息服务的开展是咨询委托方与咨询承接方之间的互动行为，一个完整的咨询活动需要经过接受咨询、调查研究直至形成方案的过程。一是委托阶段，即委托单位的代表与科技档案咨询人员进行初步接洽，了解对方的情况与委托需求的具体内容，通过反复的交流，进一步明确委托咨询的问题，签订咨询协议或合同，建立咨询关系。二是调查研究阶段，即档案咨询人员在委托方的协助下，深入咨询单位，详细了解委托人面临的问题和要达到的目的，广泛听取各方面人员的意见和要求，收集相关信息，结合自己的经验进行分析研究。三是提供咨询方案阶段，即咨询人员针对诊断结果提供多个方案与委托方交流，共同确定咨询方案，进而形成咨询报告。

3. 信息公布

信息公布是指科技档案部门通过向本单位、本专业系统或整个社会公布科技档案及其编研成品信息，为用户提供服务的一种方式。信息公布对于扩大科技档案信息的辐射面，树立档案部门的良好形象有着重要的作用。其具体形式包括陈列展览、内部打印发放、印刷出版、媒体报道、目录交流等。信息公布服务的用户范围极广，甚至能扩展到整个社会，具有很强的开放性，是宣传功能最强的一种服务方式，公布的档案信息包括一次信息、二次信息、三次信息等多种形式，能满足各类用户需要，信息公布方式较为多样，能根据用户需要及其规律进行调整，比较灵活。

第三节　科技档案利用者需求及行为

　　科技档案利用者是指在科研、生产、管理以及日常业务活动中需要利用科技档案及相关信息的个人或团体。科技档案利用者的范围非常广泛，可以说一切社会成员或团体都是档案利用者或潜在利用者。在科技档案提供利用工作中，利用者处于整个流程的末端，但却是整个提供利用工作的归宿和动力，任何形式的提供利用都是为了满足利用者需求，提供利用的效率和质量也是通过利用者需求满足的角度来评价的。可以说离开利用者，提供利用服务就没有意义，科技档案资源的价值也就无法实现。

一、信息需求的层次

　　分析科技档案利用者的信息需求之前，需要先分析信息需要，信息需要是人们在实践活动中，为解决各种实际问题而产生的一种对信息的不满足感和需要感。信息需要在实践中表现为多个层次，如图 16-1 所示。在实践活动中人们因要解决各种实际问题而唤起了信息需要，这些需要为客观需要，有的需要并没有被利用者意识到，有的需要则被意识到，这是信息需要的第一次分层，它是由实际问题的复杂性和隐蔽性与人们的认识能力和实践条件的有限性之间的矛盾所决定的，只有被意识到的信息需求才能定义为信息需求。在所有被意识到的信息需求中，有的无法被利用者用文字、语言等形式表达出来，即"意会但未言传"，而有的信息需求被利用者以提问的方式表达出来，成为问题状态，这是信息需要的第二次分层，这与人们对拟解决问题的认识程度、问题的性质、利用者的表达能力等是密切相关的，其中意识到而未表达出来的信息需要称为潜在信息需求，意识到并表达出来的信息需要称为现实信息需求。利用者为满足现实信息需求，可能会选择面向信息服务机构提出需求，也可能会面向其他信息源寻求帮助，如同行同事等。其中把向信息服务机构提出的需求称为信息提问，这是信息需要的第三次分层。

　　事实上，用户的信息提问与其信息需求或信息需要也未必一致，也就是说，人们在工作或生活中产生客观信息需要时，未必能意识到，即使是意识到了，也未必能够将所有客观需要转换成现实需求，而在其现实需求中，向信息服务机构提出的信息提问往往只是其中的一部分，因此信息提问于信息需要而言，只是"冰山一角"。认识客观信息需要，意识到的信息需要、现实的信息需求和信息提问之间的差别非常重要，信息机构采集、加工各种信息并通过信息服务满足利用者需求时不能仅满足利用者的信息提问，还应有采取多种措施激发用户将未意识到的客观需要或潜在的信需要转化成信息提问。

```
                    ┌──────────────┐
                    │   客观信息需要   │
                    └──────┬───────┘
          ┌────────────────┴────────────────┐
   ┌──────┴────────┐              ┌──────────┴──────┐
   │ 未意识到的信息需要 │              │   意识到的信息需求   │
   └───────────────┘              └──────────┬──────┘
                          ┌─────────────────┴────────────────┐
                 ┌────────┴──────────┐        ┌──────────────┴─────┐
                 │ 潜在信息需求（未表达出） │        │   现实信息需求（表达出）  │
                 └───────────────────┘        └──────────┬─────────┘
                                     ┌─────────────────┴────────┐
                            ┌────────┴────────┐        ┌────────┴──────┐
                            │   信息服务机构    │        │   其他信息源    │
                            └────────┬────────┘        └───────────────┘
                                ┌────┴─────┐
                                │  信息提问  │
                                └──────────┘
```

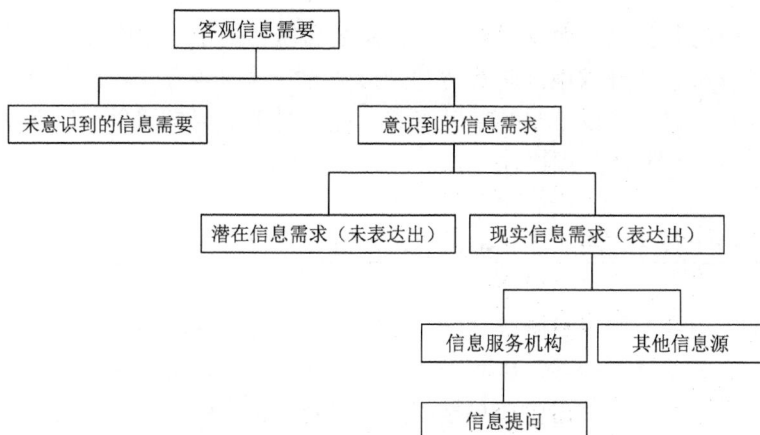

图 16-1　信息需求层次图

二、信息需求理论

信息需求理论对信息服务的重要指导价值早已被关注，并已提出多种研究观点和理论，其中意义构建理论和知识非常态理论等是认知范式下关于信息需求的基础理论。

1. 意义构建理论

意义构建理论（sense making）是美国学者德文（Dervin）于 1976 年提出的，并成为信息研究范式转变（以系统为中心转移到以用户为中心）的核心理论。意义构建理论指出要探寻利用者的信息需求，必须将研究定位于时空中的某一点，在当下、当时来探索利用者的需求。意义构建理论的基本概念是利用者的"两个面向"，即人是在两个面上前进的，第一个面向是人所处的情境，人总是在时间、空间两个维度中持续地从过去、现在走向未来，因而在某一瞬间，人一定是处于某一时间与空间点上。第二个面向是人在实体情境中移动的同时通过思考、计划等形式进行的意义构建。这种意义构建的能力并不受实体所处的定位的限制，不仅会超越时空的限制，也不会仅定位于一个点，而是动态变化的。人的这两个面向不会固定在同一位置上，当这两个面向不一致时，信息问题产生了。两个面向的不一致使人们无法继续前进，需要构建一些新概念，寻求信息服务的支持正是人们满足意义构建，以弥补断层的一种努力。

信息需求总是动态变化的，无法对某一个体的信息需求规律做出具体描述，只能在某个时空点上了解其信息需求状况，同时了解其所处的两个面向，并了解这两个面向的变化规律，只有这样才能真正实现对利用者当前信息需求的解释和对未来需求的预测。

2. 知识非常态理论

知识非常态理论（anomalous state of knowledge）是信息学认知观点形成历史中承上启下的重要理论，该理论提出者贝尔金（Belkin）认为利用者在查找信息的过程中，其自身的知识与欲寻求的信息之间存在鸿沟，导致人们不知道怎样去寻找，也不了解怎样描述自己的信息需求，这种状态称为知识"非常态"，利用者认识到自己存在知识的"非常态"，自己无法面对某种问题情境，也无法精确描述需要哪些知识和信息来解决这种"非常态"，因而产生信息需求，由信息服务人员帮助利用者描述、理解和解决知识的"非常态"，对信息需求的表达也就是对知识"非常态"的描述。

基于上述认识，知识非常态理论认为信息服务应着眼于促进信息提供者和信息利用者之间信息需求的有效沟通，因为"非常态"的存在，利用者无法精确表述自己的信息需求，所以不能单纯根据利用者表述或行为了解其需求，而是需要深入了解利用者所处情境，了解其面临的问题。

三、利用者的信息行为及规律

利用者的信息需求在一定条件下会转化为信息行为，信息行为是指利用者寻求所需信息时所表现出来的需求表达、信息获取、信息利用等行为。总体来看，利用者的信息行为存在以下规律。

（1）所需解决问题的重要性，或所需信息的价值大小是决定信息需求是否会转化为信息行为的根本原因。如果利用者所要解决的问题至关重要，某一信息能帮助其解决该问题，在信息源唯一的情况下，利用者便会向信息机构提出其需求。

（2）信息和信息服务的可获得性及易用性是决定利用者是否利用信息服务的最重要因素。可获得性是由信息源的物质载体、信息机构的地理位置、网络条件等因素共同决定的，是信息及信息服务是否方便获取和使用的属性，利用者对信息源或信息服务的选择，首先建立在可获得性的基础上。易用性主要指检索系统的易用性，正如穆尔斯（Mooers）定律指出的，"一个信息检索系统，对于用户来说，取得信息要比不取得信息更伤脑筋和麻烦的话，这个系统就不会得到利用"，利用者总是希望检索系统越便于利用越好，这也是省力法则的体现。

（3）利用者寻求信息的过程，首先是从个人的信息集合中查询，然后再转向非正规渠道取得同行的帮助，只有在这些方法不能达到其目的时才会考虑到信息机构。这主要是由易用性和可获得性导致的。然而一旦信息机构较好地满足了利用者的需求，当类似需求再次出现时，利用者会更愿意利用信息机构所提供的信息服务，这也是省力法则的一种体现，是一种自然培养的行为习惯。

（4）利用者既通过正规渠道也通过非正规渠道寻找所需信息，甚至对于许多人而言，非正规渠道被认为比正规渠道更重要，主要是由于可获得性和易用性以及用户习惯等，因此在信息服务中也占有重要位置。

（5）用户对信息服务要求的总趋势总是更快更新，这一方面是因为现代社会生活节奏加快，另一方面是因为社会经济和科学技术的迅速发展，信息老化不断加速，这就要求信息机构所提供的信息应当更快、更新。

（6）利用者在向信息机构寻求咨询服务时有两种现象，第一是利用者咨询提问时所表达的往往是他认为该机构能够提供给他的信息，而未必是他真正想要的信息，因此有时利用者倾向提出比实际信息需求更为一般化的提问。第二是利用者用文字提问，比直接用口语咨询，更能准确地表达其信息需求。针对这两种现象，信息服务人员在提供信息服务时首先应该帮助利用者了解信息系统的特性和功能，仔细揣摩利用者未表达出的信息需求。

四、科技档案提供利用的发展趋势

在科学技术和社会经济、文化发展等综合因素的作用下，作为信息服务的一个重要分支，科技档案提供利用与服务也呈现出一些新的发展趋势。

（一）移动化

随着智能手机等移动终端设备的普及，第四代移动通信技术（the fourth generation mobile communication technology，4G）以及第五代移动通信技术（the fifth generation mobile communication technology，5G）的推广，改变了人们接入网络和利用网络的方式，使得网络信息服务向移动信息服务延伸，也使得科技档案服务呈现了一些新的特征。表现之一为泛在性，智能手机等移动终端硬件和软件功能的拓展以及移动通信技术的进步，移动互联网在科技活动中的作用越来越重要，移动服务突破了时间和空间的限制，可以随时随地响应利用者需求。表现之二为个性化，移动互联网能够提供大量的服务或移动应用（application，APP），这些服务和应用可以根据利用者喜好，以个性化的方式提供服务，并可以通过地理信息定位、身份识别、档案利用记录等方式了解利用者需求，对应用的功能和内容进行更为个性化的定制。表现之三为灵活性，移动终端设备本身较为便携，用户可以灵活地通过移动终端设备进行信息交流而不受时间、空间的限制。发展和完善移动服务将成为档案提供利用中越来越重要的一个领域。

（二）智能化

随着以云、大、物、智、移为代表的新一代信息技术的崛起，科技档案提供利用工作也开始朝着智能化方向发展，这是利用者需求使然，也是信息技术发展的必然结果。科技档案服务的智能化是利用大数据分析，根据利用者的专业领域、行为习惯、需求偏好等因素，创造性地为利用者提供更为优化的档案服务，其特点之一是能够针对不同的利用者需求提供个性化服务；二是能够发现潜在利用者并预测利用者的潜在需求，主动提供服务；三是在服务过程中，服务系统能够自我学习，并不断调整和优化，以更有效地适应利用者需求的变化。科技档案的智能化服务主要包括档案资源组织的智能化、提供利用方式的智能化以及信息服务内容的智能化。档案资源组织的智能化要求根据利用者及其需求的特点，建立动态知识体系，实现信息的自动采集、更新和处理，以形成符合利用者需求的信息和知识。提供利用方式的智能化主要表现在根据利用者特点和应用场景，自动选择服务方式，并强调服务过程中的人机交互。信息服务内容的智能化表现在根据利用者的行为习惯和用户特征挖掘与发现其需求，并针对不同的利用情境提供不同的信息内容。

（三）线上线下融合

信息技术的发展，为线上服务与线下服务的相互交融提供了技术支撑，实体经济对档案资源的依赖越来越高，档案信息服务与实体经济呈现融合的趋势，在此背景下，线上与线下融合的OMO（online-merge-offline）模式应运而生。OMO模式强调线上与线下的全面整合，技术赋能档案实践的发展将助力现实世界的场景和行为实时数据化，数据世界和自然世界将完全整合，线下线上的深度融合一方面使得线下服务拥有线上的便利，另一方面使得线上服务也将拥有线下级别的体验和服务，科技档案提供利用等服务中的线上线下的边界开始模糊直至完全融合。

课后思考题

1. 简述科技档案提供利用的概念、地位及特点。
2. 简述科技档案提供利用的基本要求和注意事项。
3. 科技档案提供利用的形式有几种？分别具有什么特点？
4. 科技档案利用者的信息行为存在什么规律？
5. 科技档案提供利用与服务的发展趋势是什么？

参考文献

蔡盈方，王红敏，肖妍，2018. 改革开放以来的经济科技档案工作[J]. 中国档案，（11）：28-30.

曹惠娟，丁照蕾，2016. 基于知识服务的航空科技档案开发策略[J]. 档案学研究，（4）：82-85.

陈娴，李咏梅，2010. 略论科技档案的编研选题[J]. 北京档案，（5）：30-31.

重庆市档案局，2020. 机构改革背景下的档案法治建设实践与探索[J]. 中国档案，（4）：22-23.

冯惠玲，等，2008. 电子文件风险管理[M]. 北京：中国人民大学出版社.

冯惠玲，刘越男，2011. 电子文件管理国家战略[M]. 北京：中国人民大学出版社.

冯惠玲，刘越男，2017. 电子文件管理教程[M]. 北京：中国人民大学出版社.

冯惠玲，张辑哲，2006. 档案学概论[M]. 北京：中国人民大学出版社.

高鹏云，1998. 科技文件学[M]. 北京：中国人民大学出版社.

宫晓东，2006. "维系之道"的道之维系：档案法治论[M]. 北京：中国档案出版社.

宫晓东，2014. 企业档案管理体系的建设与运行[M]. 北京：中国工商出版社.

郭团卫，朱兰兰，2014. 企业档案管理实务[M]. 郑州：郑州大学出版社.

郝莎，2013. 科技档案管理中文件版本控制设想[J]. 档案管理，（7）：35-36.

华林，2015. 科技档案管理学[M]. 北京：中国社会科学出版社.

黄世喆，归吉官，2012. 论科技档案的第一价值和第二价值—科技档案价值形态研究系列论文之一[J]. 档案学通讯，（1）：27-30.

黄世喆，归吉官，2012. 论科技档案的凭证价值和情报价值—科技档案价值形态研究系列论文之三[J]. 档案学通讯，（3）：26-29.

黄世喆，归吉官，2012. 论科技档案的现实价值和历史价值—科技档案价值形态研究系列论文之二[J]. 档案学通讯，（2）：21-24

霍振礼，2013. 科技档案牵引着我的一生[J]. 中国档案，（8）：30-31.

加小双，张斌，2016. 欧美科技档案管理的经验借鉴[J]. 档案学研究，（1）：25-29.

冷伏海，等，2008. 信息组织概论[M]. 北京：科学出版社.

李明，2015. 建立企业科技档案知识服务体系的研究与实践[J]. 北京档案，（11）：32-33.

马费成，等，2019. 信息管理学基础[M]. 武汉：武汉大学出版社.

毛天宇，2016. 理论与实践视角下我国科技档案分类研究综述[J]. 档案学研究，（6）：18-22.

潘颖，黄世喆，2007. AHP 方法在科技档案价值评价中的应用[J]. 浙江档案，（12）：10-12.

覃兆列，2010. 企业档案的价值与管理规范[M]. 上海：上海世界图书出版公司.

谈清辉，2014. 国有企业科技档案检索方法提升与大数据管理探究[J]. 档案学研究，（5）：60-63.

王斌，张玉，韩汶彤，2019. 基层科技情报机构基于知识管理的科技档案编研工作探讨[C]. 中国核学会.

中国核科学技术进展报告（第六卷）—中国核学会 2019 年学术年会论文集第 9 册（核科技情报研究分卷、核技术经济与管理现代化分卷）. 中国核学会：154-158.

王传宇，1999. 新中国科技档案事业五十年（上）[J]. 档案学通讯，（5）：30-33.

王传宇，1999. 新中国科技档案事业五十年（下）[J]. 档案学通讯，（6）：36-39.

王传宇，张斌，2009. 科技档案管理学[M]. 北京：中国人民大学出版社.

王立清，2008. 信息检索教程[M]. 北京：中国人民大学出版社.

王润莉，2011. 联合编研是科技档案编研工作的发展之路[J]. 北京档案，（8）：30-31.

王英玮，等，2015. 档案管理学[M]. 北京：中国人民大学出版社.

吴建华，2012. 科技档案管理学[M]. 南京：南京大学出版社.

徐超，2020. 企业档案知识化服务：新时代背景下档案、知识与业务流程的融合[J]. 机电兵船档案，（5）：48-52.

徐拥军，张斌，2016. 我国科技档案管理体制机制的现存问题[J]. 档案学研究，（2）：14-21.

负霄雄，2018. 科研生产企业科技档案收集归档管理问题与完善对策[J]. 北京档案，（10）：30-32.

张斌，2000. 档案价值论[M]. 北京：中央文献出版社.

张斌，2007. 新经济时代的企业档案管理[M]. 北京：中国档案出版社.

张斌，徐拥军，2016. 我国科技档案管理体制机制建设的政策建议[J]. 档案学研究，（3）：25-34.

张斌，杨文，2017. 吴宝康科技档案管理思想研究[J]. 档案学通讯，（6）：4-8.

张健，余文春，2020.《档案法》司法适用实证研究（1988—2019）：图景与法理[J]. 档案学通讯，（5）：91-98.

张莉，2008. 是"选择"还是"趋势"？—科技档案概念式微若干问题再思考[J]. 档案管理，（1）：34-35.

张美芳，2007. 信息记录与存储技术[M]. 北京：中国人民大学出版社.

张美芳，唐跃进，2013. 档案保护概论[M]. 北京：中国人民大学出版社.

张燕儿，2018. 应用"1＋N"工作法管理项目档案的实践与思考[J]. 浙江档案，（1）：58-59

周峰林，2013.《企业文件材料归档范围和档案保管期限表规定》解读—专访国家档案局经济科技档案业务指导司副司长王岚[J]. 浙江档案，（7）：10-11.

朱青梅，2015. 后现代科技档案知识资源管理体系的构建[J]. 档案与建设，（10）：21-24.

T·库克，李音，2002. 铭记未来—档案在建构社会记忆中的作用[J]. 档案学通讯，（2）：74-78.

后　记

　　科技档案管理学在我国各高校档案学专业普遍开设，是档案专业人才培养中的重要组成部分，编者自参加工作以来一直担任科技档案管理学课程的讲授任务，在多年的教学实践中，也进行了课程建设的一些思考，融合自身思考和前辈的研究成果，编写一本能够反映自身教学特色的教材成了我"小小的愿望"。

　　历时将近两年，这个"小小的愿望"终于即将实现，然而编者却更加感觉到惶恐与不安，档案学作为一门与时俱进的学科，新的社会变革、新的社会需求、新的档案工作实践、新的技术方法等都在不断推进档案学迈向一个个新的台阶，虽然已尽全力，但由于能力和水平有限，一定仍有一些欠妥之处。"路漫漫其修远兮，吾将上下而求索"，唯希望此书能给读者带来一些收获和启发，作为档案界的"小萝卜头"，也必将在今后"教"与"学"中不断摸索，力求进步！

　　本书的编写、出版汇集了太多人的智慧和力量，在即将出版之际，真诚地向所有在本书编写、出版过程中给予无私支持的同行、师长、同学道声感谢，也向一如既往的、默默支持我的家人道声感谢！正是因为有你们这些坚强的后盾，才能使我没有后顾之忧，全身心地投入到"小小的愿望"之中！在此，也将此书奉献给档案学领域的老师及同学，抛砖引玉，恳请大家多多批评指正！

　　科学出版社的方小丽、王晓丽等老师在本书出版过程中提供了大量支持，在此也表示诚挚的谢意！

编　者

2023 年 1 月